家庭教育指导者丛书

3—6岁儿童家庭教育指导
标准化课程

浙江省家庭教育指导中心　编著

ZHEJIANG UNIVERSITY PRESS
浙江大学出版社
·杭州·

图书在版编目（CIP）数据

3—6岁儿童家庭教育指导标准化课程 / 浙江省家庭
教育指导中心编著. -- 杭州：浙江大学出版社, 2024.6
ISBN 978-7-308-24796-2

Ⅰ.①3… Ⅱ.①浙… Ⅲ.①儿童教育—家庭教育—
教材 Ⅳ.①G781

中国国家版本馆CIP数据核字(2024)第070569号

3—6岁儿童家庭教育指导标准化课程

浙江省家庭教育指导中心　编著

责任编辑　平　静
责任校对　汪淑芳
封面设计　周　灵
出版发行　浙江大学出版社
　　　　　（杭州市天目山路148号　　邮政编码　310007）
　　　　　（网址：http://www.zjupress.com）
排　　版　杭州林智广告有限公司
印　　刷　浙江新华印刷技术有限公司
开　　本　710mm×1000mm　1/16
印　　张　21.5
字　　数　330千
版 印 次　2024年6月第1版　2024年6月第1次印刷
书　　号　ISBN 978-7-308-24796-2
定　　价　100.00元

编委会

前　言

　　家庭教育作为国民教育体系的重要组成部分，历来得到党和国家的高度重视。特别是党的十八大以来，习近平总书记就家庭家教家风建设发表了一系列重要论述，"构建覆盖城乡的家庭教育指导服务体系""加强家庭家教家风建设"写入了党的报告，《中华人民共和国家庭教育促进法》自2022年1月1日起施行，我国家庭教育事业迎来了新发展的春天。进一步发展家庭教育事业，建设覆盖城乡的家庭教育指导服务体系，满足广大家长对家庭教育指导服务日益增长的需求，这都有赖于建设一支人数众多、专业能力强的家庭教育指导者队伍。《中华人民共和国家庭教育促进法》明确规定"国家和社会为家庭教育提供指导、支持和服务""县级以上地方人民政府及有关部门组织建立家庭教育指导服务专业队伍，加强对专业人员的培养"。

　　然而，广大家庭教育指导者普遍存在着专业能力薄弱的问题。家庭教育指导科学性不强，缺少理论依据，以指导者个人经验为主；指导专题缺少系统性和连贯性，比较零散，没有突出各个年龄段儿童身心发展特点及其家庭教育指导重点；指导内容缺少针对性、实操性，对家庭教育存在的问题和家长的需求研究不够，心灵鸡汤类的内容较多。因此，为广大家庭教育指导者研发一套有科学理论依据、有具体指导策略、有逻辑组织体系的家庭教育指导标准化课程，显得尤为必要。

　　浙江省家庭教育指导中心在浙江省妇联的重视和支持下，于2021年启动了"0—18岁儿童家庭教育指导标准化课程"研发项目，组织了以省级家庭教育讲师为核心的研发团队，依据《全国家庭教育指导大纲（修订）》，深入研究各年龄段儿童身心发展特点，在全省范围内全面开展各年龄段儿童家长对家庭教育指导的需求调查，多次召开专家论证会，分 0—3 岁、3—6 岁、小学段和中学段 4 个年龄段，构建了家庭教育指导标准化课程体系，历时 3 年研发了100 节家庭教育指导标准化课程。

每个课程包括课程简介、课程框架和课程内容 3 个部分，其中，课程内容包括实例导入、主题相关概念与理论概述、家庭教育中存在的问题与原因分析、家庭教育指导策略与具体方法、典型问题解析等几个方面，旨在既提升家庭教育指导者的理论水平，又提高家庭教育指导者的实践指导能力。

在近 200 位省级家庭教育讲师中开展依据"标准化课程"文本的备课、说课、评课研讨活动后，"标准化课程"得到了一致好评。讲师们认为该"标准化课程"为广大家庭教育指导者提供了备课抓手，具有"三省四性"特点。"三省"，即省时，备课方便，节约时间；省力，有经典案例，有丰富内容素材，省去广泛搜索资料的疲劳；省心，提升指导者授课的底气，知其然，知其所以然。"四性"，即科学性，基于经典理论，凝结一线指导者经验，经过相关学科专家把关；实用性，基于前期调查，反映广大家长的真实需求；可操作性，提供大量的实操指导与案例；系统性，指导对象涵盖了 0—18 岁各个年龄段儿童的家长，指导内容涵盖了道德品质、身体素质、生活技能、文化修养、行为习惯等家庭教育的各个方面。

本套丛书共 4 册，分别为《0—3 岁儿童家庭教育指导标准化课程》《3—6岁儿童家庭教育指导标准化课程》《小学生家庭教育指导标准化课程》《中学生家庭教育指导标准化课程》。家庭教育指导者在使用时，不能简单照搬，而是要根据家长的实际情况和指导者的自身优势，进行认真备课。备课时要注意以下几点：一是课程中提供的案例，可以参考使用，如果用自己身边的鲜活案例就更好；二是课程中阐述的理论部分，是提供给指导者的学习材料，在指导者融会贯通的基础上，可以用家长听得懂的话语适度讲解给家长；三是课程中提供的指导策略，可以适当选用，还可以结合自己的指导经验加以丰富；四是教学方法和教学形式的选用，应当以指导内容和家长情况为依据，教学方法可以使用讲授法、讨论法、案例分析法、示范演练法、游戏互动法、角色扮演法、情景体验法等，教学形式可以采用讲座、经验分享会、专题讨论会、工作坊、亲子活动等。

本册《3—6岁儿童家庭教育指导标准化课程》分"生理发展支持""心理发展支持""养育环境支持""早期学习支持"4个维度，由20节课程组成。王芳具体负责研发，组建了分别由王芳、朱瑶、刘少英、何黎明牵头的编写团队，几易其稿，完成了编写工作。省级家庭教育讲师们在评课活动中提出了修改意见，平静为本书的出版倾注了大量心血，在此一并致谢。浙江省家庭教育指导中心组织召开论证会、验收会，确定课程框架，全程指导课程研发工作，来祥康负责全书审稿、统稿等工作，吴恬、吴旭梅、杨洁、郑蓓蓓等参与了相关工作。

对家庭教育指导标准化课程的研究和编撰，可借鉴的经验较少。由于时间仓促，水平有限，难免存在疏误之处，敬请专家和读者不吝赐教。

浙江省家庭教育指导中心

目　录
CONTENTS

第 1 课

幼儿心理发展特点
与教养策略

课程简介

教学对象

3—6 岁儿童家长及其他照护者

教学目标

1. 了解孩子心理发展的特点，正确看待孩子的行为发展。

2. 学习指导策略，科学陪伴孩子度过心理发展关键期。

3. 解决难点问题，培育良好的亲子关系。

教学时长

90 分钟

课程框架

[**实例导入**]

一、幼儿心理发展的理论概述

（一）行为主义理论：幼儿的行为养成

（二）社会学习理论：幼儿行为养成和人格培育

（三）精神分析理论：亲子关系与幼儿人格的形成

（四）建构主义理论：幼儿的认知发展

（五）生态学理论：幼儿的心理健康

（六）人本主义理论：幼儿的心理调适

二、幼儿心理发展特点及典型行为分析

（一）3—4 岁幼儿

　　1. 认知发展

　　2. 情绪情感

　　3. 自我意识

（二）4—5 岁幼儿

　　1. 认知发展

　　2. 情绪情感

　　3. 自我意识

（三）5—6 岁幼儿

　　1. 认知发展

　　2. 情绪情感

　　3. 自我意识

三、支持幼儿心理发展的家庭教养策略

（一）如何支持幼儿的认知发展

　　1. 树立"孩子是有能力的学习者"的观念

2. 理解"孩子的重复和试错"并耐心陪伴

3. 支持孩子天马行空的想象

（二）如何培育幼儿良好的情绪情感

1. 先修自身，树立榜样

2. 不要威胁孩子

3. 不要当着孩子的面吵架

4. 亲子共读

（三）如何支持幼儿自我意识的形成

1. 自己的事情自己做，家里的事情帮着做

2. 赞美自评，建立自信

3. 归因自评，识别自我

4. 思辨评价，调整自我

四、常见育儿难题解析

（一）"我就是要这样做"——寻求独立中出现与成人的对抗

（二）"哼，他们说我"——如何加强孩子的心理弹性

参考文献

课程内容

[实例导入]

孩子 4 岁左右的时候，会兴奋地跑到大人身边说："我有个秘密……"说完后会再对其他的伙伴说这个秘密。长大一些后，孩子会神秘地说："我告诉你一个秘密……你不要告诉别人。"然后走到一旁满足地笑着。有时，孩子还会跟爸爸说自己刚才告诉妈妈一个秘密，但是不能告诉爸爸。再长大一些，孩子会与伙伴在角落里聊着什么，当大人走近时，他们就闭口不说或者走开了。

家长在陪伴孩子成长的岁月中，是否感受到孩子"秘密"行为的变化？是否尝试过去了解孩子行为变化过程中所蕴含的心理发展机制？孩子对"秘密"的行为表现，与自我意识的形成、他人关系的构建、内部心理与外部世界关系的建立紧密相关。这是幼儿心理认知发展和社会性发展的重要表现。

那么 3—6 岁孩子的心理发展特点是什么？家长如何科学地解读孩子行为背后的心理发展情况？如何有效地回应、支持孩子心理的稳步发展呢？这些问题都需要家长们去探秘与学习，努力走近童心，与孩子共同奔赴心理成长之旅。

一、幼儿心理发展的理论概述

幼儿心理发展是一种从不成熟逐渐走向成熟的、连续的积极心理变化过程。内容涉及广泛，包括幼儿认知、意志、个性、社会性和情绪情感等方面的发展。

幼儿心理发展过程中存在着敏感期、转折期和危机期。敏感期是幼儿某一心理方面发展的特殊时期和最佳时期，处于敏感期的幼儿，其心理发展无论是积极的或是消极的，都将影响深远。为此，当家长捕捉到孩子某一心理发展的敏感期到来时，要积极地引导孩子，给予正向的支持，帮助孩子顺利过渡与进阶。当然，家长也不需要过于焦虑，敏感期的发展并不是绝对不可逆的，如果错过了敏感期，后续采取针对性的教育策略，也能在一定程度上起到弥补作用。同时，幼儿心理发展存在着量变到质变的过程，量的变化呈现出心理发展的连续性与稳定性，质的变化则表现为转化与飞跃，此时幼儿心理发展的转折期已出现。转折期与危机期并存，但是并不是必然存在的。家长要特别关注转折期的到来，其间要更耐心、更科学地陪伴孩子成长。

总之，幼儿心理发展是一段长期的、复杂的成长历程，因此家长有必要学习了解一些有关幼儿心理发展的基本理论，尽可能地做到敏锐觉察、用爱陪伴、科学支持。

（一）行为主义理论：幼儿的行为养成

行为主义理论是从学习原理和社会情境方面解释人的心理发展过程的理论，可以帮助家长理解孩子的行为心理。行为主义心理学创始人华生认为，观察人们在不同环境中的行为方式，进行科学客观的分析，才更能解释行为背后的心理原理。斯金纳作为最知名的行为主义者，随后创立了操作行为主义。斯金纳认为人类行为存在两种类型：一种是应答性行为S—R模型，即观察何种刺激（S）引发何种反应（R）。另一种是操作性行为，即行为不是刺激引出或诱发的，而是在没有任何可观察的刺激诱发的情况下发出或表现出的高兴行为（反应）。

随着年龄的增长，孩子越来越多地表现出操作性行为。如一个孩子独自在操场上奔跑，此时引发他奔跑的刺激并不重要，重要的是去理解他奔跑时所带来的机体满足感，去探寻他奔跑背后的意义。斯金纳认为，操作性行为更能代表真实的学习情境。在此过程中，"强化"是支持孩子发展的核心介质。强化分为正强化与负强化，在类似情境里增加孩子相同行为的可能性时，如果结果是积极的就是正强化，结果是消极的就是负强化。孩子的发展是个体逐渐习得、完善的过程，其间家长不同的强化方式或强化频率会对孩子行为的养成产生不一样的影响。

（二）社会学习理论：幼儿行为养成和人格培育

社会学习理论与行为主义理论都强调环境和强化对孩子行为和人格等方面发展的重要作用。家长对孩子人格的培养对未来孩子的生活幸福有着重要的意义。所谓人格，是个体在生物基础上，受社会生活条件制约而形成的独特、稳定的，具有调控能力、倾向性和动力性的各种心理特征的综合系统，包含了气质、动机、兴趣、理想、价值观等。

班杜拉作为社会学习理论的代表，提出社会变量对人的行为和人格起着决定性作用，尝试基于两人或两人以上的相互作用来更正行为主义的基本原理。社会学习理论认为，大部分孩子是通过模仿即榜样学习成长起来的。这是孩子通过再现观察到的内容达到替代性强化的作用的过程，其间孩子会对所观察到的多种行为进行组合从而产生新的行为。比如，丁丁做事情比较拖拉，每次家人整理好东西准备出门游玩时，他都还没有整理好，导致出行时间延后、玩的时间减少。之后家人通过"谁及时整理好东西就能够多玩一会儿"的策略进行强化，丁丁在目睹了哥哥因及时整理好物品而获得多玩一会儿的结果后，开始逐渐加速。

此外，社会学习理论还强调自我效能的发展以及对孩子行为的影响。自我效能就是孩子对自己是否能成功完成某项任务的主观判断，与孩子自信心的建立有关。

（三）精神分析理论：亲子关系与幼儿人格的形成

精神分析理论的代表弗洛伊德构想出存在于人们心理场域内的"本我、自我和超我"的人格结构说，为如何培育儿童健全人格，形成良好的亲子关系提供借鉴。

"本我"是在孩子出生时已经存在，是本能的、无意识的、不受理智控制的我。"自我"是在环境作用下努力控制自己，做好理性和感性平衡的我。"超我"与道德有关，是对自我进行监控，追寻完美的我。这三种人格的发展与孩子的心理性欲发展阶段交织在一起。

心理性欲发展阶段分为5个阶段，分别是口唇期、肛门期、性器期、潜伏期和生殖期。3—6岁的孩子处于性器期，孩子认识到两性间存在着的差异，开始将对父母的依恋转向异性的一方，即男孩开始依恋母亲，女孩开始依恋父亲。此时可能会出现以下现象：男孩会不喜欢爸爸与妈妈亲近，女孩会不喜欢妈妈与爸爸亲近。家长要科学地看待这一现象，关注孩子的情感需要，让孩子在温暖、积极、正向的家庭环境中自然过渡，最后男孩会认同爸爸，女孩会认同妈妈，形成和谐的亲子关系。

（四）建构主义理论：幼儿的认知发展

建构主义理论帮助家长理解以"儿童为中心"的自主性发展过程，为"如何支持儿童潜能的发挥"提供理论参考。皮亚杰的建构主义理论认为，儿童是在与环境的相互作用中，逐步建构起关于外部世界的认知，使认知结构得到发展。其中个体的全部"图式"构成完整的认知结构。动作的结构或组织称为图式。图式的发展是主客体相互作用、共同建构的过程，需要通过同化与顺应发展起来。同化是个体把外界刺激的信息过滤到自身原有认知结构中的过程；顺应则是刺激信息不能被同化，需要调整原有图式的过程。比如，小易的阿姨告诉他，有羽毛、在地上走的鸡鸭是可以吃的美食，这是同化；后来在动物园，小易看见鸵鸟也具有这些特征，便认为鸵鸟也是美食，听了解说后才知道鸵鸟是二级保护动物，不可以作为食物，此时即为顺应。

此外，皮亚杰将人的认知发展分为"感知运动阶段、前运算阶段、具体运算阶段、形式运算阶段"四个阶段，逐层体现了孩子的认知由感性走向理性、由简单走向复杂、由低级走向高级的形成过程。其中 3—6 岁的孩子处于前运算阶段，该阶段孩子将感知的大部分动作内化，并建立了符号功能，通过语言和图像等符号化信息来表征世界。比如，小梅在朋友家看见小猫躲在桌子下面"喵喵"叫，被吸引了，回家后她画了一幅小猫躲在桌下的画，嘴里还模仿着"喵喵"声。内化是孩子将观察到的、感知到的一些经历进行重构并运用符号再现的过程，意味着孩子进入智力发展的更高阶段。因此，家长要珍视孩子努力用各种方式表征所见所闻所想的行为，此时孩子的认知思维正在飞速发展。

（五）生态学理论：幼儿的心理健康

生态学理论帮助家长更深刻地认识到家庭环境对儿童身心发展的影响，以及周边资源、社会氛围等所起到的隐性作用。

本芬博尼提出儿童心理健康发展的社会生态模式，即把与儿童的心理发展有关的整体环境置于一个生态系统中，探究社会生态环境对儿童心理健康的影响，其中家庭和幼儿园环境是影响儿童心理发展的直接因素。父母的关系、教养态度、家长的陪伴等，与孩子情感、语言、品行、社会性等方面的发展紧密相关。

布朗芬布伦纳也非常关注社会环境和物理环境在孩子发展过程中的作用，分别从微观系统、中观系统和宏观系统构建出孩子环境经验的嵌套系统。学校、家庭和同伴群体中能知觉到的活动、角色、人际关系构成一个微观系统。三者相互流动，形成中观系统。社会文化、主流价值观等作用于中观系统时，就形成了宏观系统。系统中的每一元素、元素间的组合模式都有可能影响孩子的心理发展。

（六）人本主义理论：幼儿的心理调适

人本主义突出情感的作用，情感与儿童的心理发展紧密相关，情绪情感的调节能力将作用于心理调适。人本主义心理学家罗杰斯认为，学习本身就是一种有意义的心理发展过程，无论是情感还是认知，儿童的心灵在"尊重、关爱、理解、自我觉知"中进行调适。

二、幼儿心理发展特点及典型行为分析

"知、情、意、行"是心理学中的四个要素，是人们心理活动的基本形式。"知"主要指孩子的认知发展，包含感知觉、注意、记忆、思维等。"情"指情绪情感。"意"指意志，与孩子自我意识、良好品质的形成息息相关。"行"则是将"知、情、意"表达出来。了解幼儿的心理发展特点，可以围绕"知、情、意"三方面展开解析，并将行为表达融入其中。

（一）3—4岁幼儿

1.认知发展

该年龄段的孩子以直觉行动思维为主，喜欢通过各种感官去探寻世界，如看看、摸摸、闻闻、尝尝等，发现事物的基本特征，达成基本的认识。此时，孩子对事物的认知具有单一性和局限性，大部分孩子只关注到事物的表面现象，缺乏分析意识。例如，草地上有一只小鸡，孩子仔细地看着，并伸手摸摸它。这时爸爸告诉他这是小鸡。孩子便得出结论：长着尖尖嘴，身上有羽毛，摸着暖暖的是小鸡。后来，飞来了一只麻雀，孩子指着麻雀说："小鸡，小鸡。"

此外，这个年龄段的孩子以无意识想象为主，慢慢开始出现有意识想象。例如，孩子在玩医生游戏的时候，会用玩具体温计来量体温，用玩具针筒来打

针，看见药丸就扮演医生给布娃娃喂药。

2. 情绪情感

情绪方面，该年龄段的孩子具有外显性、冲动性、易感性的特点。"外显性"体现在当孩子遇到开心或伤心的事情时，会立刻通过咧嘴大笑或流泪哭泣等方式流露自己的情绪，不会有意识地控制、隐藏。"冲动性"是由于孩子大脑皮层的控制性较弱，缺乏情绪控制意识和能力，遇到催化事件时，情绪会立刻爆发。例如，孩子很想将柜台里的小汽车买回家，当听到家长拒绝时，会马上大哭起来。"易感性"就是孩子的情绪容易相互传染，会直接受到身边人的情绪感受和表达方式的影响。例如，爸爸看见电视屏幕中进球的一幕大声呼喊，在一旁搭积木的孩子也会跟着呼喊。

情感方面，孩子开始适应独自在幼儿园与伙伴一起生活，与父母之间形成了更为稳定的依恋关系，与老师形成了信任、依赖的安全关系。依恋作为一种特殊的情感，是孩子整体情感环境逐渐稳定的表现。

3. 自我意识

本阶段的孩子以自我中心为主，事物是围绕"自我"展开的。主要表现在三方面：一是分享意识尚未萌芽，孩子将自己身边的人和事物附上"我的"概念，他人不可涉及。例如，当孩子看见妈妈去抱朋友家的小孩时，会哭着大声说："这是我的妈妈。"二是语言表达以自我为中心。例如，一群4岁左右的孩子讨论玩什么时，孩子只顾着说自己想玩的东西，没有倾听伙伴的意见。三是以自我为中心的空间视角。皮亚杰做过一个"三山实验"——在桌子上放置三座假山的立体模型，把一个玩偶放在假山模型的另一面，然后请孩子从照片中找到一张代表玩偶看到的模型的样子。结果发现，大部分孩子挑选的照片都是自己看到的模型样子。

自我中心是自我意识中"社会自我"的前段部分，是心理发展的正常阶段，是孩子走向社会化的必经阶段。

（二）4—5岁幼儿

1. 认知发展

该年龄段的孩子以具体形象思维为主，依据事物的表象认识事物、了解事物的特征与属性，有时仍需要借助具体动作来认识世界。例如，当妈妈问 1 加 2 是多少时，大部分孩子无法直接在大脑中形成公式，而是通过在 1 个苹果旁边放 2 个苹果的方式得出 1 加 2 是 3，或者通过伸出手指的方式发现 1 加 2 等于 3。

这一阶段，孩子慢慢地对生活中具体的事物形成了基本的概念。例如，有四个轮子在地面上行驶的是汽车，有两个轮子骑行的是自行车。

孩子的有意识行为开始发展，逐渐尝试控制自己的注意力和行为表现。例如，在亲子阅读时，孩子被旁边的积木吸引，但能努力控制自己的注意力，坚持把书读完再去玩积木。此时，孩子坚持的时间越来越长，任务意识正在不断萌芽。

此外，该阶段孩子的想象力逐渐丰富，在未有许多经验限制的情况下会出现天马行空的想象。比如，在孩子的想象中，人可以由地面上的一个弹簧弹到宇宙中去旅行。

2. 情绪情感

该年龄段的孩子情绪逐渐稳定，开始识别自己的情绪并有意识地加以控制，但是在实际行动中仍会存在一定的困难，遇到特别激动或难过的情境时，依然会通过大哭或大笑来抒发情绪。同时，孩子开始关注身边人的情绪变化，能从他人的表情、语态中感受到对方的情绪，共情能力正在发展。例如，当孩子看见伙伴伤心哭泣时，会拿餐巾纸帮对方擦眼泪。

该年龄段也是孩子情感表达的敏感期，在主动表达对他人的情感时，也迫切希望得到对方的情感回应。例如，孩子会时常说："妈妈，我很爱你，你爱我吗？"当妈妈抱起他/她说"宝贝，妈妈也很爱你"的时候，孩子会感到特别安心。亲子间的情感也随着这种互动表达不断加深。

3. 自我意识

该年龄段的孩子开始逐渐去自我中心化，开始关注除"自己"以外的其他人与自己的关系。这时，孩子开始拓展社交圈，与伙伴一起游戏的意愿不断增强。但由于社交经验不足，在与伙伴交往过程中经常会发生矛盾。孩子会在一次次解决矛盾的过程中积累有益的交往策略，逐渐平衡好自身与同伴的关系，进一步形成稳定的自我意识。

该阶段是孩子独立自主、自我意识发展的敏感期。孩子开始寻求独立。此时，家长会常听孩子说"我来做""我会做""我想自己试试"。该阶段也是帮助孩子建立自信，形成强大内心环境的关键时期。有些孩子做任何事情都会信心满满，有些孩子则会出现担忧、自我质疑等表现。例如，家人一起讨论如何庆祝爸爸的生日时，丁丁自始至终在一旁认真听着，有时似乎想说些什么，但都没有说出口。这说明丁丁是有想法的，但是不敢在大家面前表达。此时，家长可以运用情感认同、言语鼓励等方式支持孩子。比如，可以主动问丁丁："丁丁，你觉得爸爸的生日可以如何庆祝？也许你有更好的想法。"当丁丁将想法表达出来后，家长要给予肯定，并与他进一步讨论完善。随后，邀请丁丁一起帮忙准备爸爸的生日会。

（三）5—6 岁幼儿

1. 认知发展

该年龄段孩子的知觉过程开始出现系统性和概括性特征，能有目的、有计划、较为持久地进行知觉过程。在此过程中，孩子尝试初步理解事物的本质属性，探索事物与现象之间的联系，逐渐依靠概念、判断和推理认识世界。孩子依然以具体形象思维为主，抽象逻辑思维开始萌芽。例如，在探索"转动与滚动"时，孩子通过观察、比较摩天轮、风扇、滚珠、车轮的不同运行特点，发现在中心点不断旋转，且没有发生位移的叫作转动，发生位移的叫作滚动。

该阶段孩子处于创造想象的快速发展时期。例如，孩子能以物代物并创造游戏的玩法。在野外想玩冒险游戏，他们会将石头当作障碍物，在地上挖一个洞当作陷阱等，然后一起商定游戏规则。

此外，孩子的记忆出现有意性。例如，听了一段故事后能大致进行复述，但是具体的语句会被改造，情节逻辑会有变化。

2. 情绪情感

该年龄段的孩子不仅能准确识别自己和他人的情绪，而且随着自我调节力的加强，其情绪会更加稳定，能够努力用较为适宜的方式排解情绪，情绪的表达路径更为多样。例如，当孩子收到生日礼物时非常高兴，会热情地拥抱爸爸妈妈。当孩子想出去玩，但是没有得到许可时，会情绪低落，噘着小嘴坐在一旁或拿起画笔涂色来发泄自己的情绪，随后能平复下来。

同时，孩子开始理解他人的情绪，知道家人或伙伴为什么开心、为什么伤心，会主动关心、安抚伙伴。这时孩子的共情、移情能力正在发展，友谊、亲情进一步加深。例如，妈妈回到家坐在沙发上休息，孩子会走过来询问是不是工作太辛苦，然后帮妈妈捶捶背，抱抱妈妈。

3. 自我意识

该年龄段孩子的自我意识基本形成。孩子进一步地认识自己，知道自己与别人是不同的个体，基本厘清与他人的边界关系。同时，知道每个人都不一样，有各自的优点和缺点。例如，早上爸爸不肯起床，孩子自己穿好衣服去洗漱，还说："爸爸真是爱赖床。我比爸爸棒，每天都早早起床。"此时孩子不再像3岁时那样觉得自己和爸爸是一体的，要在床上躺着等爸爸一起起床，而是知道自己和爸爸是不同的个体，有生活的自由和自主性，并能发现自己的闪光点。

孩子还会用道德标准和行为规则反思自己，也会将自己和他人做比较，这时会出现一个真实的自我和理想的自我。孩子在两者间不断地调适，逐渐形成更好的自我。例如，孩子比较挑食，但知道挑食是不对的，所以晚餐时勉强吃下一口青菜，让自己慢慢适应，纠正挑食的行为。

三、支持幼儿心理发展的家庭教养策略

（一）如何支持幼儿的认知发展

孩子的认知是在真实、自然、轻松的环境中螺旋递进发展的。孩子需要在足够的空间和时间中去感知事物的特征，了解事物的本质属性，继而在发现问题、分析问题、提出办法、解决问题中体验探究的过程，积累探究的方法，逐渐拓展思维，发现世界，走近真理。在日常家庭生活中，家长可以从以下几个方面支持孩子认知的发展。

1. 树立"孩子是有能力的学习者"的观念

不知家长是否发现，孩子听一遍故事就能进行大致的复述，搭建的积木模型所呈现的复杂结构让人惊叹。孩子正在用实际行动告诉家长，"我们是有

能力的学习者"。当家长认同这一点的时候，自然而然地就会放手，给孩子充足的自主时间和空间，让他们自己去创造生活，成为生活的主人。在这一过程中，孩子不断尝试、承担、创新，不断积累经验，生发智慧。

那现实中家长可以怎么做呢？当孩子遇到问题时，家长先在一旁观察，当孩子提出请求时再伸出援手。家长要用实际行动传递"孩子是有能力的学习者"的观念。例如，暑假快到了，父母商量旅游的事情时，可以请孩子加入讨论，一起制订计划，准备出行事宜。孩子会提出让人惊喜的建议。

2. 理解"孩子的重复和试错"并耐心陪伴

有时家长会发现，孩子最近一段时间都在看同一本书或反复摆弄同一个物件，这时该如何做呢？

首先，家长要了解"重复和试错"对孩子的重要意义。当孩子在重复某一行为时，其中一定有原因——可能因为这很好玩，孩子内心的趣味感还未获得满足；也可能因为孩子有疑惑，需要在重复、试错中继续观察发现，解决问题。其次，家长只需耐心陪伴，别随意打断孩子，不要直接告诉孩子自己的建议或办法。最后，当孩子停止了重复或试错行为时，家长可以与孩子共享收获时的快乐，也可以平静地看着这一过程悄悄结束。

3. 支持孩子天马行空的想象

孩子是天生的创造者，让生活充满无限可能。他们天马行空的想象将是未来世界的模样。孩子可能会想象未来自己可以造出一台直通宇宙的电梯，或者畅想自己长着翅膀，想去哪儿直接飞过去。此时，家长千万不要说"不可能""瞎想"，而是可以这样回应："我很期待有一天能坐上你造的超级电梯去宇宙旅行，这是非常有意义的创造。"家长要支持孩子的想象，让孩子感受到通过探究学习，未来就有可能梦想成真。

（二）如何培育幼儿良好的情绪情感

情绪情感是孩子有效学习、幸福成长的基础。良好的情绪情感能唤醒积极的认知与行为，帮助孩子构建和谐、有爱的内在心理环境。在家庭教育过程中可以从以下几点入手。

1. 先修自身，树立榜样

孩子是一面镜子，一言一行都投射出家长的样子。3—6岁的孩子爱模仿，是非判断能力不足，情绪调控力不强，非常容易受到家人情绪变化的影响，或不由自主地模仿家长的情绪表达方式。所以，家长一定要关注自身的情绪表达是否适宜，避免在孩子面前情绪失控。一旦觉察到自己即将失控，可以采取暂时离开、闭上双眼数数等自适应的方法及时进行自我调节，等待情绪平复后再与孩子沟通交流。家长是孩子成长环境中的重要他人，修炼好自身的情绪能力，是培育孩子良好情绪的第一步。

2. 不要威胁孩子

"再不好好吃饭，以后农民伯伯就不种东西给你吃了。""已经很晚了，再不睡觉就长不高了。"家长说出这些带着威胁意味的话后，孩子乖乖去吃饭、睡觉了，家长就误以为这是有效的办法。但其实让孩子发生行为改变的是内心害怕、担心的感觉，不是家长的理解和关爱。长此以往，孩子心中幸福、有爱的积极情感会悄然转变成不安、自卑等消极情感。因此，无论遇到怎样棘手的情况，家长都不要威胁孩子，而是要用温和而坚持的态度进行处理。比如，和孩子聊聊不好好吃饭的原因，了解孩子对这件事情的看法，再说说自己的想法，彼此达成共识，一起解决问题。

3. 不要当着孩子的面吵架

家长都知道为孩子创设充满爱的家庭环境是多么重要，但是很多人不太清楚如何让家庭充满爱。一个6岁的孩子流着泪伤心地说："我很难过，我妈妈说爸爸不好，问我愿不愿意离开爸爸跟妈妈一起。"当妈妈与孩子聊这个话题的时候，孩子心中幸福的家就坍塌了。有时，孩子入园的时候情绪低落，询问可知是因为前一晚爸爸妈妈吵架了。没有孩子喜欢看到爸爸妈妈吵架的场景，也没有孩子能接受爸爸或妈妈带着自己离开另一方。当孩子看见、听到、感受到家庭的不和谐时，他的心理会受伤。童年创伤也会成为其未来生活难以消除的阴影。如果父母发生矛盾乃至感情破裂不得不离婚，也要尽可能保护好孩子，把伤害降到最低。

4. 亲子共读

管理好自己的情绪是需要学习和练习的，拥有积极的情绪调控意识将助力孩子走向幸福的人生。家长可以准备一些有关情绪管理的图书，与孩子一起阅读。阅读过程中不仅能从书本里丰富对情绪情感的认知，学习情绪表达和调控的方法，还能在彼此的陪伴中增进亲子关系，形成积极有爱、信任稳定的情感。

（三）如何支持幼儿自我意识的形成

孩子自我意识的形成需要家长有目标、有计划地创设环境，提供支持，具体可以通过如下几点落实。

1. 自己的事情自己做，家里的事情帮着做

学前阶段是孩子自理能力、生活习惯、生活态度等发展的重要时期。孩子在直接感知、实践操作中学习，逐渐清晰哪些是自己的事情，需要靠自己的努力完成；哪些是自己力所能及的事情，可以帮助家人一起做。因此，家长要鼓励孩子自己的事情自己做，家里的事情帮着做。对年龄大一些的孩子，还可以鼓励其自己计划活动等。例如，出门前后自己穿脱鞋子、睡觉前后自己穿脱衣服、自己刷牙洗脸、自己进餐、自己洗袜子等；可以帮助家人扫地、拖地、擦桌子、洗碗等。总之，家长要学会放手，在确保安全的情况下，鼓励孩子动手做事，让孩子感受到"我可以"。

2. 赞美自评，建立自信

自信是自我意识形成的基础。家庭中应创设积极的评价环境，让孩子发现自己的闪光点，建立自信。当孩子参与家庭劳动或其他活动后，家长不要以做得好不好来做评判，而要从积极性、主动性、参与性等方面积极地评价孩子，发现孩子的优点和进步。例如，孩子很认真地拿着扫帚把家里扫了一遍，也许没扫干净，也可能是帮了倒忙，但是家长要看到孩子愿意付出、坚持不懈的良好品质。这时，家长可以点赞说："今天你能坚持把家里的地面都清扫一遍，真棒！"同时，家长可以引导孩子赞美自评，问问孩子："你觉得今天自己什么地方很棒或者有什么进步值得夸奖？"孩子可以在自夸和他夸中发现自己的成长，获得自我肯定，增强自信心。

3. 归因自评，识别自我

当孩子积累了赞美自评的经验后，家长可以引导孩子进行归因自评，帮助其更客观地识别自我。归因自评可以借助两个关键提问来实现。第一个问题："哪里做得好值得夸？"第二个问题："哪里需要继续努力？"这两个问题可以引发孩子反思自己的优点与不足，知道自己接下来的努力方向和目标。此时，家长需要从旁支持，与孩子一起实现目标。

例如，每晚睡前妈妈与孩子一起回顾今日自己的表现。妈妈问："你觉得今天自己哪些地方做得很好值得夸？"孩子说："我吃饭很棒。"妈妈继续问："吃饭的时候什么样的表现很棒呢？"孩子说："我把碗里的青菜吃完了。"妈妈继续问："为什么碗里的青菜吃完了就很棒？"孩子说："因为我以前不喜欢吃青菜，老师说青菜对身体好，所以我吃完了。"妈妈又问："你觉得明天在哪些地方可以做得更好？"孩子说："学习本领的时候要更棒，不能去摸边上的玩具。"妈妈总结说："你今天尝试吃了不爱吃的青菜，很棒，值得夸。我相信你明天学习本领的时候不会被旁边的玩具吸引，一定会认真听。"在这样对话的过程中，孩子清楚地识别到今天自己进步的地方和明天需加油改进的地方，能正确看待自己的优点和不足，愿意主动调整不足。这是助力孩子建立自尊的关键。

归因自评适合五六岁的孩子，是渗透在亲子互动中实现的。在初期，孩子归因自评的意识比较薄弱，经验不足，需要家长一步一步地引导，帮助孩子梳理内在逻辑，总结孩子的观点和想法。

4. 思辨评价，调整自我

五六岁的孩子开始在意家人对自己的评价和看法。这时家长可以在归因评价的基础上，引导孩子思辨评价。思辨评价就是引导孩子去倾听别人对自己的评价，然后将他人的评价意见综合到自己的评价意见中，形成更为客观的意见，并做出行动调整。

该阶段的孩子处于思辨评价的最初期，需要家长的帮助。在面对同一件事情时，家长可以和孩子聊聊各自的想法，然后相互评一评哪些在理，哪些不太合适，之后达成共识，一起朝着一个目标努力。例如，姐妹俩一起画机器人，妹妹看见姐姐的画说："你的机器人手太长了，太难看了。"姐姐听后说："机器人的手会变长变短的，它现在是变长了。"妹妹说："可是看上去有点难看，很奇怪啊。"此时，家长可以引导姐姐思考三个问题：一是对自己画的机器人的手有什么看法？二是对妹妹刚才的评价有什么看法？三是需要作哪些改进吗？这时，姐姐可能会发现机器人的手画得那么长是因为机器人会变形，妹妹觉得很难看可能是因为手画得太长了，看起来不协调。这样，姐姐逐渐学会"反思他人给出的评价信息，以得出更为合理有用的反馈信息"，来支持自身进一步发现与学习。

四、常见育儿难题解析

（一）"我就是要这样做"——寻求独立中出现与成人的对抗

在孩子的成长中，有一段时间会有这样的表现：妈妈请孩子将玩具整理好，孩子不肯做；妈妈讲了很多道理，最终孩子却说："我就是不想整理。"其实，孩子知道玩具需要自己整理，也能听懂妈妈讲的道理，但是因为正处于寻求自主自立的时段，所以就用这样的方式来表达自己的内心需求。遇到这类情况，家长应该怎样引导呢？

首先，家长要理解孩子这个阶段的特殊表现，不要因为自己的权威被触犯而惩罚孩子；然后，耐心询问孩子不想整理玩具的原因，一起探讨原因背后的是非观、价值观；接着，表示自己愿意等待孩子情绪平复后再整理，相信孩子一定能够自己整理好玩具。同时，也可以告诉孩子：如果有需要帮助的地方，爸爸妈妈会伸出援手。

当然，家长在面对不同孩子、不同情境的时候可以灵活地进行策略上的调整，但要坚持"柔性教育"。

（二）"哼，他们说我"——如何加强孩子的心理弹性

有家长说："怎么办？我家的孩子竟然有一颗'玻璃心'，一点都说不得。""玻璃心"其实是孩子受挫力、抗压力较弱，心理弹性不足的表现。如果孩子出现类似情况，家长要注意自己的引导方式。

首先，不要当着孩子的面跟朋友聊这个情况，切忌给孩子随便贴标签。其

次，当孩子因一件小事感到很伤心时，不要轻描淡写地说"一点小事，有什么好哭的"之类的话，而是要说"我理解你，别人说你不好你有点难过，妈妈听了也有点难过"这类理解性的话语。如果是孩子与他人发生了矛盾，要帮助孩子将前因后果梳理清楚，与他一起与对方沟通清楚，妥善解决问题。最后，与孩子一起讨论如果以后遇到这些情况，怎样做更为合适。

孩子会在实践中逐渐发现，"哭"只是一种情绪表达的方式，真正解决问题需要冷静思考和相互沟通。正确的处理方式能让孩子感受到有种力量在不断注入内心，心理弹性变得更强。

参考文献

[1] 王振宇.儿童心理发展理论[M].上海：华东师范大学出版社，2010：5-15.

[2] 申继亮，方晓义.关于儿童心理发展中敏感期的问题[J].北京师范大学学报，1992（1）：62-67.

[3] 吴凤岗.儿童心理发展的关键转折期[J].北京师范大学学报，1982（1）：27-32.

[4] R.默里·托马斯，郭本禹，王云强.儿童发展理论——比较视角[M].上海：上海教育出版社，2009：89.

[5] 艾桃桃，宋木子.精神分析理论视角下幼儿人格结构的研究——基于Nvivo的质性文本分析[J].教育观察，2021，10（40）：26-28+32.

[6] 张杰宇.基于皮亚杰认知理论的幼儿教育游戏应用交互设计研究[D].天津：天津大学，2018.

[7] 陈昕乐，张娟娟.关于皮亚杰发生认识论动态视角的综述[J].教育现代化，2016，3（38）：226-227.

[8] 周念丽.学前儿童心理健康的社会生态学研究[J].幼儿教育，2000（10）：6-7+1.

[9] 孟子明，高凡兰.人本主义视角下社交淡漠儿童的心理调适[J].广西教育，2016（26）：74-75.

[10] 李晓东.发展心理学[M].北京：北京大学出版社，2013.

（执笔：许倩）

第 2 课

如何做好孩子的入园适应

👥 教学对象

小班儿童家长及其他照护者

✓ 教学目标

1. 了解孩子入园适应的相关知识。

2. 掌握帮助孩子入园适应的一般策略。

3. 解决实际问题和困惑，引导关注挑战和机遇。

🕐 教学时长

60 分钟

课程框架

[实例导入]

一、入园适应概述

（一）入园适应的重要性

（二）入园适应及不适应的表现

    1.入园适应的表现

    2.入园不适应的表现

（三）入园适应的过程

    1.第一阶段：强烈反应

    2.第二阶段：调整波动

    3.第三阶段：基本适应

    4.第四阶段：二次适应

二、影响入园适应的主要因素

（一）个体因素

（二）家庭因素

（三）幼儿园因素

三、帮助孩子入园适应的策略

（一）了解孩子的气质特点，提供适宜的教养方式

（二）培养孩子良好的生活习惯，提高其适应集体生活的能力

    1.培养进餐习惯

    2.培养如厕习惯

    3.培养睡眠习惯

（三）保持平和的心态，以发展的眼光看待分离焦虑

    1.当孩子出现分离焦虑时——理解接纳

    2.当孩子拒绝入园时——温柔坚持

    3.当孩子有点滴进步时——积极鼓励

（四）根据孩子适应情况采取梯度入园

（五）积极与老师沟通，建立信任的亲师关系

（六）正面引导，巩固集体生活积极的情绪体验

参考文献

课程内容

[实例导入]

入园第一天，教室门口，多多紧紧地搂着妈妈的脖子不肯松手。老师好不容易从妈妈身上抱下多多，多多又使劲地抓着妈妈的手。妈妈一边说着"妈妈不走，妈妈不走"，一边挣脱了他的小手，假装肚子不舒服，借口要去洗手间匆匆离开。多多扭动着身子哭着喊道："妈妈，不要走！回来！我要妈妈……"

类似的场景对家长来说并不陌生。大部分孩子刚入园时都会出现这样的分离焦虑。分离焦虑的产生是人的基本心理安全感得不到满足导致的。孩子从安全、熟悉的家庭环境突然进入幼儿园这个陌生、充满未知的环境时，恐惧、焦虑会占据他们的心灵，从而出现哭闹、进餐困难、排泄失禁、攻击同伴等一系列适应障碍。如何帮助孩子做好入园适应，是每一位家长及其他照护者需要面对的问题。

一、入园适应概述

入园适应，是个体生命历程中最早经历的社会适应，是孩子从家庭到幼儿园后，能够逐渐认识到幼儿园的环境要求，从心理和行为上做出调整，以达到接纳幼儿园生活的过程。具体标准包括情绪稳定、生活上能够进行初步的自我料理、乐意与老师和同伴沟通交往、积极参加老师组织的活动、遵守班级的基本规则。

（一）入园适应的重要性

幼儿在最初的集体生活环境中形成的社会态度和行为将会长期保持，影响一生。如果社会化一开始能得到顺利发展，将有助于其增强自信心，发展自我意识，促进情绪情感、品德意志的良性发展；反之，如果童年早期的适应出现问题，则会给以后的社会化进程埋下隐患。

因此，作为家长及其照护者，帮助孩子做好入园适应是至关重要的，这将为孩子一生的健康发展奠定良好基础。

（二）入园适应及不适应的表现

1. 入园适应的表现

入园适应大致可分为五方面：生活料理、情绪稳定、人际关系、学习活动、遵守规则。

生活料理，指孩子能够进行基本的自我照料，包括自己吃饭、洗手、穿脱鞋，进餐顺利，午休良好。

情绪稳定，指孩子能够在晨间轻松入园，没有出现消极情绪，在幼儿园里过得开心，不会随时哭泣，不对老师和同伴发脾气。

人际关系，指孩子愿意主动与老师和同伴交往，愿意亲近老师，不攻击同伴，愿意与同伴分享玩具。

学习活动，指孩子愿意自己选择喜欢的玩具，能够向老师表明自己的意愿和需求，愿意听从老师的要求，喜欢参与集体活动。

遵守规则，指孩子能够遵守集体生活中的基本常规，如：在老师的提醒下收玩具、送餐具、外出行走排队等。

2. 入园不适应的表现

入园不适应的具体表现有：入园哭闹、过度黏人、攻击同伴、沮丧少语、进餐困难、排泄失禁、不愿午休、拒绝活动、情绪不稳定。

那些哭闹反应强烈的孩子比较容易引起关注，家长和老师会去安抚其情绪，与其积极互动。而那些沉默寡言的孩子则容易被忽视，默默地独自承受分离的焦虑和痛苦，因此要提醒家长和老师多留意这类孩子。

（三）入园适应的过程

不同个体的适应能力存在显著差异，适应过程不尽相同，但也存在普遍规律。根据相关研究，入园适应过程可分为四个阶段：强烈反应、调整波动、基本适应和二次适应。

1. 第一阶段：强烈反应

进入幼儿园的最初一段时间，孩子通常会表现出较多的适应障碍，而且反应的强度比较大，如：分离十分困难、大声哭闹、拒绝活动、排泄失禁等。这样的情况会持续一周左右，因其反应强烈故称强烈反应阶段。

部分孩子由于前期做好了心理建设、入园体验、家访会谈等相关准备工作，并未在入园时表现出强烈的反应，出现默默地独自玩耍、谨慎地打量教师等行为。也有个别孩子对教室里的玩具充满好奇，不停地探索新的玩具和材料的情况，也未出现强烈的反应，但这并不代表他们已经适应幼儿园的集体生活，有些只是暂时被新鲜的玩具吸引，一段时间过后，新鲜感不复存在，还是会出现适应障碍问题。

2. 第二阶段：调整波动

经过大约一周的强烈反应之后，大多数孩子渐渐解除了对幼儿园的排斥心理，逐渐熟悉幼儿园的环境，对老师同伴也有了一定的了解，在成人的帮助下，努力调整自己以适应幼儿园的生活。此时的孩子一般会在晨间入园与家长分离时，以及午餐、午睡时产生消极情绪。在家庭中，孩子的午餐、午睡通常是家长一对一照护的，而在幼儿园集体环境中，需要独立进餐、独自午睡，教师给予适当协助，这给孩子带来巨大挑战，因此在这两个环节容易出现消极情绪。一般调整波动阶段会持续两周左右。

3. 第三阶段：基本适应

经历了大约一周的强烈反应和两周左右的调整波动后，大致在第四周，孩子的表现开始变得稳定，对幼儿园生活的各个环节已经基本熟悉和适应，能够做到轻松入园、积极活动、情绪稳定、顺利进餐、安稳午休、主动饮水、亲近老师、主动交往。不过也有个别孩子例外，在入园初期没有出现强烈的情绪反应，但是在第四周出现分离焦虑，而且反应强烈。

4. 第四阶段：二次适应

这个阶段通常是国庆长假之后的一周。一般九月一日开学，孩子在基本适应之后迎来国庆长假，长假之后再回到幼儿园，又是一次生活环境和方式的转变，需要孩子再次调节自己适应变化。但相比入园第一周，孩子的消极情绪持续时间和强度相对缓和。

二、影响入园适应的主要因素

有些孩子经过一两周的时间就能较好地适应幼儿园集体生活，而有些孩子需要一个月，甚至一个学期才能适应。是什么原因导致如此显著的差异呢？

（一）个体因素

研究表明，不同气质类型的幼儿入园适应的情况不同，其中，容易型的幼儿入园适应最快，其次是迟缓型，而困难型的幼儿入园适应最慢。气质是个体情绪本性的特有现象，包括对情绪刺激的感受性、反应的一般速度、个体主导心境的品质及心境波动和强度方面的所有特性，而这些都依赖于个体内在的体质结构，因而大部分是与生俱来的。

年龄也是影响入园适应的重要因素。相比年龄小的孩子，年龄大的孩子入园适应会更快更好，如小班的入园适应要好于托班的入园适应。

另外，饮食习惯、入睡方式也与入园适应相关，偏食、不能独立入睡不利于入园适应。

（二）家庭因素

研究表明，教养方式与孩子入园适应有显著相关。教养方式中的民主性与孩子的情绪稳定、人际关系、遵守规则、适应总分之间有显著正相关；溺爱性与生活料理、情绪稳定、人际关系、适应总分之间有显著负相关；放任性与人际关系、学习活动、适应总分有显著负相关；专制性与情绪稳定、适应总分之间有显著负相关；不一致性与情绪稳定、遵守规则、适应总分之间有显著负相关。

母子依恋与孩子情绪稳定、人际关系、学习活动、遵守规则以及适应总分都显著正相关。依恋理论的提出者鲍尔比认为，良好的亲子关系能使孩子产生安全感，能够很自信地探索环境并参与他人的交流，因而更容易适应新的环境，与教师等他人建立依恋关系。

家庭结构是影响入园适应的重要因素，核心家庭（即一对夫妇和孩子组成的家庭）的孩子在入园适应方面要明显优于二代同堂家庭的孩子。另外，家长的态度和行为方式也是重要的影响因素。入园前家长所做的心理准备和物质准备，入园后家长对幼儿园、教师以及孩子的态度，都会影响孩子的入园适应。

入园初期，父母状态焦虑和特质焦虑与孩子的适应总分之间存在显著负相关，父母焦虑程度越高，孩子入园适应水平越低。状态焦虑和特质焦虑来自斯皮尔伯格的状态—特质焦虑理论，该理论按焦虑情绪的波及面和持续时间进行分类。状态焦虑是在某一具体的情境下偶然发生的，是焦虑暂时的波动状态，随着情境和时间的变化而变化，具有偶然性、暂时性等特征。而特质焦虑是长期习惯性的情感体验，是个体较稳定、独特的焦虑的总体水平，具有持久性、稳定性等特征。

（三）幼儿园因素

幼儿园因素，包括管理者的保教观念与硬件设施、家园合作的运行起点与水平、教师在工作中的自身特征、班级规模与教师的配备等。幼儿园是孩子入园适应重要的一方，怎样创设园所的物质环境和心理环境，做好孩子入园前的沟通和准备工作，如何看待孩子的分离焦虑现象，以及师资配备、师资水平等等，都将深刻地影响孩子的入园适应。

三、帮助孩子入园适应的策略

家长及其他照护者能够提供哪些切实可行的支持，帮助孩子轻松平稳地应对入园这个重大挑战？

（一）了解孩子的气质特点，提供适宜的教养方式

气质是影响孩子适应能力的关键。家长要了解孩子的气质类型，接纳其表现并提供适宜的教养方式。托马斯和切斯将儿童气质划分为三种主要类型：容易型、困难型、迟缓型。

容易型气质的儿童，特点是有规律、接触好、适应快，以正向情绪为主。困难型气质的儿童，特点是无规律、退缩、适应慢，常表现消极情绪。迟缓型气质的儿童，特点是退缩、适应慢，常表现负性情绪，反应强度低。

容易型的孩子能够更快地适应幼儿园的集体生活，其次就是迟缓型的孩子，而困难型的孩子入园适应最慢。

按照气质理论，如果环境提供适宜，儿童的很多行为问题将会改善。一旦创设了适应儿童发展的环境，儿童就会在成人教导下与环境积极互动。因此，虽然孩子的气质是影响其入园适应的重要因素，但只要成人提供合适的支持，不同气质类型的孩子就能较好地适应集体生活，只是适应所需的时间、成人所投入的精力有所不同而已。

作为家长，我们要调整教养方式，提高与孩子气质的"拟合度"。托马斯和切斯提出最佳适配理论，强调气质特质与父母养育方式的良好适配能促进儿童的社会适应，反之则会带来适应问题。比如，对于容易型孩子，在没有特殊情况下，不需要过多干涉，否则可能抑制其在幼儿园的自发探索行为；对于困难型孩子，要耐下心来，为孩子划定规则和边界，允许孩子慢慢适应；对于迟缓型孩子，在其入园初期，可以采用提问、引导观察等刺激行为。

想要了解孩子的气质类型，一方面可以通过日常生活中的观察，另一方面也可以借助问卷进行评估，如由托马斯和切斯等编制，张劲松等修订并经过标准化的 NYLS《3—7 岁儿童气质问卷（家长用）》。

了解气质类型只是第一步，更重要的是要根据孩子的气质特点采用适合的教养方式。对困难型、迟缓型的孩子，家长需要投入更多的精力和耐心，不断给予正面鼓励和互动，让孩子能够感受到"无论怎样，爸爸妈妈都是爱我的"的坚定信念。家长要尽量避免卷入孩子的消极情绪和行为中，不要采用恐吓、威胁的方式制止孩子的哭闹行为，以免加剧孩子的不安全感，从而更难以适应。

[案例]我有心理准备

入园第三周，大部分孩子已经基本适应集体生活，但是小米每天早上还是很难和妈妈分离，好不容易跟妈妈分离后，总是不停地重复说："我要妈妈，我要妈妈。"她既不参与游戏，也不跟老师同伴互动。于是老师和小米妈妈进行了沟通。妈妈说："以前带小米外出，她总是躲在我们身后，不愿离开，也不跟其他小朋友玩。所以，她适应幼儿园比较慢，我们是有心理准备的，就让她慢慢适应吧。"

案例中的小米妈妈根据以往观察，了解到孩子对陌生环境有抗拒性，所以对她比其他孩子适应得慢有心理准备。只有家长对孩子有清晰的了解，才能针对孩子的特质采用适宜的教养方式，以支持孩子的发展。如果小米妈妈看到其他孩子逐渐适应，忽视小米的气质特点进行横向比较的话，难免会产生焦虑不安的情绪，进而负向影响小米的入园适应。正是基于对孩子的了解，有一定的心理预期，那么一旦看到孩子有一点点的进步都会欣喜。

[游戏]捉迷藏

游戏目的：帮助孩子体验与亲人短暂分离的感觉。

游戏玩法：

①爸爸或妈妈躲藏起来，孩子寻找。

②孩子躲藏，爸爸妈妈寻找。

游戏建议：

家长可以根据孩子的气质类型，调整躲藏的时长，对容易型的孩子，躲藏时间可以适当长一些，让孩子寻找；对困难型和迟缓型的孩子，家长躲藏的时长可以短一些，以免对孩子的情绪造成影响。

（二）培养孩子良好的生活习惯，提高其适应集体生活的能力

具有良好饮食习惯、睡眠习惯、排泄习惯，以及具备自主进餐、自主如厕、自主穿脱鞋等基本的生活自理能力的孩子，更能较快地适应幼儿园的集体生活，因此培养良好的生活习惯，是做好入园适应的重要内容。

1.培养进餐习惯

家庭中的饮食往往会优先照顾孩子的喜好，但是幼儿园的食物更多考虑营养搭配，如果孩子偏食，难免遇到不喜欢的，这就给进餐造成困难。因此，在家庭食物的提供上要种类丰富、营养均衡，让孩子可以尝试各种食物。

部分家长嫌孩子自己吃饭慢，还弄得身上、桌上很脏，或者怕他吃得太少，而习惯采用喂饭的方式。其实，家长应鼓励孩子自己动手吃饭，即使吃得慢、弄得脏，也要学会逐步放手，让孩子养成独立进餐的好习惯。

[案例]我不要吃饭

午餐时间到了，林林看着自己餐盘里的食物，哭着说："我不要吃饭。"原来，林林喜欢吃肉，午餐没有肉类食物，他便开始拒绝进餐。

案例中的林林存在偏食现象，看到食物中没有肉，就拒绝吃饭、哭闹，这在一定程度上增加了他入园适应的难度。那些饮食均衡的孩子，在进餐环节能够吃到自己喜欢的食物，同时也能得到老师的肯定与鼓励，在一定程度上能够帮助孩子更好地适应幼儿园生活。

[游戏]食物魔盒

游戏目的：通过触摸感知食物的触感、形状，增进孩子对食物的兴趣和了解。

游戏准备：各种蔬菜、水果。

游戏玩法：

①将各种蔬菜水果置于一个空盒当中。

②孩子将手伸到盒子内部，摸一个食物并说出它的名称。

③把食物拿出来验证。如果孩子答对，家长伸出大拇指鼓励。

游戏建议：

可以在食物魔盒中放置一些平时孩子不爱吃的食物，以增进其对食物的了解，提高感官感知的能力。

2. 培养如厕习惯

一般孩子在 2 周岁后就具备了自主如厕的能力。但有的家长图方便，还是喜欢给孩子使用尿不湿，这不利于孩子身心的发展。随着年龄增长，自我意识的觉醒和自我控制能力的提高，对于孩子来说，能满足自己的需求是一件值得骄傲的事情，而更换尿不湿显然是要求助于成人的。孩子应该在 3 周岁之前养成自主如厕的习惯。

如厕习惯的培养可以在夏天开始，因为穿的衣裤少，方便孩子提拉裤子；万一解在身上清洗也比较方便，不容易感冒。

3. 培养睡眠习惯

如果家长能帮助孩子形成良好的睡眠习惯，有助于其更快地适应幼儿园的集体生活。首先，要养成午睡的习惯。作息时间最好与幼儿园一致，一般是在 12：30 14：30 之间。其次，鼓励孩子独立入睡，成人在一旁陪同即可。有些孩子在家里睡觉时，习惯摸着妈妈的脸或者拉着外婆的头发，在幼儿园里这些需求没法满足，入睡就十分困难了。家长可以尝试用其他安抚物代替，如：毛绒玩具、小纱巾等；或者提前跟老师沟通，老师在孩子午睡时会采用牵手、轻拍肩膀等方式安抚孩子入睡。有些孩子睡觉时会有依恋物，如：小毛巾、玩偶等，这一点不需要强行撤除。大部分幼儿园是允许孩子带自己的依恋物的，随着孩子逐渐适应，可以逐渐撤除。

（三）保持平和的心态，以发展的眼光看待分离焦虑

父母焦虑程度越高，孩子入园适应水平越低。家长要保持平和的心态，把孩子的入园适应看作其人生中一次重要的发展历程，把分离焦虑看成一种正常现象。

1. 当孩子出现分离焦虑时——理解接纳

当孩子入园出现分离焦虑情绪时，家长要理解并接纳。比如，采用以下语言进行互动："妈妈知道宝宝不愿意跟妈妈分开，妈妈也不愿意跟宝宝分开。但是妈妈要上班，宝宝也要上幼儿园。""妈妈知道宝宝到了幼儿园里有一点点陌生、害怕，就像妈妈到了一个新的地方，也会有点害怕的。"一方面对孩子的情绪表示理解和接纳，另一方面也为孩子做心理建设。

2. 当孩子拒绝入园时——温柔坚持

入园适应障碍的一种表现就是孩子拒绝入园，此时家长一定要温柔坚持。哭闹有时是一种情绪表现，有时也是一种为了达到目的的手段。家长要学会分辨。当孩子拒绝入园的时候，家长要平静地将孩子交给老师，并心平气和地告知孩子："现在妈妈去上班，宝宝在幼儿园里玩游戏，妈妈下班就来接宝宝。"情绪具有传染性，家长平和稳定的情绪状态也可以帮助孩子稳定情绪。

3. 当孩子有点滴进步时——积极鼓励

随着入园时间的增加，孩子会逐渐适应，表现出一些适应性行为。比如，愉快地入园、积极地与老师同伴互动等。当孩子有点滴进步的时候，家长要及时给予肯定和鼓励，如："今天，我看到宝宝上幼儿园的时候没有流眼泪，宝宝真勇敢。""今天，我看到你跟某某小朋友一起玩小汽车，玩得很开心，真棒呀！"

（四）根据孩子适应情况采取梯度入园

不同气质类型的孩子入园适应的情况不同，所需时间也不同。目前，大部分幼儿园都采取梯度入园的方式，帮助孩子缓解入园焦虑。如果幼儿园没有采用这样的入园方式，家长也可以根据孩子自身适应情况，自主采取梯度入园，

将挑战分层分级，降低孩子的适应难度。

每个幼儿园梯度入园的方式不尽相同，比较普遍的做法是：开学第一二天安排亲子活动，第一周午餐前接回，第二周开始在幼儿园午餐，第三周开启全天在园的模式。因为对孩子来说，午餐、午睡挑战比较大，因此通过逐步推进的方式，慢慢地增加孩子在园的时间。家长切勿认为幼儿园在推卸责任。另外，梯度入园在一定程度上缓解了教师的工作压力，使得教师可以有更饱满的热情与孩子互动，形成一种良性循环。当然，如果孩子的适应障碍仍较为严重，家长仍可继续选择半天在园的情形，当孩子对上午半天的活动比较适应后，再选择全天正常在园。

（五）积极与老师沟通，建立信任的亲师关系

孩子是积极主动的学习者，对一切事物保持敏锐的感知。家长要相信老师的目标与自己是一致的，都希望孩子们在幼儿园健康快乐地生活；要积极与老师交流，了解孩子在幼儿园的具体表现。在孩子面前，多说说老师好的地方，多赞美老师，让孩子喜欢和信任老师。如果孩子带回来一些负面信息，比如说"老师批评我了""小朋友欺负我了"，家长不要过于紧张，先耐心倾听孩子的描述。假如孩子很委屈，可以先肯定和理解其情绪，给予适当的安慰；然后及时和老师沟通，了解问题出在哪里，一起探讨如何解决，而不是兴师问罪。家长对老师信任，也会让孩子感受到老师是值得依赖的，从而产生安全感，更快地适应幼儿园生活。如果家长对老师充满怀疑，孩子对老师的要求或建议也会采取拒绝的态度，这将不利于孩子的适应。

（六）正面引导，巩固集体生活积极的情绪体验

[案例]我要玩超轻黏土

小丽早晨一到教室，就跑到美工区玩起了超轻黏土，说："我今天还要用超轻黏土做面条。"原来，前一天孩子们在玩超轻黏土的时候，老师拍摄了视频发到班级群分享。小丽的家长看到视频后跟孩子分享，还夸奖她做的面条真长啊。

入园之后，老师往往会在班级群里分享孩子的一些照片、视频。家长可以

借助这些资源，帮助孩子回忆积极的情绪体验，从而帮助孩子建立幼儿园的生活是美好的、快乐的认知经验。家长可以夸奖孩子表现好的地方，与孩子聊聊最喜欢的游戏、最喜欢的老师、最喜欢的同伴等，时常告诉孩子"老师说很喜欢你哦""你的好朋友很想你呢"……唤起孩子美好有爱的回忆。注意不要负面提问，如："你今天又尿裤子了吗？""有没有人欺负你？""今天老师批评你了吗？"这些问题只能传递给孩子这样的信息：幼儿园不是一个值得信任的地方。

此外，在送孩子入园的路上，要营造宽松的氛围，不要叮嘱他/她不要哭、要听老师的话、守纪律等，以免给孩子造成压力而产生不安和焦虑的情绪。

参考文献

[1] 陶沙. 从生命全程发展观论大学生入学适应 [J]. 北京师范大学学报，2000（2）：82.

[2] 吴海霞. 母亲教养方式、母子依恋与小班幼儿入园适应的关系研究 [D]. 北京：首都师范大学，2009.

[3] 邹卓伶. 婴幼儿入园适应的过程研究 [D]. 上海：华东师范大学，2007.

[4] 徐婧. 气质对小班幼儿入园适应影响的研究 [D]. 天津：天津师范大学，2014.

[5] 胡日勒. 3—5 岁幼儿气质情绪性对自尊水平的影响研究 [D]. 大连：辽宁师范大学，2006.

[6] 徐伟清. 促进幼儿入园适应性干预模式的探索 [D]. 上海：复旦大学，2012.

[7] 李亚炜. 父母焦虑与幼儿入园适应关系的研究 [D]. 天津：天津师范大学，2015.

[8] 纪红霞. 入园适应相关因素解析 [J]. 金华职业技术学院学报，2005（2）：103-105.

[9] 陈帼眉. 学前心理学 [M]. 北京：人民教育出版社，2008.

[10] 巫筱媛. 幼儿气质、共同养育关系和入园适应的关系 [J]. 陕西学前师范学院学报，2022，38（9）：1-8.

[11] 张劲松. NYLS《3—7 岁儿童气质量表》测试报告 [J]. 中国心理卫生杂志，1995（5）：5.

（执笔：赵娜）

第 3 课

如何营造良好的家庭养育环境

课程简介

教学对象

3—6 岁儿童家长及其他照护者

教学目标

1. 了解良好养育环境的含义、影响因素及其重要性。

2. 学习营造良好养育环境的技能及策略。

3. 解决营造家庭养育环境的困惑，提升家长的教育能力。

教学时长

90 分钟

课程框架

[实例导入]

一、家庭养育环境的概念

（一）家庭物质环境

1. 生活空间

2. 游戏空间

3. 阅读空间

（二）家庭生活习惯

1. 饮食习惯

2. 睡眠习惯

3. 运动习惯

4. 劳动习惯

（三）家庭心理氛围

1. 夫妻关系

2. 亲子关系

3. 同胞关系

（四）家庭文化氛围

1. 家庭文化观念

2. 家庭文化环境

3. 家庭文化活动

4. 家庭教育方式

二、家庭养育环境建设的误区

（一）家庭物质环境方面的误区

1. 杂乱无序或过于追求完美

2. 创设环境缺乏儿童视角

（二）家庭生活习惯方面的误区

1. 缺乏科学认知和正确示范，形成错误的生活习惯

2. 缺乏信任，不给孩子练习和试错的机会

（三）家庭心理氛围方面的误区

　　1. 夫妻关系的不和谐

　　2. 亲子关系的紧张和冲突

（四）家庭文化氛围方面的误区

　　1. 重认知培养，轻文化氛围陶冶

　　2. 重艺术训练，轻兴趣爱好培养

　　3. 重参与频次，轻亲子共同学习

　　4. 重潮流文化，轻传统家训约束

三、家庭养育环境的改善策略

（一）整洁适宜的家庭物质环境

　　1. 整洁的生活空间

　　2. 适宜的游戏空间

　　3. 安静的阅读空间

（二）健康科学的家庭生活习惯

　　1. 饮食习惯

　　2. 睡眠习惯

　　3. 运动习惯

　　4. 劳动习惯

（三）温馨和谐的家庭心理氛围

　　1. 和谐的夫妻关系

　　2. 温馨的亲子关系

　　3. 互助的同胞关系

（四）积极向上的家庭精神文化氛围

　　1. 重视家庭文化建设，做家庭文化践行者

　　2. 传承优秀家风家训，丰富家庭德育内容

　　3. 优化家庭文化环境，陶冶孩子思想情操

　　4. 创新文化育人方法，陪伴孩子健康成长

参考文献

课程内容

👤≡ [实例导入]

玲儿是个刚满 6 岁的大班孩子。爷爷奶奶负责她的日常照护，对她疼爱有加。妈妈陪伴比较少，觉得养孩子比较麻烦，情愿花更多时间工作。爸爸喜欢自己玩，要求家里一尘不染。玲儿不小心把饮料洒在沙发上，会因为害怕被爸爸批评而说谎。家庭重视对玲儿的技能培养，她在演讲、钢琴、绘画等方面的能力都非常突出。但玲儿在同伴交往方面出了问题，当伙伴热情接待她的时候，她会把热情解读为虚伪；当伙伴妞妞跟别人说悄悄话时，她会认为是在说她坏话。

很显然，实例中的玲儿在性格、认知、同伴交往等方面出现了一系列问题。这些和她的家庭养育环境密不可分。家长该如何营造良好的家庭养育环境，才能让孩子健康成长呢？

一、家庭养育环境的概念

家庭是儿童健康成长的摇篮，良好的家庭养育环境，对孩子的身心健康与人格品质的形成有着深远的影响。研究表明：个体的认知、社会情感、社会行为都是在幼儿期开始形成的，这一时期的家庭养育环境对个体发展的影响将伴随一生。

家庭养育环境，包含家庭的硬环境与软环境，主要指家庭物质环境、家庭生活习惯、家庭心理氛围和家庭文化氛围等四个方面。

（一）家庭物质环境

家是孩子生活的主要场所，家庭的物质环境，包括经济情况、环境布置、器物摆放、室内色彩等，影响着幼儿的身体健康、认知与情感以及社会化发展。教育专家用"泡菜效应"来诠释不同环境对孩子的影响。例如，家庭环境整洁，布置有条理，孩子也会慢慢地养成爱清洁、做事有条理的品质。因此，家庭物质环境中的各个区域及其功能的设置和布局，需要遵循整洁有序、适宜成长两个标准。

1. 生活空间

孩子出生后，家庭就要为其留下整洁、规则、文明的第一印象，并从孩子的视角来布置整洁的生活空间，为其心灵铺上一层最佳底色，这样孩子也容易形成追求文明、遵守规则的美好心理品质。这不仅可以保障孩子的身体健康，还能给全体家人带来养育孩子的愉悦心情。

2. 游戏空间

游戏空间可以保证孩子的精神世界得到满足。随着动作能力的发展，孩子开始翻身、爬，直到学会走路，探索世界的好奇心和求知欲与日俱增，活动空间逐步拓展，不断地与外部世界互动，摆弄一切能触摸到的材料。

3. 阅读空间

3—6 岁是培养孩子阅读兴趣和习惯的最佳时期。家长是孩子阅读的领路人，应重视家庭阅读空间的布置，做到环境安静、光线明亮，有储放书籍、文具的空间等。

（二）家庭生活习惯

3—6 岁是孩子良好生活习惯养成的重要时期。习惯包括生活习惯、品德行为习惯和学习习惯，其中最基本的就是生活习惯。孩子的生活习惯是在家庭生活中长期积累并固定下来的行为和思维模式。家庭环境是孩子习惯养成的背景，对孩子产生深刻长远的影响。

1. 饮食习惯

3—6 岁的孩子正处在生长发育最旺盛的时期，每天必须从膳食中获得充分的营养物质，才能满足生长发育和活动的需要。如果长期缺乏某种营养或热量供应不足，不但影响生长发育，还会引发许多疾病。因此孩子的饮食应最大限度地讲究营养平衡。

2. 睡眠习惯

保持良好的睡眠在孩子的生长发育过程中起着重要的作用。孩子在深度睡眠状态下才能保证生长激素分泌，由此促进生长发育。充足的睡眠也能促进孩子的智力发育和巩固记忆。如果孩子经常睡眠时间过晚、睡眠时长过短，或者睡眠质量过差，可能会导致孩子一直处于疲劳状态，出现无法集中注意力或记忆力下降等情况。长期如此，还会导致机体抵抗力下降，影响免疫功能，并诱发疾病。严重的话，不仅会造成儿童行为、情绪等改变，还会影响智力发育和引致其他脏器系统病变。

3. 运动习惯

这一阶段的孩子正处于培养运动能力的初期阶段，家长更需要重视培养其运动习惯。让孩子养成良好的运动习惯，不仅能增强其免疫力、提升其身体综合素养，还能培养其坚毅、不怕困难、勇于挑战的心理品质。孩子的运动过程是利用身体表达内心想法、创造新事物的过程，也是其主动建构身体运动智能的过程，速度、耐力、力量、平衡都在同一时刻得到锻炼和发展。

4. 劳动习惯

幼儿的劳动习惯旨在培养其热爱劳动、尊重劳动者和劳动成果的品质，掌握初步的劳动技能，提高劳动兴趣，养成劳动习惯。培养孩子的劳动习惯，不仅可以促进其在劳动过程中锻炼身体，促进大脑、手、眼等相互协调，而且可以锻炼其生活实践能力和解决问题的能力。享受劳动成果带来强烈的满足感和成就感，对孩子今后的成长和发展都具有重要的意义。

（三）家庭心理氛围

家庭成员之间的人际关系主要包含夫妻关系、亲子关系、同胞关系等，决定了家庭心理氛围和家庭的稳定程度，对孩子的成长至关重要。

1. 夫妻关系

父母婚姻的质量与幼儿的行为问题、心理健康密切相关。在父母关系融洽、家庭气氛和谐的环境中成长的孩子，往往会感受到关爱和安全感，更加积极乐观向上、善于与人交往。好的夫妻关系有利于促进孩子认知能力的发育；反之，不仅导致亲子关系不好，还易使孩子出现情绪紧张、焦虑、不安等行为，甚至注意力缺陷等严重问题。

2. 亲子关系

幼儿最先形成的社会关系是亲子关系，亲子关系会影响孩子一生的健康成长和发展。亲子关系质量好的家庭往往注重对孩子的陪伴，善于倾听孩子的心声以及帮助其解决问题。同样，孩子也会倾向于向父母表达自己的需求，会主动与父母沟通。在这个过程中，孩子与父母很容易形成安全的依恋关系，他们的社交能力和社会适应能力也会发展得更好。

3. 同胞关系

在二孩或多孩家庭中，父母帮助孩子建立积极的同胞关系。同胞关系是伴随个人时间最长的一种亲密关系。良好的同胞关系，对个体的成长和发展有着极其重要的影响。一方面，孩子可以从与兄弟姐妹的社会交往中学习社会认知技能，能更好地适应集体和社会生活；另一方面，可以缓冲不利环境为孩子带来的刺激，同胞能帮忙出谋划策，解决问题，也能提供情感分享。

（四）家庭文化氛围

家庭文化氛围主要涵盖家庭文化观念、家庭文化环境、家庭文化活动和家庭教育方式等四方面内容。

1. 家庭文化观念

家庭文化观念包括家庭的家风家规以及家庭成员的伦理道德、生活态度和价值观念，如广泛健康的兴趣爱好、富有哲理的家风家训、和睦谦让的邻里关系等。

2. 家庭文化环境

家庭文化环境包括家庭的陈设布置以及家庭成员日常生活中的衣食住行和家庭生活方式等，如简洁雅致的家具摆设、清新脱俗的字画装饰、整洁大方的穿着打扮、温文尔雅的谈吐举止等。

3. 家庭文化活动

家庭文化活动包括家庭成员参与的文学艺术活动和社会生活活动，如：充满童趣的亲子共读、高雅的艺术欣赏、和谐欢乐的亲子游戏等。

4. 家庭教育方式

家庭教育方式包括家庭成员中长辈对幼儿的教育方法和教养方式，如：权威型、溺爱型、专制型和忽视型等教养方式。

二、家庭养育环境建设的误区

（一）家庭物质环境方面的误区

1. 杂乱无序或过于追求完美

有的家长缺乏创设意识，不仅没有为孩子准备游戏、阅读和运动等功能区域，而且因为工作、性格和习惯等原因，家里堆满杂物，没人整理和清洁；而有的家长过于追求家庭环境的完美，总是担心孩子会弄脏弄乱屋子，或者弄脏自己，缺乏耐心引导，以禁止或包办的方式给孩子造成很多限制，这种担心和限制会影响到孩子发散思维、创造能力和性格品质的塑造。

2. 创设环境缺乏儿童视角

有的家长往往以成人的视角去装饰房子、添置家具设施，满足成人的生活和心理需求，而不是以儿童视角去审视环境是否有利于孩子的生活和发展。例如，客厅摆放着华丽的瓷器，孩子如果在室内奔跑可能就会打碎，造成物品损失和身体伤害；洗手盆的高度以成人标准设置，不利于孩子养成餐前便后洗手的习惯。这种情况就是家长提供了不利于孩子成长的环境。

（二）家庭生活习惯方面的误区

1. 缺乏科学认知和正确示范，形成错误的生活习惯

例如，有的家长给小班孩子报名参加轮滑训练班，却因为孩子双腿还没完全发育好而导致腿形畸形等问题；有的家长担心孩子出汗容易生病，便限制孩子运动等。这些都是由于家长对幼儿运动习惯养成问题存在认知偏差。

此外，家长自身存有不良的生活习惯，忽视良好生活习惯的培养，也会对孩子造成影响。有的父母只会告诉孩子要乖乖吃饭、要早点睡，却忘记自己应做出示范和进一步的解释与引导。

2. 缺乏信任，不给孩子练习和试错的机会

任何一个好习惯的养成，都需要不断练习和重复。例如，晚餐时间，孩子想要给每个家庭成员倒果汁，结果洒了一地。这时候家长如果大声呵斥，就会挫伤孩子参与家庭劳动的兴趣和信心。

（三）家庭心理氛围方面的误区

1. 夫妻关系的不和谐

在现实的家庭生活中，有的父母会因为家庭事务、社会工作、价值观以及儿童教育观念不合等多方面的问题，随时产生冲突。当孩子看到父母关系紧张时，他会感到自己无法掌控局面，感到恐惧、无助和不安，甚至可能会认为自己是家庭争吵的原因，或者是因为自己不够好导致了父母的矛盾和冲突。同时，孩子在面对父母冲突时，大脑会分泌皮质醇，这种激素会让大脑受损，出现反应迟缓、注意力不集中等情况。

2. 亲子关系的紧张和冲突

现代社会生活节奏加快，在竞争激烈和选拔为取向的教育背景下，父母普遍存在"养育焦虑"，对孩子持有脱离实际水平的过高期望。一旦孩子达不到父母的要求，父母便失望、埋怨，甚至打骂孩子。另外，随着三孩生育政策的推行，多孩家庭中的亲子关系也会更复杂，比如，大孩产生"独享"到"分享"的落差感，同胞之间发生冲突，家长普遍缺乏处理这些问题的理念和方法，进一步导致亲子关系紧张。

（四）家庭文化氛围方面的误区

1. 重认知培养，轻文化氛围陶冶

有的家长为了让孩子"赢在起跑线上"，把小学低年级的课本内容提前教给幼儿园阶段的孩子，揠苗助长，孩子感受到的只是来自家庭教育的压力，而不是家庭良好文化氛围的熏陶。

2. 重艺术训练，轻兴趣爱好培养

有的家长很重视孩子艺术才能的训练，舍得在艺术培训上花钱，支持孩子参加绘画、弹琴、唱歌、舞蹈等各种培训班，旨在发掘和培养孩子的艺术才能，但有的时候却事与愿违，一些孩子对家长帮其选择的培训班并不感兴趣。

3. 重参与频次，轻亲子共同学习

有的家庭文化活动的种类丰富多彩，家长乐意带孩子参加各种聚会、参观各类展览、参与各种演出和比赛等。固然，高频次的参与活动可以丰富孩子的

生活和视野，但不少家长除了简单地接送孩子，其他时间都只是自己在一旁刷手机、看短视频消磨时光，很少真正地与孩子一同体验学习，梳理学习进程和方法，促进亲子共同学习成长。事实上，孩子学习能力还比较弱，需要家庭树立起全员学习和终身学习的理念，家长要做到自身知识常更新、技能不落伍，始终营造学习型家庭氛围，来适应学前儿童的成长需要。

4. 重潮流文化，轻传统家训约束

面对社会飞速发展带来的多元文化冲击，家庭文化氛围也逐渐呈现与潮流同步的趋势，不少传统家庭文化中强调的"家规家训"已经在现代家庭中难觅踪影。尤其是年轻一代组成的家庭，家中已经基本没有文字形式或者口耳相授的家训家规了。

三、家庭养育环境的改善策略

家庭养育环境的创设，应树立"儿童友好"的理念，以有利于孩子全面发展、健康成长为宗旨。家庭既要注重环境的美丽整洁，也要注重在日常养育和亲子互动中不断挖掘各种环境的教育功能。

（一）整洁适宜的家庭物质环境

1. 整洁的生活空间

家庭环境应保持整洁，物品摆放有序，物品使用后要放回原来的位置。家居整体的空间布局、儿童房的色彩搭配，以及盥洗台的设置等，都需要考虑儿童的生理特点、真实感受、生活习惯及安全保障。例如，色彩搭配方面，幼儿更容易亲近自然原木色、黄绿色调，并获得感官上的舒适体验；盥洗台的设置，家长可以利用合适安全的小板凳，让孩子能够通过搬动小板凳来实现洗漱，既满足了孩子自我服务的愿望，又能照顾到孩子在盥洗时获得轻松愉悦的体验。

2. 适宜的游戏空间

游戏是孩子探索世界的方式，而家本身也是3—6岁儿童的游戏场。一般家庭而言，游戏的空间只要舒适、整洁、安全就足够了。家中房间如果宽裕的话，可专门给孩子提供一间游戏房或游戏区，为孩子的游戏房设立不同的游戏功能区，如：自然区、家庭区、建筑区、图书区、智力区等，也可在卧室或客厅一角用地垫隔出一个游戏区域。

3—6 岁的幼儿参与角色和规则游戏的时间渐多，家长可以为孩子准备一些相关的玩具、教具和各种材料，还可以提供一些具有一定难度的教育性玩具、益智类玩具。例如，角色游戏的材料，可以根据孩子的性别和兴趣进行布置。通常，女孩子更喜欢娃娃家、医院、餐厅等角色游戏；而男孩子喜欢挑战性游戏，一把枪、一顶军帽、一个孙悟空的面具都会激发他们竞争和冒险的欲望。此外，积木类玩具也同等重要，在桥梁、高架桥、基地、飞机场诸如此类的游戏搭建体验中，儿童会自我建构空间能力，积累数量的感知能力。

值得注意的是，在物质条件丰富的今天，父母一是要把好关，对各种玩具进行甄别和选择，防止不利于孩子身心健康玩具的出现；二是要理性消费，提供适量的玩具材料，避免孩子玩具过剩，造成浪费；三是在陪伴孩子的过程中，要有意识地和孩子利用现有的玩具创造一些新的游戏，提升游戏的趣味性和教育性，培养孩子的创造力和思维力。

3. 安静的阅读空间

若条件允许，可以为孩子设置独立的空间，集合游戏、阅读、亲子互动等功能；根据家庭实际情况，增添儿童阅读书桌和图书，也可以在客厅阳光充足、安静的一角设立"儿童图书吧"。

图书的选择和摆放位置也很重要。父母需要了解自己孩子的年龄特点和喜好，选择孩子感兴趣、能读懂的图书。画面丰富、内容生动的绘本，是幼儿早期阅读非常不错的选择。等孩子到了中大班的年龄，可以引导阅读图文结合的书籍，激发其对文字产生浓厚的兴趣。图书要整齐有序地摆放，放在他们触手可及的地方，这样孩子想要阅读的时候，随时就能拿到。

阅读时也可以玩耍。由于孩子年纪小，在阅读的时候难免会坐不住，这时父母不必严格限制孩子的行动，可以让他先玩一会儿再进行亲子共读，也可以在孩子自由活动的同时为他朗读。书籍对于这个时期的孩子来说可能只是玩具，家长只需要让孩子体会到读书的乐趣。

（二）健康科学的家庭生活习惯

父母是孩子的第一任老师，孩子习惯养成的第一场所就是家庭。在家庭日常生活中，父母要注重自身的生活习惯，给孩子树立好的榜样，在饮食、睡眠、运动和劳动等方面进行积极的引导和教育。

1. 饮食习惯

父母要认识到什么样的饮食习惯才是健康的。要对"足够营养"有正确的认知，要注重营养的均衡性。长期过量饮食或者长期不规律进食，容易造成孩子胃口差等问题。

因此，父母要结合孩子的脾胃情况，尝试制作孩子喜欢的饭菜和点心，合理搭配膳食，鼓励孩子自己进餐。注重营造家庭进餐时的轻松氛围，同时也需要制订家庭生活常规作息计划，比如，克服周末睡懒觉不吃早饭的不良习惯。家庭常规作息计划的执行初期需要父母的监督和鼓励，通过鼓励和奖励孩子等措施加以巩固。

2. 睡眠习惯

幼儿睡眠问题的产生，可能是父母较迟睡觉、嘈杂的睡觉环境、溺爱的养育风格、使用过多的电子设备导致大脑兴奋性过高等原因导致的。因此，父母需要树立榜样，尤其是在入睡、起床时间上形成习惯，保证孩子有充足的睡眠时间和良好的睡眠质量。

父母可以在孩子入睡后再去完成自己的工作。随着孩子逐渐长大，根据孩子的能力发展，可以逐步引导其独立入睡、分床睡。

3. 运动习惯

父母需要根据孩子自身的年龄特点和健康状况，合理安排一日中孩子的锻炼时间，也可以利用周末休息带着孩子去爬山、露营，在树林里捉迷藏，去小溪边玩石头、打水仗等，让孩子爱上运动，喜欢户外锻炼，保持健康的身体。

4. 劳动习惯

在现代家庭里，大多数独生子女都被人为"保护"起来。长辈过度的照顾与包办，阻碍了幼儿的成长发展，使幼儿从小养成了娇气、懒散的坏习惯。到了入园的年龄，依旧没有生活自理能力，对新环境的适应能力较弱，不利于幼儿适应幼儿园集体生活。

对幼儿来说，收拾自己的玩具，能自己进餐，帮助做一些力所能及的家务，就是劳动习惯培养的关键。例如，妈妈正在收衣服时，可以叫孩子一起学习折叠衣物，放到指定的抽屉；晚餐后，爸爸可以和孩子一起去扔垃圾。周末的时间可以安排"家庭大扫除"活动，父母带着孩子一起收拾家里的角角落落，分门别类地整理归位物品，让孩子亲身体验劳动的快乐。

总之，结合孩子年龄特点，科学制定落实合理的作息制度，需要父母切实有效地落实，妥善安排学习、游戏、锻炼、饮食、睡眠，使孩子生活规律化，促使其树立劳动意识，促进其身心健康发展。

（三）温馨和谐的家庭心理氛围

温馨和谐的家庭关系对孩子一生的发展有着重要的影响。建立和谐的夫妻关系、温馨的亲子关系、互助的同胞关系是构建温馨和谐的家庭心理氛围的有效途径。

1. 和谐的夫妻关系

和谐的夫妻关系是指夫妻之间和谐、温和、团结互助，主要表现为夫妻恩爱，家庭充满欢乐、祥和。

家庭要建立积极正面的家庭教育观，注重夫妻关系大于亲子关系，避免将亲子关系视为家庭的中心、给予孩子过多的关注、过度溺爱或控制等倾向，否则长此以往家庭就容易出现各种矛盾。

父母需要经营好夫妻关系，比如，可以选择"有情感倾向"的称呼，交流沟通时注意语音、语速、语调和重音；彼此尊重，减少指责，多欣赏包容伴侣。在夫妻和谐积极互动的基础上，再把时间花在亲子互动中，让家庭成员间多一些情感性互动，做到既相互尊重又彼此温暖。

2. 温馨的亲子关系

家庭的抚养不仅仅是物质的，更重要的是父母的陪伴。在亲子互动的过程中，父母才能真实地了解孩子的需求，满足孩子的情感，和孩子建立亲密关系。

（1）关注亲子高质量陪伴

高质量陪伴，就是当下全心全意地陪伴孩子，包含四大要素：时间、爱、肯定的话语、身体的接触。高质量陪伴不等同于陪同，而是在有限时间内尽可能地提升陪伴的质量，这是使孩子身心健康的重要条件。

家长要以多倾听、多提问，来代替直接评判，甚至是挖苦式、刺激式的反话，鼓励孩子提出自己的想法，更好地理解孩子。当孩子的想法中存在乐意帮助别人、喜欢探索解决问题的因素时，要抓住时机问一问他的计划、安排和如何寻找资源等问题，给予孩子主动性的精神支持。

（2）关注亲子沟通的"道"与"术"

亲子关系中尤其要关注沟通的"道"与"术"，避免亲子矛盾和冲突影响孩子的情绪和判断。在亲子沟通中可以采用"非暴力沟通四步法"：第一步看清事实；第二步识别感受；第三步发现需要；第四步提出请求。

[案例]我还要玩

乐乐的爸爸妈妈下班回到家开始做饭，乐乐只顾自己玩，书籍玩具扔得到处都是。等到开饭时，妈妈说："洗手吃饭。"孩子说："不要，我还要玩。"妈妈严厉地要求："你再不吃饭的话，我就把你的玩具都收起来了！"乐乐还是停不下来。爸爸听得火大了，大吼了一声："你这孩子怎么回事？不听话了是吧？"冲上去打了一下乐乐的屁股。乐乐立刻大哭起来。

在上述案例中，家长没有看清孩子天生喜欢游戏和玩耍的客观事实。孩子的感受是舍不得停下来，而家长则期望孩子停下来收拾东西、洗手后吃饭。此时，家长应该做的不是命令、指责，而是积极、具体、及时地反馈客观事实和孩子的感受、需求，提升孩子解决问题的主动性。

如果孩子因为年龄小还想不到问题的解决策略，家长可以请他根据自己的需求做出选择。家长可以尝试这样说："宝贝，你正玩得开心呢。现在马上就是吃饭时间了，你是想接着玩两分钟，还是跟我们先去吃饭，吃完以后我们再陪你一起玩？"

当然除了以上的表达，家长也可以通过转移注意力的方式发问："哇，天黑了，玩具宝宝也想回家了。今天先送哪个玩具宝宝回家呢？"或者以赞美的方式引导孩子的积极行为："等一下你收拾玩具一定非常快速，像一个高级的机器人！肯定不需要妈妈帮忙的吧？"

良好亲子关系的建立需要在点滴中积累。这里分享几个亲子沟通的小妙招：每日睡前聊天，父母多听少说；家庭的每周会议，主动听取孩子参与家庭事务的意见；提升家庭仪式感，感受家庭温暖小时刻。

3. 互助的同胞关系

在二孩或多孩家庭中，同胞关系是伴随个人时间最长的一种亲密关系。父母帮助孩子建立积极的同胞关系显得尤为重要，要有意识地传递互助的同胞关系带来的积极作用。

同胞相处的基本原则是父母对待子女要有尊重与平等的意识，避免差别对待。差别对待主要指父母在物质上或者情感投入、管教等方面，较多地偏向某个孩子，而较少地偏向另一个孩子了。家长常常会面临孩子们互相争抢的场景，如：吃饭时争抢同一碗水蒸蛋、玩耍时争抢新玩具、下棋时因输赢而吵架等。父母在有条件的情况下，应尽量在物质条件上做到公平公正。比如，水蒸蛋可以做成两小份，或者蒸一大份以后分开两小碗。同时进行引导和梳理，让每个孩子都感受到来自父母的关注和爱，既照顾到情绪，也有是非的梳理，帮助孩子建立正确的是非观，逐渐形成合作、和谐、友爱的同胞关系。

如果同胞出现争抢现象比较多，就需要考虑家长可能存在忽视孩子的感受和需求的情况。例如，家长可能没有跟大宝商量生二胎的事情，后又因为二宝更小需要照顾，忽视了大宝的感受，让大宝觉得自己的爱被分走了，爸爸妈妈不再爱他了。家长可以采用非暴力沟通法，跟孩子讲明客观事实，共情他的感受，再一起商讨怎么结合客观实际满足彼此需求。双方均可提出解决方案，父母再根据家庭情况向孩子提出一些请求、期望或建议。

（四）积极向上的家庭精神文化氛围

家长是家庭文化建设的核心力量。家长的育儿观念和言谈举止会对孩子产生潜移默化的影响，因此，更新家长的教育观念、不断提升家长自身的文化素养对于家庭文化氛围建设意义重大。

1. 重视家庭文化建设，做家庭文化践行者

家长要自觉更新教育观念，重视家庭文化建设，重视家庭文化氛围营造，把家庭文化建设提到议事日程上，推崇先进家庭文化，抵制陈旧、不良的家庭文化，保证家庭文化氛围的健康发展。例如，家庭成员之间除了谈论生活琐事

以外，还可以关心国际国内发生的时事、文学艺术等话题，或者是有助于孩子身心健康成长的话题，有意识地发表哲理性的语言和聪明睿智的见解，让孩子从中得到启发。

家长要不断提升自身的文化水平和文化素养。家长可以多阅读一些有关修身养性的书籍，形成科学的价值观，具备坚强的意志品质、做事有恒心、有信心和有决心，保持乐观、开朗和豁达的健康心态，展现良好的文化素养，成为孩子学习的榜样，在生活观念、言行举止和品德修养等各方面影响孩子，塑造孩子乐观向上的个性。

2. 传承优秀家风家训，丰富家庭德育内容

优秀的家风家训是中华传统文化中的瑰宝，也是先辈留给后代的修身齐家之训，其独具特色的齐家哲理和行之有效的教化方式，有助于幼儿在耳濡目染中养成良好的品德修养。

家长要善于在优秀传统家风家训中，发掘适合自身家庭文化建设的因素。家长可以根据幼儿的年龄特点，充分挖掘传统家风家教文化中蕴含的教育因素，作为教育孩子道德规范的准则。例如，司马光《家范》强调勤俭持家、孝贤治家、诗书训家。家长也可以带上孩子，开启一段文化传承之旅。比如，走进江南第一家，感受《郑氏规范》主张的厚人伦、美教化、讲廉洁，向孩子传达孝顺父母、兄弟恭让、勤劳俭朴等美德。这些优秀的传统家风家训，至今也非常值得借鉴。

家长应学会把优秀传统家教文化用于家庭教育实践中，重视孩子的品德行为的养成训练。例如，《朱子家训》提到的让后人养成洒扫庭院的习惯，《颜氏家训》列举的起居之礼、送迎宾客之礼等，能促成孩子"知行合一"，提高家庭品德教育的质量，形成良好的家风。

3. 优化家庭文化环境，陶冶孩子思想情操

家长要善于为孩子营造适合其成长的现代家庭文化环境。家长要跟上信息化时代的步伐，以开放和包容的心态直面多元文化的冲击，善于甄别来自互联网、社交媒体的各种良莠不齐的信息，吸取其精华，去除其糟粕，为孩子营造出适合其成长的文化环境，并能在生活中尽可能过滤诸如自由主义和享乐主义

等可能给孩子成长带来潜在威胁的不良文化影响，做到既要让孩子与文化潮流紧密接触，又要让他们免受社会上的文化糟粕的污染。

家长应当注重家庭文化艺术气息的营造。家长要拓宽孩子的视野，让孩子参观博物馆、科技展和艺术展，陶冶孩子的情操，激发孩子参与文化活动的兴趣和积极性，提高家庭的文化生活质量。

4. 创新文化育人方法，陪伴孩子健康成长

家长应不断提升家庭教育水平，掌握科学的家庭育人方法，采取民主的家庭教养方式，多方面了解和分析孩子，并根据孩子的特点因材施教，有意识地改进家庭文化育人计划，提高家庭文化育人的质量。

家长要具备文化育人的智慧，掌握符合孩了成长规律的方法。

其一，家长要遵循义化育人的规律，为孩子创造欢乐和谐的家庭文化氛围，让孩子感到温馨愉悦，这是一切文化活动的基础。

其二，家长要保持养育一致性的原则，家庭成员之间的建议和主张在原则和要求上要保持高度一致，当几位家庭成员建议不统一时，切记不要在孩子面前大吵大闹，务必私下沟通好再实施教育，这样才能达到良好的效果。

其三，家长要学会智慧管理自身情绪，多从孩子的实际需要出发，循循善诱，多关注孩子，多与孩子交流，根据孩子的文化喜好教育孩子，不能把自己未实现的诸如成为钢琴家、舞蹈家等心愿强加到孩子身上，否则容易让孩子产生抵触心理。

其四，家长要意识到父母负有家庭教育的主责，同时适度发挥祖辈参与的作用。一方面，感恩祖辈在养育上给予的支持和帮助；另一方面，指导祖辈学习科学的养育理念和方法，合力促进孩子健康成长。

家长要多给孩子提供参与各种文化活动的机会，让孩子在实践中完善自我。家长要善于做一个学习者和陪伴者，在家庭条件许可的范围内，多带孩子参与适合他们的文化活动，如：音乐会、艺术展、阅读分享会、主题夏令营、亲子研学、户外踏青和旅行等，并与孩子在文化活动中同学习共成长。

参考文献

[1] 赵梓涵. 3—6岁儿童游戏性与家庭养育环境的关系研究[D].西安：陕西师范大学，2019.

[2] 刘洋丽. 父母婚姻质量对幼儿焦虑的影响[D].开封：河南大学，2019.

[3] 中华人民共和国教育部制定. 3—6岁儿童学习与发展指南，2012.

[4] 齐媛媛，孙丽丽. 家庭物质环境创设指南[J].家庭教育（幼儿家长），2009（9）：4-11.

[5] 曾灵媛. 家庭教育中和谐亲子关系的形成机制与促进方法研究[J].成才，2023（11）：67-68.

[6] 韩波. 新童年社会学视角下城市儿童家庭游戏空间的审视[J].幼儿教育（教育科学），2020（15）：7-10.

[7] 徐东. 家庭中幼儿良好生活习惯的培养[J].兰州学刊，2008（4）：199-200+24.

[8] 张富洪，杨慧彤. 学前儿童家庭文化氛围建设研究[J].教育导刊（下半月），2019（11）：71-74.

（执笔：陈霞芳　郑蓓蓓）

第 4 课
如何对孩子开展
安全教育

教学对象

3—6 岁儿童家长及其他照护者

教学目标

1. 了解家庭安全教育的任务、内容。

2. 重视家庭安全教育存在的问题。

3. 树立正确观念，掌握家庭安全教育的策略和方法。

教学时长

90 分钟

课程框架

（二）提升自身的安全知识和安全教育技能

（三）开展多样化的安全教育

　　　　1. 以身作则的"榜样示范"教育

　　　　2. 积极鼓励的"正面教育"

　　　　3. 日常生活的"随机教育"

　　　　4. 借助文学作品渗透安全知识

　　　　5. 运用游戏丰富安全教育的形式

（四）为孩子营造安全的心理氛围

　　　　1. 营造和谐轻松的家庭氛围

　　　　2. 积极关注孩子的行为表现

参考文献

课程内容

[实例导入]

4 岁的辰辰一不小心，将正在玩的小鹅卵石塞进了右侧鼻腔。辰辰妈妈先试着用手指抠，又在他鼻腔处涂抹食用油以润滑，都没能把鹅卵石弄出来。万分焦急中，妈妈拨打了 120 急救电话，通过专业人员的操作，才把鹅卵石取出来。

5 岁的壮壮几乎一刻也闲不住。他在家中拉拽电视机保护罩，导致电视机瞬间倾倒，将他砸在底下，差点酿成大祸。

3—6 岁的孩子处在好奇心、探索欲强，而自我保护意识和能力比较弱的阶段，很容易受到意外伤害。因此，如何对孩子进行有效的安全教育就成为保护孩子健康成长的重要话题。

一、家庭安全教育概述

在家庭中开展安全教育，目的在于帮助孩子形成安全意识，养成良好的安全习惯，学习安全行为，掌握安全知识和技能，学会躲避危险、保护自己，减少安全事故的伤害，保障自身的生命安全。

（一）安全教育的任务

1. 帮助孩子建立安全意识

孩子天性好奇心强、爱探索，但对危险的甄别意识、防护意识弱，因而常常引发安全事故。因此，帮助孩子建立安全意识成为安全教育的首要任务。家长可以通过讲故事、看图书、读儿歌、情境表演、做小实验、亲子讨论等形式，让孩子在感知体验中逐渐认识和了解周围的环境，知道生活中的危险因素，潜移默化中感受安全的重要性，从而提高安全意识。

2. 教授孩子必要的安全知识和技能

掌握必要的安全知识和技能可以帮助孩子远离危险，减少或避免伤害，这是安全教育的核心内容。家长可以结合生活实际，教授孩子一定的安全常识。比如，了解水、电、燃气、厨房刀具、常用药品的安全使用知识和注意事项；

知道基本的交通规则，如："红灯停，绿灯行""路边行走要靠右""乘车要系安全带"等；遵守家庭生活中的安全规则，如：不爬阳台和窗台、不玩电扇、不玩杀虫剂、不玩牙签、不把尖东西放进口袋、不钻进柜子里玩、不给陌生人开门等；学习火灾、雷击等自然灾害发生时的逃生和自救知识；认识常见的各种标记，懂得躲避危险；记住重要的求救电话号码"110""120""119"，遇到突发事件时会求助等。

教授孩子相关知识的同时，家长可以和孩子一起进行模拟情境演练，如：烫伤处理、外出走失求助、火灾逃生、应对陌生人敲门等。在趣味性的情境中加深孩子的印象，在具体的实践操作中达到安全技能学以致用的目的。

3. 培养孩子良好的行为习惯

培养孩子正确的生活方式和良好的行为习惯是安全教育的关键任务。孩子年龄尚小，可塑性强，家长应充分重视和利用这一特点，有意识地对孩子进行强化训练，持之以恒地帮助其养成良好的生活方式和行为习惯。比如，从小培养良好的生活、卫生习惯，可以有效减少意外伤害事故的发生；培养锻炼的习惯，促进其身体发展，提高躲避危险、自我保护的能力；培养同伴交往能力，养成会交流、会分享、会合作等良好的交往方式，可以避免同伴之间因不友好、不合群造成的伤害事故。

4. 提升孩子的自我保护能力

（1）激发孩子体育锻炼的兴趣，提高孩子的应激反应能力

《3—6岁儿童学习和发展指南》在健康领域中指出，要激发幼儿参加体育活动的兴趣，充分活动幼儿的身体，逐步养成运动习惯，发展幼儿动作的协调性、灵活度，增强耐力，促进幼儿肢体的均衡发展和基本运动能力的发展，使其具有安全知识和初步的自我保护能力。

受生理发育的限制，孩子的身体灵活性、协调性相对较差，难以达到自我保护的要求。因此，家长要用多种方式激发孩子的体育锻炼兴趣，有意识地对孩子进行科学的基本动作训练，锻炼孩子的平衡感、方向感，协调其身体动作和眼与手足的配合能力，让孩子在活动过程中更好地掌控自己的身体，为孩子应对危险、增强自我保护能力奠定良好的基础。比如，可以在室外场地进行家

庭"抓尾巴"比赛、"追逐"游戏等。

（2）引导孩子保护自己的隐私，做好"防性侵"教育

由于孩子的身心发育不成熟，加上家长对性教育的认识和重视度不够，孩子对隐私安全方面的知识非常欠缺，保护隐私的意识和能力也非常不足，对孩子开展隐私安全和"防性侵"教育刻不容缓。

"防性侵"教育应包含以下内容：教育孩子认识自己的隐私部位，内衣内裤遮蔽之处不能被别人看或触摸，也不应看或触摸别人的隐私部位；如果来自他人的拥抱或触摸让自己觉得不舒服或不安全，应该拒绝并向家长或老师报告。教育孩子不接受陌生人的礼物、食物或邀请；辨别不安全和不应该保守的秘密，包括他人对自己的触摸、带自己去的地方和对自己做的事情等；如果受到了侵害，应立即向成人求助，以免再次受到伤害。

（3）注重运动中的安全教育，避免运动中的伤害

3—6岁孩子在运动中有诸多需要注意的安全要素。由于孩子的动作不够灵敏、协调，耐力较差，对危险的认识和判断能力有限，又喜欢探索、冒险，容易兴奋、冲动，很容易控制不住自己在运动中的行为或动作。因此，在孩子运动之前，一定要做好安全防护的教育，避免运动不当带来的伤害。比如，在奔跑运动前，要提醒孩子注意周围的同伴，避免发生碰撞。在进行秋千、荡桥游戏前，要注意扶好把手；不要在悠荡范围内停留，避免误伤；结束时，要等秋千、荡桥停稳后，才能离开。

（二）安全教育的内容

家长对孩子进行安全教育的内容主要包括以下几方面。

1. 日常生活类

包括防高处坠落、防触电、防溺水、防火、防烫伤、防动物咬伤、防煤气中毒、家务劳动安全、玩具使用安全、饮食卫生安全、用药安全等。

2. 交通安全类

包括行路、骑车、乘车、乘船、坐飞机等方面的安全。

3. 社会治安类

包括防拐骗、防走失、防性侵、隐私安全等。

4. 活动安全类

包括运动环境和器械的安全、体育课的安全、游泳和滑冰类运动安全、野外活动与游戏安全、烟花爆竹安全、人流拥挤的公共场所安全等。

5. 情感（心理）类

包括分离焦虑和意外伤害后的情感抚慰等。

二、家庭安全教育存在的问题

（一）家长安全意识薄弱，对安全教育不够重视

有的家长对安全教育的重要性和必要性认识不足，有的在这一问题上过度依赖幼儿园，大部分家庭没有有针对性、计划性、全面性地开展安全教育，以致不能较好地应对各种意外事故。比如，带孩子出门时，家长低头看手机而忽视对孩子的照看，由此引发的意外事故比比皆是；带孩子去游泳，由于泳池边有安全员而忽视对孩子的关注，造成孩子溺水的新闻屡见不鲜；开车带孩子外出，家长自己去办事而把孩子独自锁在车内，有的甚至把孩子遗忘在车内，导致孩子中暑甚至死亡的事件也时有发生。

（二）家长缺乏安全知识，难以有效地开展安全教育

只有家长自己具备丰富的安全知识，才能将各种安全措施和自我保护方法准确、无误地告诉孩子。而多数家长缺乏相关的知识和技能，比如，对烫伤、触电、溺水等问题如何进行防范或救治，家长自己都一知半解，也就难以对孩子有效地开展安全教育。

（三）家长重保护轻教育，剥夺孩子实践锻炼的机会

在孩子的安全问题上，家长大多是保护意识很强，会采取各种防范措施，期望将所有的危险因素屏蔽在外，千叮咛万嘱咐孩子"不能做这个，不能做那个"，甚至将安全教育等同于"束缚教育"。3—6 岁孩子身心发育不完全，难以预测行为后果，消除不安全因素是必须的。但是，"千般呵护，不如自我保护"。比如，与其害怕剪刀剪到手就藏起剪刀，不让孩子使用，不如教给孩子正确使用剪刀的方法和注意事项。在日常生活中，家长应尽可能提供安全学习和锻炼的机会，让孩子通过实践积累经验，不断提升自我保护的技能，养成良

好的自我保护习惯。

（四）家长教育不当，安全教育效果不佳

1. 教育方式单一枯燥——重说教，轻实操

有调查表明，绝大多数家长习惯采用说教的方式进行安全教育，普遍存在"光说不练"的现象，孩子缺乏自我保护技能的实践练习，难以达到安全教育目的。比如，孩子喜欢到河边玩耍，有的家长只是反复口头警告孩子"不要在河边玩，掉进水里会淹死"，却没有带孩子亲身感受要离河边多远距离才安全等。单一的说教效果不佳，每年暑假溺水事件仍频频发生。3—6岁孩子的思维具有直观性，学习特点是注重直接感知、实际操作、亲身体验。单一、枯燥的口头说教，灌输式的教育方式并不适合孩子。家长应遵循孩子的思维和学习特点，理论结合实操进行安全教育，让孩子能真正理解和运用。

2. 教育方向一边倒——以"禁止"教育为主

"禁止"不安全行为是许多家庭进行安全教育的主要特点。很多家长采用口头警告的方式禁止孩子的不安全行为，如："不要乱跑""不要爬高""不要下水玩""不要触摸插座"等，"不要做"是家长的口头禅。还有一部分家长直接用动作制止孩子的行为，如：拉住孩子摸电梯门的手，拿走孩子正在玩的小纽扣，把孩子从高处抱下来等。但相关研究发现，这样的"禁止"教育效果不佳，意外事故并没有因此而减少。主要原因在于家长没有了解孩子的心理发展特点和需求，只是强行禁止，并不能让孩子意识到活动中的安全问题，故而难以产生良好的安全教育效果。

3. 教育时机滞后——以"被动"教育为主

家长虽重视孩子的安全，但在安全教育行为上往往比较滞后、被动，大多是在孩子即将出现或已经出现了不安全行为时才警告或制止。如：家长很少在日常生活中提前进行有关玩水的安全教育，只有当孩子在河边玩耍时，才急忙说："不要在河边玩，掉下去要淹死的！"孩子的不安全行为往往具有突发性，难以预测和控制，家长滞后、被动的安全教育，起不到预防的作用。

4. 教育内容偏颇——以生理安全教育为主，忽视心理安全教育

生理安全教育与心理安全教育相辅相成，前者保障孩子的身体茁壮成长，

后者保障孩子心理的健康发展。然而，由于生理安全问题带来的后果显而易见，心理安全问题带来的后果较为内隐，家长往往注重前者而忽视后者。比如，为了阻止孩子去草丛玩，就吓唬说"草丛里有毒蛇"；为了让孩子不乱走，就说"外面有很多偷孩子的坏蛋"；为了不让孩子吃陌生人的食物，便告诉孩子"食物里面有毒药会毒死你"等。这些不恰当的做法，虽然保护了孩子的身体安全，却影响了他的心理安全，使孩子对别人或环境产生畏缩、不信任和恐惧感，造成了心理上的伤害。

三、家庭安全教育的策略和方法

（一）树立安全保护和安全教育并重的教育观念

真正的安全教育不是消除孩子身边所有的危险，而是让孩子拥有处理真实环境中各种状况的能力。因此，家长要重视孩子安全意识和自我保护能力的培养，引导孩子学习一些安全知识和自护自救的方法与技能，变消极躲避为积极预防，将安全事故的发生降低到最低限度。

在日常生活中，家长要渗透有关的安全常识，教会孩子自我保护的方法和技能。对于生活中容易造成伤害的日用品，不能一味禁止，而应该让孩子去了解这些物品的使用方法以及使用不当会造成的后果。如：电器、药品、火、热水等，这些都是生活中很容易接触到的，家长不可能随时保护孩子，只有孩子了解这些东西并学会自我保护和自救才能避免安全事故。对于孩子不宜接触的东西，如：农药、清洁剂、尖锐器物、可吞咽的小物品等，家长一定要安全妥善保管，并给孩子明确强调其危险性，反复叮嘱孩子，确保孩子不乱动这些物品。

不过，家长也不要因噎废食，过度放大安全问题，这不利于孩子安全感的建立和个性的培养。家长应该用鼓励与赞许的方式来培养孩子的安全态度，让孩子在安全的原则下，大胆探索周边的环境和设施，了解何种设施会导致危险与伤害；耐心回答孩子的"为什么"，告诉他们应该怎么做，并对孩子表现出的安全行为及时给予赞许强化，使其在自我探索中培养安全意识和自我保护能力。

（二）提升自身的安全知识和安全教育技能

储备丰富的安全教育知识、掌握科学的安全教育技能，是家长对孩子进行安全教育的重要基础和前提。因此，家长要自觉地通过各种途径进行学习和了解，掌握科学的安全教育方法。比如，面对孩子不慎跌伤或骨折、异物卡住喉咙、溺水、烫伤等基本的急救措施，需要家长进行科学学习和实际操作练习。

首先，家长可以借助丰富的网络资源进行学习，通过搜集安全教育资料、分析安全事故案例、观看网络视频，学习急救技能和安全知识。其次，家长还可以订阅相关的书籍和期刊，通过阅读丰富安全教育知识。最后，家长要重视与幼儿园的合作，充分利用社区教育资源，不断储备安全知识，提升安全教育技能。幼儿园会组织安全教育有关的讲座活动，比如"传染疾病的预防与救治""消防安全知识宣讲"等，社区也会做"防溺水宣传""家庭用电安全"等安全教育的活动，家长要积极参加，充分利用这些机会向专业人员咨询，解决平时遇到的问题，让家庭、幼儿园、社区形成教育合力，从而更好地对孩子开展安全教育。

（三）开展多样化的安全教育

1. 以身作则的"榜样示范"教育

儿童天性喜欢模仿，榜样是孩子学习模仿的对象。家长作为孩子的第一任"老师"及最信任的人，孩子无时无刻不在观察、模仿其言行举止。家长在日常生活中的安全行为习惯会对孩子产生潜移默化的影响。因此，家长要自觉做好安全教育的榜样示范，如：不将头和手伸出汽车窗外，不闯红灯，不用湿手触摸开关、插座等；同时，还要给孩子讲解不这样做的原因，从而让孩子模仿正确的行为，逐渐养成良好的安全行为习惯。

2. 积极鼓励的"正面教育"

我国著名教育家陈鹤琴主张"积极的鼓励胜于消极的制裁"。正面教育，即采取积极的引导，避免用消极的命令和对抗；用赞赏和肯定，避免苛责。在家庭安全教育中，家长往往习惯发布"禁令"，却不告知应该如何做，这会使孩子困惑、迷茫，不知所措。受年龄、生活经验的局限，孩子还没有掌握正确解决问题的方法，需要父母明确告知"应该怎样做"才会更安全。比如，不只说"马路边不要跑",还应说"马路边要左右看,慢慢走";不只说"下楼梯不要跳",还应说"下楼梯靠右走,一级一级下";不只说"不要把头和手伸出窗外"等,还应说"坐好安全座椅,小手放好才能出发"等。

3. 日常生活的"随机教育"

日常生活中的安全隐患无处不在,家长要善于发现教育契机,随时对孩子进行针对性的安全教育。比如,外出时,提醒孩子靠右行,紧紧跟随,不要远离成人的视线;引导孩子了解街边随处可见的警示标志的含义;等待红绿灯时,讲一讲交通信号灯的重要性,提醒孩子遵守交通规则。在家中,引导孩子喝水前摸一摸、吹一吹,从冰箱中拿出东西吃之前闻一闻,避免烫嘴、烫手、误食东西等。

家长可以利用身边的事例进行安全教育,增强孩子的危机意识。同伴或熟悉的人的经历,能让孩子更加容易理解安全规则和危险行为所产生的后果,有效习得安全知识。家长应帮助孩子对伤害的发生进行正确的归因,让孩子明白在今后生活中应该如何避免相似的事情发生。比如,当有小朋友摔伤或骨折时,家长可以跟孩子分析同伴受伤的原因,并讨论避免这种情况发生的办法。对于社会热议的安全事故,家长可利用图片、视频等,让孩子了解不注意安全的严重后果,并教给孩子正确的防范方法。需要注意的是,在这种教育方法中,家长要把握好度,避免给孩子心理带来不适或阴影。

4. 借助文学作品渗透安全知识

在安全教育方面,有丰富的文学作品资源可以借用。比如,以安全教育为主题的故事、儿歌、童谣等。这些作品语言生动,情节具有吸引力,能让孩子有代入感,便于他们理解和记忆安全知识。例如,以下几首江苏省教育厅官方微博发布的童谣,内容贴近日常生活,能生动形象地将一些安全知识传递给孩子。

童谣一:小白兔,上学校,见生人,有礼貌。不说话,笑一笑,蹦蹦跳跳快走掉。

童谣二:小熊小熊好宝宝,背心裤衩都穿好。里面不许别人摸,男孩女孩都知道。

童谣三：火灾来了拔腿跑，弯腰捂嘴向下逃。逃跑不能坐电梯，危险挥手大声叫。

童谣四：红灯停，绿灯行，遇到黄灯不抢行。先左后右看一看，一定要走斑马线。

5. 运用游戏丰富安全教育的形式

游戏是孩子喜欢的活动，也是提高其思维能力和行为能力的最佳途径。在安全教育中，家长可以采用游戏化的方法，如：角色扮演、情景模拟、安全演练、竞赛游戏等，激发孩子参与安全教育的积极性，让孩子在游戏中调动多项感官来体验、感受，更有效地理解、记忆安全知识，不断提升自我保护能力。比如，对年龄较小的孩子，可以通过角色扮演的方式，开展"不给陌生人开门"的安全教育；还可以通过情景模拟的方式，指导孩子"和妈妈过马路"。对年龄较大的孩子，可以通过与孩子一起"制作安全小标志"、下"安全数字棋"，丰富孩子的安全知识；还可以通过模拟地震、火灾等游戏，来帮助孩子掌握逃生技能。

[游戏]和妈妈过马路

材料准备：交通信号灯、交警帽、斑马线、安全徽章。

参与人员：爸爸、妈妈、孩子。

游戏玩法：

①爸爸妈妈和孩子用合适的材料制作交通信号灯、交警帽、斑马线和"安全徽章"，部分物品也可网购。

②一起游戏——假设全家出门去购物，需要穿过多条斑马线。爸爸扮演交警，手持红绿灯站在路边，妈妈带着孩子过斑马线。当"交警"手持的交通信号灯变绿灯时可以通过，变红灯时要等待。

③玩过几次后，可以请孩子做向导，带妈妈过斑马线，根据红绿灯变化来决定是否过马路。

④如果孩子学会了看红绿灯过马路，"交警"就奖励给孩子"安全徽章"。

[游戏]安全游戏棋

材料准备：游戏棋盘（参见图1），自制红、黄、蓝、绿色棋子（或用其他物体代替棋子）。

参与人员：爸爸、妈妈、孩子、爷爷、奶奶、外公、外婆。

游戏玩法：

①2—4人同时游戏，另有裁判一名。

②游戏者每人选一种颜色，从起点出发，按相应颜色的箭头路线顺时针前进，每次前进一格。判断格中事件行为是否妥当，判断正确的人前进一格，判断错误的人原地不动，等待下一轮。

③最先到达终点者胜利。

图1　游戏棋盘

（图片来源：《幼儿亲子安全教育活动手册》）

（四）为孩子营造安全的心理氛围

1.营造和谐轻松的家庭氛围

家庭是孩子生活学习的主要场所，父母提供的家庭氛围会对其心理安全产生重大影响。如果家庭氛围宽松、民主、和谐、温暖，孩子往往阳光、自信、充满活力；如果家庭氛围过于严厉、专制、冷漠，充满争吵，孩子往往胆小、畏缩。因此，家长要努力营造舒适、温暖、积极互动的家庭氛围，让孩子在家庭中放松愉快。

2.积极关注孩子的行为表现

积极关注是指教养者能适时给予孩子温暖、爱护、关心、肯定等。在日常生活中，家长要多给予孩子肯定、支持、关爱，让孩子感受到被重视、被喜爱，从而建立稳定、积极的内在情感。家长要及时、敏感地发现孩子的心理安全问题，体察孩子的情绪，鼓励孩子表达自己的内心感受，给予孩子释放、宣泄的机会，并及时抚慰，让孩子获得充分的安全感，战胜内心的恐惧。

参考文献

[1] 曹冬.幼儿园安全管理与教育 [M].北京：北京师范大学出版社，2015.

[2] 庞建萍，柳倩.学前儿童健康教育与活动指导 [M].上海：华东师范大学出版社，2014.

[3] 卢筱红，高丙成.幼儿亲子安全教育活动手册 [M].北京：北京师范大学出版社，2022.

[4] 刘芳彤.家庭参与安全教育的价值意蕴及实施路径 [J].平安校园，2022，251（10）：37-39.

[5] 刘馨，成利新，徐莎.幼儿安全意识与自我保护能力的培养 [J].幼儿教育，2021（Z5）：4-6.

[6] 杜凡.3—6岁幼儿家庭安全教育现状及对策研究 [D].沈阳：沈阳师范大学，2021.

[7] 刘佩佩.家庭中幼儿安全教育存在的问题与对策研究 [J].读算，2019，1141（30）：40-41.

[8] 龚楠.幼儿安全教育的主体及内容探讨 [J].科教文汇（上旬刊），2018，430（8）：84-85.

[9] 闫雅飞.3—6 岁幼儿自我保护意识发展特点研究[D].沈阳:沈阳师范大学，2017.

[10] 邱煜茗.中班幼儿家庭安全教育现状及对策研究[D].扬州:扬州大学，2018.

[11] 孟繁容.幼儿家庭安全教育现状及对策研究[D].南京:南京师范大学，2017.

[12] 来鑫.家庭中幼儿安全教育现状及其对策研究[J].内蒙古教育（职教版），2016，683（5）:40-41.

[13] 曹苗艳.3—6 岁幼儿家长对幼儿进行安全教育的现状研究[D].保定:河北大学，2016.

[14] 杨新亚.浅析家庭安全教育实施中存在的问题及其对策[J].教育导刊（下半月），2014，530（1）:78-80.

[15] 王秀华.对幼儿安全意识和自我保护能力的培养策略研究[D].呼和浩特:内蒙古师范大学，2011.

[16] 吴海龙.3—6 岁幼儿安全教育问题分析及对策探究[C].北京中外软信息技术研究院.第二届世纪之星创新教育论坛论文集.世纪之星杂志社，2015:2.

[17] 唐翊宣.如何在家庭中对幼儿进行安全教育[J].教育导刊（幼儿教育），2009（7）:60-61.

[18] 荆于丽.城乡 3—6 岁幼儿家长对幼儿实施安全教育现状的比较研究[D].保定:河北大学，2020.

[19] 祁道林，周李哲.河池市城区幼儿家庭安全教育现状的调查与分析[J].广西教育学院学报，2017，151（5）:194-198.

（执笔:赵然）

第 5 课
如何培养孩子的
运动能力

课程简介

教学对象

3—6 岁儿童家长及其他照护者

教学目标

1. 了解运动对健康成长的重要性，知晓与运动相关的幼儿身体发育特点。

2. 了解在幼儿运动发展中存在的误区，树立正确的幼儿运动观念。

3. 掌握培养幼儿运动能力的途径与方法，促进幼儿运动能力的发展。

教学时长

60 分钟

课程框架

三、关于幼儿运动的错误观点

（一）误区一：等长大点再加强运动

（二）误区二：有跑跑跳跳，就是运动

（三）误区三：运动就行，无所谓项目

四、培养幼儿运动能力的途径和方法

（一）营造积极的家庭氛围

    1. 陪伴孩子一起运动

    2. 培养孩子运动兴趣

    3. 提供丰富的运动器材

（二）选择适宜的运动项目

    1. 传统民间游戏

    2. 粗大动作项目

    3. 精细动作项目

（三）利用好周边环境资源

参考文献

课程内容

[实例导入]

看着小区里小伙伴拍球的身影，亮亮也想去，就跟妈妈说："我想去拍球！""拍球啊，没什么好拍的，不要去了，在家看书吧。"妈妈回道。"妈妈，那我想去荡秋千。""荡什么秋千啊，多危险！在家安安静静看本书、画个画，不是蛮好的嘛！"听了妈妈的回答，亮亮耷拉着脑袋，一脸不高兴。

有的家长"重智轻体"，对孩子运动能力的发展没有给予足够的重视。其实，运动带来的好处远不止于健康和体能，还间接地在注意力、阅读能力发展等方面发挥着重要作用。作为幼儿生活与学习方式的主要建构者，孩子能否"动"起来，家长的态度与时间投入至关重要。

一、运动对幼儿健康成长的价值

健康不仅仅是指没有疾病，而是指身体、心理和社会适应方面的完好状态。健康是人的首要价值追求，没有了健康就没有了一切。在所有的教育中，健康都是一个不可或缺的领域。对于幼儿而言，健康更有超越一切的重要价值，而健康离不开运动。

（一）运动与身体健康

1. 促进生长发育

运动能增强肌肉力量和耐力，使肌肉逐渐变得丰满而有弹性。有力量的肌肉可以更好地保护骨骼，使幼儿动作灵敏，身体灵活。运动也能让骨骼组织得到更多营养，使骨质坚固，更好地支撑、保护脏器。运动对骨骼起到的机械刺激作用，能加速骨骼生长，特别是长骨两端的骨骼软骨，有助于身体长高。

2. 提升身体机能

运动可促进血液循环，增强心肌收缩，让心脏变得更强壮。强壮的心脏可协同肺部呼吸，保证良好的心肺功能，从而影响全身器官和肌肉的活动，使机体健康运作。运动过程中，肌肉活动要消耗大量的氧气并排出二氧化碳，因此呼吸频率逐渐增加，肺活量增大。呼吸器官功能增强，有助于提高呼吸系统功能和呼吸道的抵抗力。

3. 促进中枢神经系统发育

各种动作的协调完成，需要神经系统良好指挥。比如，小班幼儿涂色时，能握笔涂在一定的轮廓线里面；中大班幼儿能使用剪刀剪直线、折线、曲线等。各种动作的运动锻炼，对幼儿神经系统发育起到调节和促进作用。

4. 增强免疫力

运动可以增强幼儿免疫力。人体每天都会产生大量新鲜细胞，运动会使人体新陈代谢加速、体温升高、免疫功能细胞总数增加。适量的规律运动能加强幼儿的免疫机能，提高身体的抵抗力，增强适应环境的能力。

（二）运动与心理健康

1. 提升积极情绪感受

运动的时候，大脑会分泌内啡肽、血清素和多巴胺。内啡肽能让人处于轻松愉悦的状态，血清素能起到稳定情绪的作用，多巴胺是一种可以让人感到快乐的化学物质。运动使人心情愉快、舒畅。同时，一些相对兴奋、好动的孩子，通过一定量的运动后，能适当地稳定情绪，提升注意力。

2. 促进人际关系发展

大部分的运动都离不开与他人的接触，可以说，运动是增加人与人之间互动的好形式。运动能克服害羞、腼腆等情绪，增加沟通，协调人际关系，扩大交往面，消除孤独感。

3. 培养意志品质

运动是培养和锻炼意志力的重要途径。在运动场上摸爬滚打，不仅是对身体，也是对意志最好的锻炼。家长要引导孩子参加体育运动，保持适度的运动量，在其身体承受能力的基础上，逐步锻炼意志力。

4. 协调竞争与合作

学龄前期是竞争意识和荣誉感的萌芽时期。运动能强化孩子的竞争意识。在竞争的状况下，荣誉感和自我实现的需要更加强烈，有利于挖掘孩子的潜能并培养积极的心理状态。运动还具有竞争与合作相互统一的特点。孩子在参加体育活动的过程中，能结交更多有着相同兴趣爱好的朋友，通过大量的合作，有助于其团队意识和集体精神的培养。

二、与运动相关的幼儿身体发育特点

（一）运动系统发育特点

1. 骨骼柔软，但易变形

幼儿正处于骨化过程，骨骼的坚硬度比较低，软骨多且骨质柔软，柔韧性较好，但容易变形。出生时腕骨全部为软骨，随着年龄的增加逐渐钙化。其中，掌指的骨钙化时间较长，所以幼儿手劲较小，精细动作的学习和控制比较困难。

2. 关节灵活，但稳定性差

幼儿的关节软骨较厚，韧带等结缔组织和肌肉群比较少而且韧度低，关节相对比较松弛，灵活性好，伸展性和活动范围均大于成人，但稳定性和固定性差，所以不适当的运动容易导致幼儿的关节脱臼。

3. 肌肉力量不强，易疲劳

幼儿的肌肉增长速度快，但肌纤维不够粗，肌肉组织的韧性和强度不够，因此肌肉力量不强，整体协调性也不够好，耐力不强，运动时易疲劳和损伤。幼儿全身大肌肉群和小肌肉群发育的早晚时间不同，大肌肉发育早，小肌肉发育晚。因此幼儿能够完成大肌肉主导的跑跳等动作，但手部小肌肉控制的直线绘图却很困难。可以侧重训练幼儿做一些较为精细的动作，但时间不宜过长，否则容易疲劳。家长需要注意，幼儿阶段不适合进行过多肌肉力量练习。

（二）神经系统发育特点

1. 神经系统的快速发育，为动作发展提供物质基础

幼儿神经系统的发育速度比身体的其他部分快，6岁时大脑重量可达1200g左右，相当于成人大脑的90%，为幼儿动作发展、灵敏素质发展提供物质基础。

2. 神经系统尚未成熟，连续运动时间不能过长

幼儿大脑的兴奋和抑制机能不断增强，但两者之间不平衡，兴奋大于抑制，自我调节性较差，好动而不好静，容易疲劳。幼儿的主动注意时间短，固定单一练习内容会使其产生厌倦感，需要不断变换活动内容与方式。幼儿神经系统发育较快但仍未成熟，在进行身体活动后需要较长时间的休息和睡眠，使神经系统得到充分恢复以满足下一次运动的需要。

幼儿每天可进行 1 小时左右的户外运动，其中 3—4 岁幼儿连续练习适宜时间为 20—30 分钟，4—5 岁幼儿适宜时间为 30—40 分钟，5—6 岁幼儿适宜时间为 40—50 分钟。

（三）呼吸系统发育特点

幼儿呼吸器官较为娇嫩，喉咙狭窄，胸腔发育不够完善，呼吸肌发育差。幼儿大都采用腹式呼吸，呼吸浅而快。由于幼儿机体代谢旺盛，需氧量多，所以通过加快呼吸的频率来补偿，年龄越小呼吸越快。在指导幼儿进行身体活动时，应主动提示幼儿运用腹部进行呼吸。

（四）动作发展的特点

1.3—4 岁幼儿

大肌肉发展较快，身体动作比以前灵活，协调性增强，逐步能自然地、有节奏地行走，能跳远，双脚交替上下楼梯，单脚站立 5 秒左右。手部小肌肉有较大的发展，手指变得灵活起来，可以使用筷子、扣纽扣、画图形，会折纸、剪贴，会一页一页地翻书等。在日常生活中，可以自己洗脸和洗手，并在父母的帮助下穿脱简单的衣服。

2.4—5 岁幼儿

动作发展更加完善，质量明显提高，既能灵活操作，又能坚持较长时间。可以单脚跳跃，抓住跳跃的球，能玩跷跷板、滑梯等。手指动作比较灵活，能很好地使用筷子，可以简单画出人的几个部分，包括头、躯干、四肢等，能画三角形、正方形等。在日常生活中，可以很好地洗脸、刷牙、擦鼻涕，独立穿衣。

3.5—6 岁幼儿

动作灵活性、控制能力、平衡能力明显增强，可以做一些比较复杂的技巧性动作。跑步速度加快，快跑时更平稳，能真正跳跃。能拍球、踢球，边跑边踢。手指更加灵活，能完成一些复杂的精细动作。会用小刀削铅笔，会投球，会画比较完整的小人，能用铅笔书写 10 以内的阿拉伯数字以及简单的汉字。在日常生活中，可以帮助家长做清扫地板、擦桌子、收拾筷子等简单的家务劳动。

幼儿期，在动作发展上会出现性别差异，男孩通常在强调力量或体格的技能上发展得更好，比如跳跃类、投掷类；而女孩则在身体协调技能上发展得更好，比如单脚平衡类。

三、关于幼儿运动的错误观点

（一）误区一：等长大点再加强运动

有的家长认为：孩子还这么小，要怎样运动？一不小心运动过量了怎么办？孩子发育还不健全，骨头都没长硬，还是等他大一点再说吧。事实上，幼儿每天保持足够的运动量对其健康成长非常关键。比如，运动可以促进幼儿神经髓鞘化。髓鞘就是神经纤维上面的一层管状薄膜，就像电线外面的绝缘层一样，这个髓鞘有绝缘功能，它不仅可以保护神经纤维，还可以避免它因为"漏电"而乱传信号。髓鞘发展得好，神经传输信号速度就越快。因此，如果等到孩子大一点才加强运动，就容易错失髓鞘化的最佳时机。

（二）误区二：有跑跑跳跳，就是运动

《3—6 岁儿童学习与发展指南》中建议，幼儿每天的户外活动时间一般不少于 2 小时，其中体育活动时间不少于 1 小时，季节交替时要坚持。目前，有较多的孩子无论是户外活动时间还是体育活动时间都有所欠缺。有时候，简单的跑跑跳跳达不到体育活动的强度。对孩子而言，奔跑、跳跃、爬梯、滑滑梯、玩单杠、抛接球、翻滚，都可以算作中高强度的运动。运动时，心率 120—150 次/分的运动量为中等强度；150—180 次/分或超过 180 次/分的运动量为高强度。不过，在运动中也要注意个体差异，以及季节和年龄的区别。

（三）误区三：运动就行，无所谓项目

对孩子而言，运动可以从兴趣开始。但是，如果仅限于有兴趣的项目，就会产生发展不均衡的问题。孩子的粗大运动和精细动作的发展必须兼顾。粗大运动发展大肌肉群，而精细动作则是发展小肌肉群，这两个方面对于大脑神经系统的发育都是不可或缺的。

6 岁前孩子进行粗大运动，需要掌握这几方面的技能：走、跑、跳（包含单脚跳和双脚跳）、攀爬、抛接球、骑车等；精细动作一般指手上的动作，如：捏、握、屈、旋转、托、拧、撕、拔、压、挖、夹、抹、拍、摇、弹等。粗大动作和精细动作的发展是紧密配合的，人的很多活动需要同时协同运用这两种技能。

四、培养幼儿运动能力的途径和方法

（一）营造积极的家庭氛围

1. 陪伴孩子一起运动

孩子运动能力和习惯的培养，离不开家长的带领和良好家庭氛围的助力。首先，家长要有每天运动的习惯，不要总是窝在家里，要么拿着手机刷短视频，要么对着电视机追剧。其次，家长要陪伴孩子一起运动。运动时，家长要注意看护，避免过度运动和意外伤害，同时要多对孩子的付出和取得的进步加以肯定和欣赏，这样才能促进孩子更加积极地去运动，同时也能极大地增进亲子感情。

2. 培养孩子运动兴趣

好动是孩子的天性，家长应呵护这种天性，并把它发展为运动的兴趣。对学龄前幼儿来说，最重要的是培养运动兴趣和运动习惯，而不是运动技能。家长可以通过讲名人锻炼的轶闻，与孩子一起观看体育比赛，一起跑步、打球、做操等方式，激发其对运动的兴趣。在运动时，可以与游戏娱乐结合起来，比如，带着孩子一边唱儿歌，一边跳橡皮筋；郊游时，和孩子比赛看谁最先到达目的地。同时还要注重鼓励，避免过早要求孩子完成超出其能力的运动，保护其运动兴趣。

3. 提供丰富的运动器材

家长要为孩子的运动发展创造物质条件。比如，可以购置小皮球、球拍、跳绳、小足球、扭扭车、脚踏车等器材，促进孩子粗大动作发展；可以提供画笔、剪刀、纸张、泥团、积木、插片、串珠、瓶盖及七巧板等工具和材料，或者利用各种废旧材料和常见物品，让孩子进行画、剪、折、粘、叠、拧等活动，促进其精细动作发展。

（二）选择适宜的运动项目

孩子的运动形式应该是多样的，包括日常活动、游戏玩耍和体育运动等。不同的项目可以产生不同的锻炼效果。要以孩子的生理特点为基础，身体素质哪方面欠缺就多练哪方面。需要提高速度，可选择跑步、骑车等项目；需要增加耐力，可选择游泳、足球、跳绳等项目；需要提高身体灵敏度，可选择荡秋千、拍球等项目。要由少到多、由简入繁、由易到难地练习，并兼顾多种项目结合进行，使孩子的身体得到全面锻炼。选择项目时要尊重孩子的选择，并考虑孩子现有的基础，逐步向前推进。

1. 传统民间游戏

民间游戏富有趣味性，是家庭健康运动的重要选择。如："丢手绢""老鹰抓小鸡""许多小鱼游来了""跳皮筋""贴烧饼""跳房子""走高跷""抽陀螺""滚铁环""踢毽子"等。这些游戏不受条件限制，随时可以在家里开展。

2. 粗大动作项目

粗大动作也称大运动，包括颈肌和腰肌的平衡动作，以及爬、行、走、跑、掷、跳等动作。

（1）3—4岁幼儿

该年龄段的孩子，神经系统支配能力和肌肉活动能力有一定增长，可利用一些简单器械，结合趣味化的游戏，发展其基本动作。

①走线：在家中地板上画上各种长短不一的直线、曲线、折线，带着孩子一起走线，也可以配合不同节奏的音乐，按照音乐节奏的快慢行走。

②跨障碍：把各种玩具（如：小汽车、毛绒玩具、积木等）随意摆放在地上或摆放成一定的图案、造型，然后和孩子一起在障碍物上跨走或跨跳。

③跳圈游戏：准备一些圆形的圈状物（如：呼啦圈、套环等），或直接在地上画一些大小不一的圆圈，和孩子一起进行跳圈游戏，单脚跳、双脚跳、跨跳、前进跳等均可。

④球类游戏：准备一个皮球，和孩子一起单手拍球、对坐互相滚接球、家人围成圈传球等。

⑤动物跳：可以和孩子一起看着小动物的图片，听着相关的故事音乐，模仿各种动物的跳法。可以从孩子熟悉的动物开始，如：小兔、青蛙、袋鼠等。

⑥游戏"老狼老狼几点钟"：全家总动员，一位家长扮演狼，孩子和其他家庭成员一起扮演小羊（反复游戏时，角色均可互换、调整）。运用一问一答的方式进行游戏。老狼老狼几点钟，从 1 点钟开始至 12 点钟（也可随机跳跃）。当说到 12 点时，小羊四散逃跑，狼追赶抓捕小羊。

⑦游戏"我们都是木头人"：全家总动员，分别扮演猎人和木头人。"木头人"随意蹦跳，念儿歌"三三三,三三三，山上有个木头人，不会说话不会动，动动就是黄蜜蜂"。儿歌念完原地不动，保持一定姿势。猎人寻找动的木头人。

⑧游戏"小推车"：家长抬起孩子的双腿，让其以双手撑地走动。

（2）4—5 岁幼儿

该年龄段是孩子中枢神经和末梢神经机能发展的关键期，幼儿应运用各种信号练习走、跑等动作，如：单脚跳、拍球、抛接球、传球、踢球，在垫子上爬、滚、翻等。

①游戏"揪尾巴"：准备一些布条或纸条，夹在裤腰后当尾巴，保护自己的尾巴，去揪别人的尾巴。

②球类游戏：准备一个皮球，和孩子一起左右手拍球，面对面抛接球，背滚球（在地板上放一只皮球，家长帮孩子平躺在球上，前后左右滚动）。也可准备一些空饮料瓶，当作保龄球，用皮球滚打保龄球。

③垫子游戏：准备一张大的爬行垫，或几张塑料地垫拼合成一大块，进行亲子爬障碍物、钻山洞、匍匐爬行、侧身翻、翻跟斗等活动。

④趣味跑：和孩子一起进行折返跑、侧面跑、绕圈跑、曲线跑、绕障碍物跑的比赛，看谁跑得快。

⑤沙包游戏：准备几个小沙包，也可用纸球、海绵球代替，投掷到空饮料

瓶、空盒子、空桶里等。制作投掷架，上面贴上野兽或害虫的图片，作为得分标志物，进行亲子投掷比赛，击中图片计算得分。

（3）5—6岁幼儿

该年龄段是孩子活动能力迅速发展的时期，可进行较复杂的动作练习。

①游戏"高人矮人"：可以全家总动员，一起听音乐或口令，模仿高人矮人走，练习蹲着走、脚跟走、脚尖走等。

②绳类游戏：准备适宜长度的跳绳，和孩子一起练习跳绳。双脚跳、单脚跳、双人跳、跳大绳等。

③球类游戏：带着孩子一起进行篮球、足球、乒乓球、羽毛球的学习和训练。

④趣味跑：和孩子一起进行运物跑、上下坡跑的比赛，看谁跑得快。

⑤骑单车：学骑单车，从有辅助轮的单车开始，慢慢尝试不需要辅助轮。

⑥单杠：选择适合孩子高度的单杠，家长站在孩子身后做保护。首先让孩子手伸直、微蹲，然后双脚起跳抓杠。接着，让孩子吊在单杠上几秒，并前后晃动，最后前跃跳下。

⑦仰卧起坐或仰卧抬腿：孩子锻炼时，家长给予协助；也可以家长做运动，让孩子协助。

3. 精细动作项目

精细动作主要是指孩子手的动作，包括手眼协调、手指屈伸和指尖动作等局部活动。孩子凭借手和手指等部位的小肌肉或小肌肉群的运动，在感知觉、注意等多方面心理活动的配合下完成特定任务。手的动作发展以协调和控制能力的发展为主要标志。

（1）画线练习

在已画好的直线上，用与原直线不同颜色的笔去描。比如，原先是用蓝色笔画的，让孩子用红色笔在上面描。让孩子用不同于原颜色的笔，在已画好的虚线上描。家长用疏密不同的点，画一些日常物体形状，如：桃子、苹果、小碗等，让孩子用不同于原颜色的笔去连点成物体图形。家长用虚线或点画圆或圆弧，让孩子沿虚线或连点成圆或圆弧。让孩子尝试画简单的图形，如：太阳、月亮、饼干等。

（2）剪纸训练

使用剪刀，需要拇指和食指的配合，也需要手与眼的密切配合。可先用塑料剪刀，再用圆头、刃比较厚的剪刀。拿厚薄适宜的纸，让孩子随心所欲、无拘无束地剪，剪开或剪下就行；在纸上画线，让孩子沿线把纸剪开；在纸上画弧线或圆形，让孩子沿线把纸剪开；在纸上画简单的图形，如：勺子、小碗、橘子等，让孩子沿轮廓剪下。

（3）折纸训练

折纸是锻炼孩子手的技巧和灵活度很好的方法。在刚练习时，由于孩子的注意力还不能集中，手指不听使唤，家长不要着急，不要催促。家长折一步，孩子模仿折，每次只教一个步骤。当孩子把折纸的每一步都学会了，家长可以引导孩子从头到尾把几个步骤连起来，折出一件成品。

（4）拼图训练

和孩子一起拼拼图，以此来锻炼孩子手指的活动能力和手眼协调能力。拼图的数量由少到多，形状由大到小，随着孩子年龄和能力的增长，逐渐数量变多、形状变小。

（5）泥塑练习

利用橡皮泥、超轻黏土、泥团等，和孩子一起捏塑各种造型。如：小汤圆、小花朵、小兔子等。

（6）手指游戏

指尖手偶，家长和孩子将手偶戴到食指上，进行情景对话，见面问声好，点点头、弯弯腰、握握手。石头剪刀布游戏，和孩子一起玩，比输赢，练习手指灵活度。手影游戏，利用阳光或手电筒，用手做各种动作让孩子模仿，如：老鹰、小鸡、蝴蝶、小狗等，还可以配合动物的叫声。

（7）生活自理训练

引导孩子自己的事情自己做，家里的事情帮着做，促进孩子动手又动脑。比如自我服务：练习自己穿衣服、扣扣子、拉拉链，自己用勺子、筷子吃饭，自己刷牙、洗脸，自己洗手帕、洗袜子、收拾玩具等。生活劳动：帮助家长择菜叶、包饺子、裹汤圆、剥毛豆、剥大蒜、挑豆子、折叠衣服等。

（三）利用好周边环境资源

许多社区（村）都有免费又相对宽敞的儿童游戏场地和丰富的运动器械，家长要充分利用这些资源，带孩子运动，比如，带孩子荡秋千、滑滑梯、走平衡木、梅花桩等；或者带孩子前往附近的体育馆，开展一些室内运动，如：打羽毛球、游泳等；或是前往滑雪场滑雪，还可以带孩子爬山等。

利用节假日，带孩子到郊外野餐，到本地的名胜古迹去观光，到空旷的草地上放风筝，去果园采摘当季的瓜果等。在亲近大自然的同时，用孩子喜欢的方式发展孩子的运动能力。

参考文献

[1] 李季湄，冯晓霞.《3—6 岁儿童学习与发展指南》解读 [M]. 北京：人民教育出版社，2013.

[2] 叶平枝等. 幼儿园健康领域教育精要：关键经验与活动指导 [M]. 北京：教育科学出版社，2015.

[3] 范惠静. 幼儿园健康教育活动指导 [M]. 北京：人民教育出版社，2013.

[4] 刘馨. 学前儿童体育 [M]. 北京：北京师范大学出版社，2013.

[5] 刘金花. 儿童发展心理学 [M]. 上海：华东师范大学出版社，2013.

（执笔：陈芳芳）

第 6 课
如何促进孩子的
语言发展

课程简介

教学对象

3—6 岁儿童家长及其他照护者

教学目标

1. 认识孩子语言发展的重要性及其基本特点。

2. 掌握在家庭中有效促进孩子语言发展的策略、方法。

3. 提升科学意识，能有意识地在家庭中进行语言教育。

教学时长

90 分钟

课程框架

3. 引导孩子说完整句

4. 注重培养孩子的倾听能力

（二）创造适宜的语言发展环境

1. 鼓励孩子大胆表达

2. 耐心倾听、积极回应

3. 在日常生活中多交流

4. 积极开展人际交往

（三）多种形式开展家庭语言教育

1. 家庭语言游戏

2. 家庭辩论会

3. 利用儿歌、绕口令练习发音

4. 利用故事感受语言魅力

参考文献

课程内容

3 岁的小雪是家中的"小公主",想要什么,只要一噘嘴或一个手势家人就能心领神会。奶奶给她穿衣服,她一扭身,奶奶忙问:"是不是不喜欢这件呀?"马上就给她换一条裙子。饭前,爸爸问:"宝贝,想要面条还是米饭?"小雪指一下面条,爸爸立即安排。吃西瓜时,小雪大喊:"叉子!"妈妈赶紧递给了她。

上幼儿园后,小雪表现出极大的不适应。穿不好鞋子时,她只会说"鞋子、鞋子";想上厕所时,她不说话,紧紧抓着裤子看着老师;想玩别人的玩具,一把就抢过来,大叫着:"我的!我的!"慢慢地,小朋友们都不愿意跟她一起玩了。交不到朋友的小雪闷闷不乐,不想上幼儿园了。爸爸妈妈也不知道哪里出了问题。

小雪的入园不适应是怎么造成的?背后的原因是什么?其实,这种情况的发生与孩子的语言发展有关。要找到根源和应对方法,就需要家长科学地理解孩子语言发展的特点,进而用恰当的方法来帮助孩子解决语言发展中的问题。

一、幼儿语言发展的重要性

《3—6 岁儿童学习与发展指南》在语言部分开宗明义地指出:"语言是交流和思维的工具。幼儿期是语言发展,特别是口语发展的重要时期。幼儿语言的发展贯穿于各个领域,也对其他领域的学习与发展有着重要的影响:幼儿在运用语言进行交流的同时,也在发展着人际交往能力、理解他人和判断交往情境的能力、组织自己思想的能力。通过语言获取信息,幼儿的学习逐步超越个体的直接感知。"这段话非常清晰地说明了幼儿语言学习和发展对其全面发展的价值。

(一)语言与认知发展互为支撑

幼儿语言发展对于认知发展的支撑作用,主要表现在以下三方面。

1. 加深和巩固幼儿初步形成的概念

幼儿通过语言命名各种物体，通过语言描述、比较发现认知对象的不同点和相同点，同时借助语言直接或间接地获得新的概念。比如，5岁孩子第一次去大海边游玩，当孩子问："什么是大海？"家长介绍的过程就是孩子获得"大海"概念的过程，同时也是孩子将大海与湖泊、小溪、池塘等区分开来的过程。

2. 指导并参与认知加工过程

语言的产生和发展可以扩展幼儿认知的范围，语言的调节作用使幼儿的认知加工逐步具有随意性和自觉性。语言还直接参与和促进幼儿理解、判断和推理能力的形成和发展。比如，给孩子两盘不一样数量的糖果，让他选出一盘多的。通常孩子会用语言来数一数数量，说一说为什么这盘多。幼儿的认知发展中有语言的深度参与。

3. 促进创造性思维的发展

幼儿的创造性思维主要借助想象来进行，可以凭借想象理解某个情境，并且运用语言表达新颖、独特的想法。比如，一个5岁孩子发现一只小鸟停在汽车上，便说："小鸟飞累了，想去坐公交车。它飞下天空停在汽车车顶上，这下它不用飞也能去不同的地方，小鸟可真幸福！"

（二）语言发展促进幼儿的社会性发展

语言的发展帮助幼儿逐步发展其对外部世界、他人和自己的认识，对其社会性发展起到重要的促进作用。

1. 帮助幼儿开展人际交往

语言可以帮助幼儿开展人际交往，学习建立良性的社会关系。

2. 能表达自己的情感需求

幼儿可以使用语言讲出自己的感受和需要，让成人或同伴及时了解自己或引起他人的注意。能用语言清楚表达自己情感的幼儿通常能够受到他人的欢迎和喜爱，使其情感获得极大的满足。

3.学会协商解决冲突

幼儿逐渐学会通过语言协商，而不是通过发脾气或其他粗暴行为来解决与他人之间的争端或冲突。比如，当幼儿想玩对方玩具时，可以说"你给我玩的话，我的玩具也会给你玩。""我们是好朋友，要一起分享哦。""等你玩好，给我玩一会儿好吗？""我好喜欢你的玩具呀，给我看看吧。"等，这样更容易获得同伴的认可和接纳。

（三）语言发展与其他发展相辅相成

语言作为一种符号系统，可以与音乐、美术和动作等不同的符号系统沟通互动，实现表情达意的功能。在幼儿成长过程中，语言的学习与发展，可以有效地帮助他们理解音乐、美术的内容，如理解一首歌曲的歌词或者解释一幅美术作品的画面；而其他符号系统的学习和使用，也有助于幼儿更好地表情达意，获得更为完满而愉悦的审美感受。可以说，幼儿的语言发展与艺术及其他方面的发展是相辅相成、密不可分的。

二、幼儿语言发展的特点

幼儿语言的发展是一个连续的从量变到质变的过程，受生理机制成熟度、认知能力等制约，呈现出一定的规律与特点。3—6岁幼儿期是儿童语言不断丰富的时期，是熟练掌握口头语言的关键时期，也是初步掌握书面语言的时期。

（一）幼儿口头语言的发展

幼儿口头语言的发展主要表现为语音、词汇、语法及口头表达能力的发展。

1.语音发展的特点

语音是口头语言的物质载体，是由人类发音器官发出的表达一定语言意义的声音。根据相关学者的研究，幼儿的汉语发音主要有以下特点。

（1）发音水平随着年龄增长而提高

4—5岁孩子的语音进步最明显，4岁以上孩子基本能掌握本民族语言的全部语音。

（2）发声母比发韵母困难

幼儿较难掌握的声母是z、c、s、zh、ch、sh、r、n、l等，也比较容易把ang、eng、ing和an、en、in混淆。

（3）容易受方言影响

幼儿语音发音容易受到方言的干扰与影响。例如，江浙地区的幼儿容易出现用前鼻音代替后鼻音的情况，湖南地区的幼儿则容易将老奶奶读成老"lailai"，而东北地区的幼儿常常会平翘舌音不分，把春天说成"cun"天。这种现象如果不能及时纠正，将会一直延续到成年时期。

2. 词汇的发展特点

（1）词汇量随年龄增长而增加

有关研究表明，3—6岁是人的一生中词汇数量增加最快的时期，其中3岁为第一个高速期，6岁为第二个高速期。一般估计，3岁幼儿词汇量为800—1000个，4岁为1600—2000个，5岁为2200—3000个，6岁可达到3000—4000个。

（2）词类范围扩大

一方面，词的类型不断扩大。幼儿一般首先掌握名词，如周围人的名称（爸爸、妈妈、爷爷、奶奶等）、运输工具（汽车、火车等）、食品（巧克力、牛奶、饼干等）、身体器官（手、眼、耳、鼻等）、衣物用品（鞋、裤、袜、裙等）；其次是动词，大多是描绘人和动物动作的动词；再次是形容词和其他实词；最后掌握虚词。

另一方面，随着年龄的增长，幼儿掌握同一类词的内容也在不断地扩大。他们先掌握与日常生活直接相关的词，再过渡到与日常生活距离稍远的词，词的抽象性和概括性也进一步提高。以名词为例，幼儿最先掌握的是与他们日常生活密切相关的词汇，如生活用品类、人称类、动物类等，而像政治类、军事类、社交类、个性类等与日常生活距离较远的抽象词汇，随着年龄的增长才逐渐掌握。

（3）词义理解逐步确切

例如，3岁左右的孩子会指着盛开的花说"花开了"，如果拿着一朵未开放的花苞或者干枯的花问孩子时，他通常不会觉得这是花。随着认知的发展和词汇的丰富，孩子对"花"这个词的理解才会逐渐确切和加深，意识到花是有多种形态的。

（4）理解从单义到多义

每个词都可能具有多种含义，幼儿要逐个掌握，并根据不同的语境去使用该词的不同含义。例如，对于"前""后"两个同时具有空间意义和时间意义的词，孩子总是先理解其空间意义，后理解其时间意义。

3. 语法的发展特点

语法是由一系列语法单位和有限的语法规则构成的，是语言的最为抽象的基础性系统。幼儿语法的发展，主要指口语中语句结构的发展。学前儿童语法发展的特点主要表现在以下三个方面。

（1）句型向完整句发展

幼儿最初使用的句子结构是不完整的，主要是单词句、双词句，句子包含的意义比较丰富，比如"妈妈"，可以表达多种意思。大约2岁之后，幼儿逐渐说出比较完整的句子。完整句的数量和比例随着年龄的增长而增长，到6岁左右，幼儿使用的句子98%以上都是完整句。

完整句的发展经过了以下几个过程。

①从简单句到复合句。简单句是指句子结构完整的单句，包括主谓结构句、谓宾结构句、主谓宾结构句、主谓双宾结构句等。例如，从简单句"阿姨给宝宝糖"逐渐过渡到复合句"我喜欢阿姨，阿姨可以给我糖吧"。

②从陈述句到非陈述句。例如，从陈述句"我要吃苹果"逐步过渡到非陈述句"你要吃苹果吗"。

③从无修饰句到有修饰句。例如，先学会说无修饰句"宝宝画画"，再过渡到有修饰句"宝宝在认真地画画"。

（2）句子长度不断增长

有研究人员分析了2—6岁幼儿简单陈述句平均长度的发展，发现2岁时幼儿句子的平均长度为2.9个词，3.5岁时为5.2个词，6岁时增长到了8.4个词。句子长度的增长表明了幼儿言语表达能力的进一步提高。

（3）句法结构复杂性不断提高

3 岁左右孩子开始用名词结构"的"字句，如："这是我的娃娃"；介词结构"把"字句，如："我把积木放在盒子里面"；还出现了比较复杂的时间、空间状语，如："我有时候到小红他们家去玩""我在公园和爸爸划船"。

5—6 岁孩子使用连词的数量大大增长，出现说明因果、转折、条件、假设等关系的连词。如："因为我努力练习，所以拍球拍得好。""我想吃糖，但是我有点蛀牙不能吃。""我一边听故事一边画画。""没有朋友，我只好自己玩了。"

4. 口语表达能力的发展

随着语音的发展、词汇的丰富和语法结构的逐渐掌握，学前儿童的口语表达能力也逐渐发展起来。

（1）对话言语的发展和独白言语的出现

口语可分为对话式和独白式两种形式。对话是在两人（或多人）之间交互进行的谈话；独白则是一个人独自向听者讲述。

3 岁以前，孩子的言语基本上都是采取对话的形式，他们往往只是回答成人提出的问题，或向成人提出一些问题和要求。进入幼儿期，随着独立性的发展，活动范围的扩展，独白言语逐渐发展起来了。

3—4 岁孩子虽然已能主动地对别人讲述自己生活中的事情，但由于词汇不够丰富，表达不够流畅，常常带一些口头语，如："这个……这个""嗯……嗯""后来……后来"等，还有少数孩子甚至显得口吃。

4—5 岁孩子能够独立地讲故事或各种事情。

在良好的教育条件下，随着认知能力的发展，5—6 岁孩子不但能够系统、清楚地讲述，而且能够大胆、自然且富有感情地进行讲述。

（2）从情境性言语到连贯性言语的发展

3 岁以前，孩子的语言主要是情境性语言。

3—4 岁孩子的语言仍然带有情境性，说话断断续续的，表达中常运用一些不连贯的、没头没尾的短句，并辅以各种手势和面部表情，对自己所讲的事丝毫不做解释，似乎谈话对方已完全了解他所讲的一切。如果别人听不懂他的意思，要求他做解释，他就会显得反感或很困惑。

4—5 岁孩子的表达常常还是断断续续的，只能说出一些片段，尚不能说明事物现象、行为动作之间的联系。

6—7 岁孩子能够比较完整地、连贯地表达，开始从叙述外部联系发展到叙述内部联系，连贯性语言的发展已经比较稳定。

（二）幼儿书面语言的发展

书面语言产生的基础是口头语言。幼儿在进入小学之前，已掌握了 95% 的口头语言，从而为书面语言的学习做了充分的准备。到了幼儿晚期，幼儿往往主动要求识字、读书。幼儿书面语言的发展包括早期阅读能力和初步的识字能力。

1. 早期阅读能力

早期阅读是指幼儿凭借图像、符号、色彩、文字和已有的口语表达能力，有时也借助成人的朗读、讲解来理解读物的活动。早期阅读是幼儿开始接触书面语言的途径。通过早期阅读，幼儿可以认识更多的伙伴，接触到更为丰富和规范的语言句式、形象化的语言表达方式和不同的语言风格，扩大词汇量，自我获取语言材料的能力也会得到提高。这些宝贵的经验积累，可以为他们日后的读写奠定良好的基础。

幼儿的阅读行为发展主要有三个阶段：第一阶段，仅看图画，未能将图画之间的联系形成完整的故事。这个阶段的幼儿注意图书中有趣的画面和人物的行动，能够对图画当中的人和物进行命名，根据成人的讲解重复语段。第二阶段，看图能说出完整的故事。根据图上的人物关系、行为表现复述或自编故事。第三阶段，尝试识读文字。在这个阶段，幼儿的识字、阅读行为表现为五个层次：只关注文字而忽略故事情节；部分地读，重点阅读自己认识的字；以不平衡策略读，略过不认识的字，推测故事情节；独立地读，遇到不认识的字请成人帮助解决，以便顺利理解；独立且完全阅读。

2. 初步"前识字"能力

《3—6 岁儿童学习与发展指南》指出："应在生活情境和阅读活动中引导幼儿自然而然地产生对文字的兴趣。"这说明，在大班时，适当地对幼儿进行"前识字"的培养是相当必要的。适宜的"前识字"活动能够激发幼儿对字的敏感性，为其后期学习书面语言打下基础。但家长必须掌握好"前识字"的度，避免"拔苗助长"。

三、幼儿语言发展的家庭培养策略

家庭是孩子语言发展的重要环境，孩子与家人长期生活在一起，彼此之间亲密、熟悉和信任，在温馨、充满关爱的家庭环境下，孩子能更真实地表达自己，也更容易受到家庭的影响。所以家庭语言教育在时间上、空间上都具有学校（幼儿园）教育难以比拟的优越性。因此，家长在生活中需要及时把握孩子语言发展的关键期，创造良好的语言环境，对其进行语言的有效刺激，循序渐进，持之以恒，为孩子语言能力发展打下坚实的基础。

（一）提升家庭语言教育的科学意识

1. 为孩子提供语言示范

孩子学习语言的重要方法就是模仿，从发音、用词到掌握语法规则无不如此。因此，家长的语言要规范，发音、吐字清晰，用词准确，表达有条理，避免说简化词或儿语。在与孩子交流时，语速要适中，声调温和亲切，尽量讲普通话。如果家庭成员不会讲普通话，也要让孩子多听用标准普通话录制的童话故事、寓言故事等，创造学习普通话的语言环境。

切忌：模仿、重复孩子的错误发音。重复孩子的错误发音会加深其发音错误，不利于正确发音的学习。在纠正孩子发音时，不能急于求成，但要坚持不懈。儿童发音不正确的原因是多方面的，但主要有两大因素：一是发音器官存在缺陷，需要及时进行治疗；二是习惯上的问题，需要加强个别辅导。如果五六岁孩子还有较大的发音不准的问题，就应该注意检查其发音器官是否有问题，以便及早采取措施。

有的孩子会发生口吃问题。如何预防和矫正孩子的口吃呢？

一方面，要防患于未然，在孩子成长环境中避免受不良的语言环境的影响。比如，身边的大人、朋友、亲戚、同小区伙伴等出现口吃现象时，要尽量避免让孩子与其接触。这一阶段孩子的学习模仿能力超强，在潜移默化中很容易被影响。

另一方面，当孩子发生口吃时，不要批评指责或者模仿、强化孩子的行为，以免造成孩子过分紧张，造成问题加重或不愿开口。首先，家长要调整自己的心态，认识到口吃也是孩子生长发育中很正常的一种现象，帮助孩子放松心理，口吃症状往往会得到一定程度的缓解。其次，家长要尽量为孩子创造良好的语言环境，鼓励幼儿慢慢说、清楚地说，大胆表达自己的观点，或者通过一些有趣的短故事、儿歌等来帮助孩子训练咬字吐字能力等。慢慢地矫正，才能帮助孩子建立说话的自信，让孩子更加愿意说。

2. 丰富日常生活词汇

在日常生活中，家长要及时教给孩子相应的新词，不但孩子容易理解词义，而且能较容易地运用到日常生活中去。去菜场买菜时，教孩子各类蔬菜的名称，帮助孩子分类学习词语，如：绿油油的青菜、水灵灵的芹菜等；穿衣时，帮助孩子说出衣服和衣服各部分的名称；外出散步时，引导孩子观察环境，说一说"蔚蓝的天空""红彤彤的太阳""小鸟在枝头叽叽喳喳唱着歌"等；在看到各种颜色的鲜花时，应不失时机地教给孩子"五颜六色"这个词，孩子在理解和掌握新词后，就会很快地运用，如说出"广场上有五颜六色的彩旗"。

切忌：批评指责。当孩子出现用词错误时，家长要注意保护其积极性，可以运用暗示、启发等委婉的方式纠正孩子的用词不当。如果直接指出错误，往往会挫伤孩子说话的积极性。如当孩子说"再过见了"，家长可以用正确方法暗示孩子："哦，你是说你已经和阿姨说过'再见'了。"这样既委婉地指出了孩子错误的表述，又暗示和提醒了孩子这句话的正确表达方式。

3. 引导孩子说完整句

孩子说话时常有次序颠倒、成分不全、结构不完整的现象。家长要善于引导孩子把没有充分表达的意思表达出来。例如，孩子要喝水时会说："爸爸，水。"这个时候，家长要帮他说完整，教孩子说："爸爸，我要喝水。"并让孩子重复一遍。让孩子知道，要用完整的语句表达自己的需要和想法。当孩子说："妈妈，电视！"家长应该抓住时机："你说电视什么？ 是让妈妈看电视，还是让妈妈换一个频道，改看另一个节目？"家长要抓住时机进行语言教育，这有利于孩子从不连贯语言向连贯性语言过渡。

切忌：在孩子没有说完整的时候，家长就"心领神会"或者语言上采取"包办代替"，长此以往会造成孩子说话不完整的"后遗症"。同时，家长要随时随地引导孩子说完整句。比如，带孩子外出散步时，教孩子用完整的句子把看到的景物表达出来，如："路上有人也有车""路边有高楼，还有大树""小草绿了，花也开了"等。

4. 注重培养孩子的倾听能力

倾听能力的培养是孩子语言学习能力发展的基础。倾听在前，表达在后，家长要注重培养孩子的倾听能力和倾听习惯。第一要激发孩子的倾听兴趣。与孩子一起听一听大自然和生活中的声音，如淅淅沥沥的雨声、脚踩落叶的沙沙声、淙淙汩汩的流水声、清脆响亮的单车铃声等，让孩子萌发倾听的欲望和兴趣。第二要创设让孩子倾听的环境。播放一些优美的乐曲、儿歌，坚持为孩子讲睡前故事，让孩子在温馨舒适的环境中学会安静倾听。第三要提出倾听的明确要求，如在别人说话时不插嘴、不随意打断他人的交谈、别人讲述时要专心倾听等。

（二）创造适宜的语言发展环境

《3—6岁儿童学习与发展指南》中明确提出：应为儿童创设自由、宽松的语言交往环境，鼓励和支持儿童与成人、同伴交流，让儿童想说、敢说、喜欢说、有机会说并能得到积极应答。

1. 鼓励孩子大胆表达

学龄前孩子不仅爱学说话、爱提问、爱听别人讲话，也喜欢用语言来表达自己的愿望和要求。家长要保护孩子语言表达的积极性，允许和接纳孩子表达中的错误。当孩子词不达意或语不成句时，不要急于或刻意纠正，以免给孩子造成心理压力。应当允许孩子暂时说得不对、不完整，鼓励孩子大胆表达，提倡"敢说先于正确"，要相信孩子的表达会日趋准确和完整。无论孩子的语言表达水平如何，家长都应抱着积极、鼓励的态度。

2. 耐心倾听、积极回应

在倾听孩子说话时，家长要做一位忠实的听众，表现出一种认真、关注、感兴趣的态度，让孩子感受到彼此的对话地位是平等的。由于孩子年龄小，语言表达能力还不强，常常不能完整清楚地表达自己的意思，如孩子可能说"这黑不溜秋的天气""我快要爆发了"等。由于其语言与思维不同步，通过言语表达心里想说的话时，往往出现重复、停顿、不连贯等现象。家长一定要耐心倾听，懂得在孩子的言语中寻找其想法，理解其意图，万万不可因为孩子表达得不清楚而进行责怪。

切忌：打断孩子的讲话，不假思索地做出某种结论性的评价或简单地应付。有些家长往往在孩子刚一开口讲话，还没把意思表达充分，就简单地用"啊""哦"去敷衍，或用"知道了！"等方式去打断孩子的话。家长这样的态度，传递给孩子的是一种消极的、漠视的信息，似乎孩子的话不值得认真对待，实质是反对、阻止孩子说话。这样做容易挫伤孩子的自尊心，遏制孩子说话的积极性。

3. 在日常生活中多交流

家长可以适时利用一些生活情景作为孩子语言教育的素材。比如，在吃饭前可以跟孩子交流："今天我们的午餐都有什么呀？有西红柿炒鸡蛋，红红的西红柿，金黄色的鸡蛋，颜色真好看！闻一闻，香喷喷，简直令人垂涎欲滴……"在孩子观察到天空中形态各异的云朵时，可以与孩子比赛谁的想象力更丰富，每人轮流说一句"这朵云像……"不能重复对方说过的话。冬天的时候，发现窗户的玻璃上有一层冰霜时，与孩子开展一场"这是为什么？"的话题讨论。走在小区里看到了一只可爱的小狗，可以与孩子每人说一句好听的话送给小狗。当看到标志牌时，如："小心地滑""请勿吸烟"，把标志牌上的字念给孩子听，让孩子也读一读，并引导孩子思考这些字的意思，激发孩子对文字的兴趣。

4. 积极开展人际交往

家长可以有意识地带孩子出入一些社交场合，充分利用各种环境，拓展孩子的语言交往经验。比如，家里要招待客人，可以与孩子提前交流"怎样招待客人？""怎样用语言表达对客人的礼貌？"等。去公园、书店、医院、游乐园等场所，鼓励孩子勇于交谈，与小朋友、售货员、医生、管理员们进行对话。

（三）多种形式开展家庭语言教育

1.家庭语言游戏

用游戏的形式巩固孩子所学的词汇、语句，符合孩子的年龄特点。家长可以利用零星时间随时和孩子玩语言游戏，这不仅丰富孩子的语言，又增强了亲子关系。下面简单介绍几种语言游戏。

（1）词语接龙

一人说一词，不能重复其他人说过的词语，以此类推。如：海水—水果—果酱—酱油—油条—条纹……（孩子用同音异形词进行接龙，也是被允许的，比如，在"条纹"后接龙"蚊子"）

（2）小小录音机

两个人面对面地坐着或站着，一个人扮录音机，对方在"录音机"上按一下，然后说一句话，表示录音，再按一下表示放音，"录音机"必须模仿重复出来，然后再交换角色。

（3）谁是卧底

四人以上参加游戏（人越多越好），准备画了物品的四张卡片，其中一张画的物品和其他卡片不同，拿到不一样卡片的人为卧底，其他人为平民。在场四人每人一张卡片，每人用一句话描述自己拿到的物品，且不能重复上一个人说过的话。每轮描述结束，请大家投票选出卧底。若卧底被选出则平民胜，若卧底没被选出则卧底胜。

2.家庭辩论会

辩论是一种语言表达能力的竞赛，这一方法适用于大班年龄段的孩子。大班孩子正处于语言表达能力飞速发展的阶段，辩论蕴含丰富的口语运用机会，能促进孩子的思辨能力，对提高孩子口语表达能力的发展具有独特的价值。

可以以家庭为单位，寻找孩子感兴趣的某一个话题，确立两个对立的观点，家庭成员之间进行一场辩论大赛，在亲子互动中进一步提升孩子的语言表达能力。比如，围绕"当大人好还是当小孩好？""狮子和熊谁更厉害？"等一些没有具体答案的话题进行辩论；可以模拟"动物法庭"，对"大灰狼有没有罪？""灰太狼该不该离开？"等话题开展辩论。这既能发展孩子的语言能力，又能培养孩子的思维能力，特别对事事顺从和怯懦的孩子大有好处。

3. 利用儿歌、绕口令练习发音

儿歌、绕口令都是有韵律的文学作品，它们结构短小，朗朗上口。有意识地让孩子练习儿歌、绕口令，有助于他们在有趣的情境中将容易混淆的音进行区分。

4. 利用故事感受语言魅力

每个孩子都喜欢听故事。孩子通过阅读欣赏故事，可以懂得一些现实生活中不易直接接触到的事物，也能学到很多新鲜的词语。形象生动、语言优美、富有表现力的故事，对于孩子来说，不但可以在不知不觉中接受语言的浸润，也能从中得到审美熏陶。

参考文献

[1] 李季湄，冯晓霞.《3—6岁儿童学习与发展指南》解读[M].北京：人民教育出版社，2013.

[2] 秦金亮.儿童发展概论[M].北京：高等教育出版社，2008.

[3] 张莉娜.学前儿童语言教育[M].北京：清华大学出版社，2019.

[4] 张明红.学前儿童语言教育[M].上海：华东师范大学出版社，2006.

[5] 中华人民共和国教育部制定.3—6岁儿童学习与发展指南，2012.

[6] 吴旭勇.大班幼儿前识字能力培养[J].早期教育（家教版），2018（5）：3.

[7] 杜惠洁.幼儿家庭语言教育要项[J].辽宁教育学院学报，1997（7）：59-60.

[8] 郭月媛.幼儿家庭语言教育的指导策略[J].新课程（综合版），2019（12）：223.

（执笔：赵然）

第 7 课

如何促进孩子的
认知发展

教学对象

3—6 岁儿童家长及其他照护者

教学目标

1. 了解孩子认知发展的重要性和阶段性特点，理解孩子的认知行为。

2. 掌握孩子认知发展的支持性策略，有效促进孩子的认知发展。

3. 把握孩子认知发展过程中的难点，形成从容积极的育儿观念。

教学时长

120 分钟

课程框架

（二）支持孩子运用各种感官

　　1. 引导孩子看、听、摸、闻、尝

　　2. 引导孩子画一画、记一记

（三）引导孩子聚焦问题情境

　　1. 鼓励孩子自己思考

　　2. 抓住孩子的好奇时刻

（四）引发孩子评价反思

　　1. 引发孩子自我评价，学习归因

　　2. 展开家长评价，助力思维发展

（五）提高家长的认知水平

　　1. 主动与老师沟通

　　2. 建立成长性思维

　　3. 从孩子的视角看世界

四、亲子游戏推荐

（一）房间整理

（二）出行计划

（三）群记卡片

（四）种植实验

参考文献

课程内容

[实例导入]

小仔上幼儿园中班，学号是 22 号。每次老师叫到学号 22 时，小仔都没有任何回应，但当老师说"两只鸭子"时，小仔会说："到，我在这里。"于是，老师向小仔妈妈了解情况。原来小仔妈妈在小仔 3 岁的时候开始教他认知数字，但她看到 1，就告诉小仔这是小火柴，却从未告诉他这根看着像小火柴的数字叫 1。所以，在小仔认知数字的过程中，大脑中从未将竖着的火柴形象与数字"1"建立起关键的联系，这不仅导致他不知道数字的名称，更难形成数字的概念。在小仔的数字世界中，1 叫小火柴，2 叫小鸭子，3 叫小耳朵，4 叫小旗子，5 叫小钩子……

认知是幼儿从具体形象思维走向抽象思维的关键，是形成概念、延伸经验的基础。以"22"为例，两只鸭子是具体形象思维，22 是抽象的数字概念名称，幼儿需要将两者建立联系，才能形成"像两只小鸭子一样的数字叫 22"的认知。

一、认知对幼儿发展的重要性

（一）什么是认知

认知属于心理学的范畴，是大脑进行信息处理的过程。通常将感觉、知觉、记忆、思维、想象和语言等看作认知的载体与工具，通过这些载体和工具来实现认知的过程，产生认知的结果。

幼儿如"小小科学家"一般，对万物充满好奇，喜欢通过观察、摆弄、提问等发现世界，并将所获取的信息在大脑中进行复盘与重组，然后纳入自己的认知系统中，形成新的知识、经验与能力。在此过程中，幼儿的认知逐步从感性发展到理性，从具体发展到抽象，从低级发展到高级。

[案例] 倒橙汁

3 岁的朵朵在家中尝试将杯中的橙汁倒回到橙汁瓶中。第一次，朵朵拿起杯子，在距离瓶口较高的位置，快速地将杯中的橙汁倒向瓶口，结果大部分橙汁都倒在了桌上。朵朵见状后，对准瓶口看了看，又一次端起杯子，将杯口贴近瓶口，快速倒橙汁后，发现有些橙汁进瓶子了，有些橙汁洒在桌面上。第三次，朵朵继续将杯口贴近瓶口，然后放慢速度将橙汁倒入瓶中，这时大部分橙汁都进入瓶子，小部分橙汁洒在桌面上。

上述案例中的朵朵在三次倒橙汁的过程中，发现杯口与瓶口的距离、倒橙汁的速度会影响橙汁倒入瓶子，于是不断将新的发现和经验运用到下一次倒橙汁的活动中。这就是孩子认知的变化过程。

（二）认知发展的契机

认知会在任何时段中发生，幼儿对现象、经验等建立认知联系的过程，就是认知逐渐发展的过程。认知主要体现在幼儿接触外界事物信息时，在大脑存储输入信息时和输出提取信息时。当幼儿接触外界事物时，幼儿需要立刻启动认知对当下信息进行重构，去理解、掌握及形成概念，而后需要运用认知机制在大脑中存储有意义的信息，当需要用到这些信息时再进行提取、运用，从而形成新的经验。

[案例]我见过这样的桥

迪迪在家中看见一张桥的图片，说："爸爸妈妈，我看见过这样的桥，桥的下面有洞。"此时，迪迪将图片内容与现实场景联结起来，认知的发展契机出现了。这时，爸爸妈妈可以陪伴迪迪用积木搭建桥。在搭建过程中，迪迪通过观察桥的外形特征，在大脑中思考：可以用什么形状的积木架起桥面，用多长多宽的积木搭建桥面，如果人们想走上这座桥该怎么办呢，等等。

上述案例中的迪迪基于自己的思考不断尝试，不断将以往的经验调动起来，运用起来，直到成功搭建这座桥。在此过程中，一个一个认知发展契机出现了。

（三）认知对幼儿发展的影响

3—6岁的幼儿处于认知发展的关键期，与注意、记忆、概念、推理、问题的解决和语言能力的发展紧密相关，并直接影响后期抽象思维的萌芽和发展。

1. 认知与注意力

注意力与聚精会神、专心致志有关，直接影响幼儿的学习质量。注意力是认知的基础，也是认知过程中显现的一种良好学习状态。认知是内在连续的过程，当幼儿处于对某一事物的认知构建过程中时，便展现出注意的状态，此时要避免外在因素的干扰，否则不仅影响其注意力，还会切断其认知过程。

[案例]瓶瓶罐罐搭高楼

家里积攒了各式各样的瓶瓶罐罐。爸爸把它们聚集起来，放在地垫上。瑞瑞开心地用这些瓶瓶罐罐玩起了"搭高楼"的游戏。一开始，只摞了两三个就会倒塌。但瑞瑞不气馁，在爸爸的不断鼓励下，他一次次尝试，"高楼"越搭越稳，越搭越高。

上述案例中的瑞瑞在小心翼翼认真搭建的过程中，不仅处于集中注意状态，而且大脑中可能会不断呈现出三维的目标作品，不断思考如何让"楼房"更高更稳。此时良好的注意力会让孩子更加高效地进行认知的内在建构。

2. 认知与记忆力

记忆是将人的过去、现在与未来连成一个整体，使人获得整体发展的过程，记忆与幼儿对所获知识与经验的储存有关。幼儿对所获知识与经验的认知重组会影响记忆的速率、记忆内容的广度和深度。同时，认知的发展程度还会影响幼儿对自身记忆方法的构建。

[案例]美丽的花园

先给孩子看一幅花园场景图，然后请孩子基于回忆，说说图片中有什么？发生了什么？孩子会根据图片中整体场景的内容定位和空间结构，提取已有经验，将图片场景与经验建立联结，快速记下图片的基本内容并猜测可能发生的事情。比如，花园的地上有花、有树，天空中有小鸟，小朋友在放风筝，风筝在空中飞得很高，等等。此时，认知直接影响孩子对画面内容的记忆效率。

3. 认知与推理、概念形成

概念的形成离不开对具体事物或现象的层层认知过程，它需要幼儿将同类事物的共同特征、因素抽象出来，并不断进行思考与总结。概念的形成伴随着推理机制，幼儿期推理能力的发展与概念的准确形成直接受到认知水平的影响。

[案例]什么是鸟?

奇奇看见长着一对翅膀的东西在空中飞，妈妈告诉他这是鸟。几天后，奇奇看见飞机在天上飞，把飞机说成鸟。妈妈告诉他，这是飞机不是鸟。此时奇奇将两次的信息进行认知整合，得出结论：长着一对翅膀的动物才是鸟。后来，奇奇看见蜻蜓，说这是鸟。妈妈跟他说这是蜻蜓，是昆虫。奇奇经过观察，重构三次的认知信息，得出概念：个头大一点的、翅膀上有羽毛的是鸟。

4. 认知与问题解决

问题解决是一种重要的思维活动，它关系到幼儿探究过程的有效性和学习的深度。问题的解决需要经历一段内外交替的认知过程，首先幼儿要从外在表象中识别问题核心，然后对问题的相关信息进行梳理，探寻解决问题的切入点，接着将这些有可能解决问题的信息进行重组，最后形成问题解决策略，并基于实际应用情况做出优化。幼儿的认知水平影响其问题解决的能力，而问题解决过程又提升了幼儿的认知水平。

[案例]纸浆花瓶倒了怎么办?

超超在用纸浆制作花瓶的过程中发现，每次花瓶快做好的时候，都会倒塌。于是，超超开始启动认知系统，先调取相关经验，探寻纸浆花瓶倒塌的原因——纸浆本身的原因：水太多了？白胶太少了？搭建技术的原因：花瓶太大了？里面缺少支撑板？超超开始思考，重组可能造成倒塌的原因，然后逐一尝试。最后，他通过在原有纸浆中加入更多的白胶来加强纸浆的黏度，以及在花瓶内部加入吹塑板加强稳定度的方法解决了问题。

5. 认知与语言发展

认知是语言发展的基础，语言是复杂的认知过程，语言表达需要在幼儿先掌握相关词汇、理解词意、识别词性、熟悉句式，梳理出事物先后顺序等前提下，才能输出言辞清晰、逻辑清楚的言语信息，认知水平的高低也间接影响着语言发展的水平。

[案例] 聊聊高楼

一群孩子在路边看到一幢城堡式的高楼，家长问"瞧，这是什么？"冬冬说"房子。"多多说："这是一幢美丽的公主城堡。"新新说："这是一幢城堡，里面可能住着公主和王子，他们正在开舞会呢！"

上述案例中的冬冬说的"房子"显得语言有些匮乏，其原因可能是对城堡缺乏认知经验，没有人告诉他"圆圆尖尖顶"的房子叫"城堡"，导致他无法说出"城堡"这个名词。多多的回答显然语言更为丰富，不仅能够说出楼房的外部特征，还能使用形容词。新新则将楼房外形与故事场景建立联结，语言表达更为饱满，还进行了假想。

二、幼儿认知的发展和特点

（一）认知发展的相关理论

1. 皮亚杰的认知发展理论

所谓认知发展就是个体出生后在适应生活环境的过程中，对事物进行认知学习和解决问题时的思维方式及能力表现。著名心理学家皮亚杰将认知发展分为四个阶段，四个阶段的发展体现了认知发展由感性走向理性、由简单走向复杂、由低级走向高级的过程。（见表1）

表1 皮亚杰儿童认知发展阶段

年龄	0—2岁	2—7岁	7—11、12岁	11、12—16、17岁
认知阶段	感知运动阶段	前运算阶段	具体运算阶段	形式运算阶段
思维发展关键	凭借感知动作认识世界	具体事物在头脑中建立起表象符号	能运用表象进行简单的思维	抽象逻辑推理

3—6岁幼儿处于前运算阶段，该阶段幼儿将感知到的外界信息内化，转化为头脑中的表象，把具体事物和抽象符号建立联系，可以凭借心理符号（主要是表象）进行思维活动。这个阶段也开始理解因果关系、归属关系，能按物体特征进行多元分类，能结合已有经验大胆尝试解决问题等，从而使认知有了质

的飞跃。(案例见表 2)因此,3—6 岁是幼儿认知飞速发展的关键期,在此阶段关注幼儿认知的培养至关重要。

表 2　3—6 岁儿童前运算阶段主要内容

主要内容	案例
因果关系	[为什么有两颗星]爸爸妈妈为了鼓励孩子独立吃饭,便与孩子约定:自己吃饭能获得一颗星,当集满 10 颗星的时候就能满足其一个心愿。有一天,孩子不仅独立吃完晚餐,还主动把餐具放到洗碗池中。爸爸给了他两颗星。孩子不解地问:"为什么今天有两颗星?"爸爸说:"一颗星是因为你自己吃晚饭,另一颗星是因为你能把自己的碗放到水池中,自己的事情自己做。"这让孩子明白他因为"自己的事情自己做"而得到了第二颗星的奖励。
归属关系	[我是家庭一员]孩子早期的归属感源于家庭,除了爸爸妈妈常常跟孩子说"宝贝,你是我们家的一员"以外,日常许多家庭互动都能让孩子感受到这一点。例如,孩子自己将衣物、鞋子放进家中的柜子里,能从物品的归属中感受到自己是家中的一员。准备一场家庭旅行,请孩子一起参与讨论时,孩子也会很肯定地告诉自己"我是家庭一员"。
多元分类	[整理小书架]孩子有一个三层小书架,需要自己整理。孩子先根据封面内容,将书分为三类——植物类、动物类、汽车类,每层放一类。然后将这三类书分别按照书本大小(从小到大)有序排列在书架中。孩子是根据书本的内容和大小两个维度整理图书。
解决问题	[泡泡水用完了]有时泡泡水用完了,孩子会因为意犹未尽而哭闹。此时,可以把问题抛还给孩子——泡泡水用完了,但是还想玩怎么办呢?那就通过制作泡泡水来解决问题。在制作泡泡水的过程中,又会遇到问题:需要用到什么材料?水和洗洁精或者肥皂粉的比例是多少?孩子正是在不断尝试中解决问题。

2. 认知信息加工理论

认知信息加工理论从心理学角度阐释认知构建的过程。它将大脑的运转比作计算机的信息加工过程,认为人的认知过程就是对接收到的信息进行加工的过程,涉及对信息的注意、编码、理解、存储、提取、运用、内化。信息加工过程是幼儿认识世界、形成概念的必经过程,是认知形成的基本途径。

[案例]我是一只恐龙

川川在看有关恐龙的电影时,对恐龙的外形特征、嘶吼的声音、走路的形态产生了注意。基于这些特征，他对恐龙有了大致了解，并在脑海中构建起恐龙的图示，形成初步的记忆。

过了几天，幼儿园开了一场"动物舞会"，其中一段音乐如同一只大型动物正在嘶吼。这时，川川记忆中的恐龙图示被提取出来，他开始模仿着之前电影中恐龙的样态，表演起恐龙来。

3. 布鲁姆认知金字塔

美国心理学家布鲁姆将认知分为6个层级：记忆、理解、应用、分析、评价和创造。如图1所示，人类的认知发展是层层进阶的过程，从对外在信息的简单记忆，到理解信息内容，形成概念、知识、规则等，再到分析事物与现象的关系，然后进阶到评价与创造。在此过程中认知水平逐渐发展、提升。

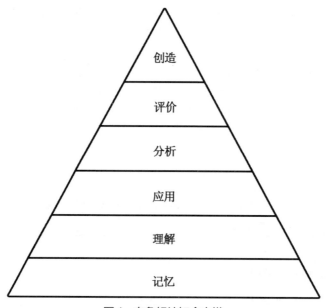

图1　布鲁姆认知金字塔

[案例]制作战斗机

幼儿园大班的孩子们参观了战斗机，之后，战斗机的身影在脑海中回旋。于是，孩子们开启了"制作战斗机"的计划，并在布鲁姆认知金字塔的指引下，展开有效的探究与创造，开始了深度游戏。（见表3）

表3　"制作战斗机"儿童认知进阶案例

布鲁姆认知阶段	学习过程	过程图片
记忆	孩子们在参观过程中，将战斗机的外形特征（两边对称的机翼、机舱、飞机下边的导弹等）、基本功能(飞行、挂导弹等)存储在大脑中。回园后，根据记忆将其形态画了下来。	
理解与应用	孩子们计划制作战斗机。先画好设计图，然后用彩色纸，通过折、剪、卷、粘等方式，制作了挂着导弹的战斗机。	
分析与评价	孩子们赏析战斗机作品，进行评价并提出：纸质的战斗机，空军叔叔无法真正坐进机舱。	
创造	基于分析评价，孩子们换了战斗机的制作材料，用清水积木搭建了有机舱位可以坐的战斗机。	

（二）幼儿认知发展的特点

1.3—4岁：具体形象思维

该年龄段的幼儿处于认知发展前运算阶段的初期，认知过程以具体形象思维为主，并继续依托感知觉来认识世界（直觉形象思维仍然大量存在）。同时，此时的幼儿是以自我为探索中心展开学习的。

[案例] 认识香皂

妈妈把一块香皂放在洗手台上。青青看到了，好奇地问："这是什么？"妈妈告诉她："这是香皂。"青青先伸出手摸了摸，又拿起来凑到鼻子前闻了闻，"哇，好香啊！"然后她用香皂洗了手，开心地说："我的小手也变香香了！"

幼儿在看见香皂时，需要亲自闻闻香味、摸摸质感、用一用后，才能将这些特征进行整合，随后得出具有这些特征物品的叫香皂的结论。

2.4—5岁：实物与符号建立联系

该年龄段的幼儿进入认知发展前运算阶段的中期，开始慢慢走出自我中心，以更多的方式去探寻世界，并在具体形象的基础上去理解相应符号的意义，开始知道符号的作用。在对事物的认知过程中，幼儿开始通过将实物与符号两者建立联系来认识事物。

[案例] 危险标志

可可在楼道里玩耍时，看见配电箱上贴着一个"当心触电"的警示牌，他记起妈妈曾教他认识过，这是一个示意危险的标志，不能随意去触摸。

3.5—6岁：开始出现认知逻辑

该年龄段的幼儿在认知过程中开始关注事物的前后关系和现象的因果关系等，还开始关注事物或现象与自身的关系。

[案例] 我的影子从哪里来

大班的果果站在太阳光下，发现地面上会出现自己身体的影子，但是当自己走进阴凉处，影子就不见了。他思考这一现象背后的因果关系，并在多次尝试中验证自己的各种猜想，最后发现影子的产生是因为自己的身体将太阳光遮住的结果。

上述案例中的果果通过思考和不断的尝试，发现了自己与光的关系，发现了光影的秘密，在此过程中，感受到自己一直身处于自然，是自然的一部分。

三、促进孩子认知发展的策略与方法

孩子的认知发展是一个持续渐进的过程，无法一蹴而就，需要在一次次的实践中发展起来。那么，家长如何促进孩子的认知发展呢？

（一）尊重孩子的情感需求

情感需求是开展任何探学活动的基础。当孩子遇到自己喜欢的、感兴趣的话题或事物现象时，他的大脑处于兴奋状态，内在认知系统会在积极的状态下去支持他的探学。相反，如果探学的主题是孩子不感兴趣的，那么无论外在力量如何推进，处于消极或怠工状态的认知系统是无法有效驱动孩子学习的。

1. 不将成人意愿强加给孩子

在日常家庭生活中，家长喜欢用"都是为了你好"这句话让孩子去做一些成人认为有价值的事情，其实孩子并不这么认为。孩子与成人眼中的世界是不同的，他们感兴趣的探学点也与成人不同。成人总是会用"有没有用"来衡量探学的必要性，但孩子是从"喜不喜欢、好不好玩"出发的。

[案例]想去儿童乐园

双休日快到了，爸爸妈妈和念念商量去哪里玩。念念说："我们去儿童乐园吧，那儿有小火车、有摩天轮。"这时，爸爸说："儿童乐园就只能玩玩，开心一下，还是去科技博物馆吧，那儿可以学到很多知识，看到新奇的东西。"念念听到爸爸这样说，原本期待的感觉顿时消失了，去游玩的积极性也降低了。

因此，家长不宜要求孩子去做一些自认为有用的事情，最好是在做之前问问孩子的意见，听听他们的想法，尊重孩子的真实情感需求。有时，遵循孩子的心愿，满足孩子的小小愿望，是一件很美好的事情。

2. 不轻易打扰孩子的投入状态

认真专注、全神贯注的状态是非常宝贵的，当家长看见孩子正处于这种状态时，请不要去打扰他们。此时，孩子的认知系统正在积极运作，正处于持续的信息提取、运用、验证、形成经验或概念的过程中。如果家长这个时候突然打断他们，孩子会产生负面情绪，他们正在运转的内在认知系统会被中止，从而影响孩子的认知发展。

[案例]我还没画好

小美正在桌上画着与伙伴一起游戏的画面。妈妈做好晚饭，对小美说："快点收起来，要吃饭了。"小美不愿意。但是妈妈担心小美吃不上热乎乎的饭菜，执意要求把画收起来，晚餐后继续画。结果小美哭了起来，喊着："我还没画好！"

上述案例中的这位妈妈打断了孩子与画面建立的情感联结，中断了孩子的绘画思路。如果她愿意等几分钟，结果会完全不同。

3. 支持孩子的兴趣

兴趣是一切有效探学发生的基础。任何孩子感兴趣的话题，只要符合道德伦理并且是安全的，家长都可以大力支持。当孩子所探学的内容是源于自身兴趣需要的，他们的情绪情感状态是积极的。此时，家长要观察孩子的需要，给予及时的鼓励与支持，和孩子一起进入深度学习。深度学习的状态有助于孩子高级认知的形成。

[案例]结冰实验

冬天，露露想做个试验，看看气温低到几度的时候水会变成冰。她计划将杯子倒满水，然后放在开着窗户的阳台上，等待杯中的水变成冰。但是她不知道如何监测温度变化，于是就将这个实验计划告诉爸爸妈妈，希望得到支持和帮助。

家长如果遇到类似案例中的情形，要尽量为孩子提供材料和探究的空间、时间，陪伴孩子一起观察，一起等待水变成冰的"奇迹"时刻。在此过程中，孩子不仅在认知方面获得发展，同时也拉近了亲子距离，让亲子互动充满幸福感。

（二）支持孩子运用各种感官

当孩子身处新的环境时，喜欢东张西望、摸来摸去。此时家长应该怎么做呢？是告诉孩子"不可以"，还是和孩子一起观察、发现新环境中的"秘密"，用各种感官去触摸这个世界呢？

1. 引导孩子看、听、摸、闻、尝

视觉、听觉、触觉、嗅觉、味觉是孩子探知世界的主要感觉器官。当孩子停下来盯着某样东西看时，认知系统就启动了，他正在提取与观察对象相关的已有信息，并建立联结转化为新的信息，更新大脑的认知库。但是，有的家长会皱着眉头说："快走，不要东看西看的。"孩子的一次宝贵的认知发展契机就被打断了。

[案例] 不可以

去餐厅吃饭，妈妈说："不可以在座位上扭来扭去，你又不是毛毛虫。"去公园玩，爸爸说："不可以东摸西摸的，很脏，会生病。"看到水洼，奶奶说："不可以去踩哦，会把鞋子裤子弄湿弄脏的。"

现实生活中，有的家长会不自觉地限制孩子的行为，会说很多的"不可以"。太多的"禁令"，限制了孩子对外部世界的探索，不利于孩子的认知发展。在安全的前提下，家长要鼓励并支持孩子的各种探索，让孩子有时间看一看、听一听、摸一摸、闻一闻、尝一尝。

2. 引导孩子画一画、记一记

看、听、摸、闻、尝是外在的知觉性探学，是认知过程中的起点，而"内化"则是终点，只有将感觉内化了才能真正成为自己的经验，才能在需要的时候被运用。因此，探学后家长可以和孩子一起用画画、剪贴的方式记录所见、所闻和所感。孩子在记录中需要回溯自己的探学经历，需要将观察所获得的信息进行梳理、分类与整合，需要总结自己的收获与感受。这个就是由外至内的过程，可以帮助孩子内化经验，进入更深一层的认知建构阶段。在此过程中，不同年龄段的孩子会表现出不同的水平。

[案例]石头的"秘密"

在公园里玩时，磊磊发现地上有许多不同花纹的石头。于是他捡起一块块的石头，好奇地观察它们的花纹，触摸感受不同的纹路。妈妈说："磊磊，你发现了石头的什么"秘密"了？把它记录下来吧。"

上述案例中所呈现的"探学"活动，不同年龄段的孩子可能出现不同的记录，展现不同的认知水平。

3—4岁孩子以知觉形象和具体形象为主，也许会根据石头的整体形状，画下不规则圆形、方形等形状不同的石头，并根据自己的喜好为石头涂色。

4—5岁孩子以具体形象为主，能够关注到石头更多的外部特征，可能在形状的基础上，关注到石头的大小、花纹等。

5—6岁孩子开始萌发逻辑思维，也许会先选择用思维导图或表格的方式，从更多的角度去发现石头的特征，有逻辑地来表征石头的相同点与不同点，并思考石头的用途等。

（三）引导孩子聚焦问题情境

问题源于情境。家长要有意识地创设各种情境，促使孩子去质疑问难，展开探索。孩子是在发现问题、解决问题的过程中驱动自身认知发展的。问题解决的过程一般需要经历一个认知建构的过程：第一步观察现象，发现问题；第二步分析问题原因，做出假设；第三步基于假设，提出策略；第四步落实策略，解决问题。

1.鼓励孩子自己思考

孩子在解决问题过程中需要经过层层的思考，是助力孩子认知发展的重要契机。当孩子在生活中遇到问题时，家长是引发孩子独立思考，与他一起解决问题，还是直接把答案告诉他呢？有的家长认为孩子还小，解决不了问题，需要家长的帮助。其实，孩子是有能力的问题解决者，而解决问题的能力需要在不断实践中积累起来。家长要选择放手，让孩子自己想各种办法，尝试去解决问题。

2. 抓住孩子的好奇时刻

孩子经常会说"快来看""为什么",这表明孩子对事物充满好奇,有探寻未知世界的渴望,这时孩子的认知机制已经开始运转了。家长要抓住契机,基于孩子的好奇点进行适当的追问,引发孩子深入思考,激发孩子认知系统的积极运行。

可引发孩子思考的追问问题,如:为什么会出现某种现象?有什么办法解决当下遇到的问题?有其他想法或玩法吗?为什么用这个方法解决问题?例如,当孩子在用洗手液洗手时,发现洗手液遇到水会变出许多泡泡,有些孩子会举起沾满泡泡的手说:"看,泡泡。"这意味着孩子观察到了水与洗手液相遇会产生泡泡的现象。家长可以追问:为什么会变出那么多泡泡?可以用泡泡玩什么游戏呢?引发孩子思考现象背后的原因,拓展探学内容。

(四)引发孩子评价反思

评价是人对事物分析判断的过程,是对事物和价值观进行内心建构的过程。评价将助力孩子的认知向高阶阶段发展。通俗一点说,评价是过程性的,是为了更好地了解孩子当前的兴趣点和发展水平,不是为了做出"对"与"错"的判断。评价不是终点,而是新的起点。评价能让孩子知道自己什么地方很棒,什么地方需要继续努力;是为了让家长知道自己可以从哪些方面去帮助孩子。评价是为了让孩子成为更好的自己,让家长成为智慧的观察者、发现者和培育者。

1. 引发孩子自我评价,学习归因

人本主义心理学家罗杰斯认为,幼儿可以通过自我评价更好地认识世界。孩子对自己的探学情况进行自我评价时,就是对认知信息和所获经验再一次进行建构、判断,就是认知向更深层次发展的过程。自我评价可以指向不同的方向,一是聚焦自身探学过程中的行为表现进行评价,如耐心坚持、友好合作等;二是围绕信息经验的获得情况进行评价,如学习了什么等。家长可以通过提问引发孩子进行多方角度、由浅至深的自我评价。

可引发孩子自评的问题如下。

（1）引发孩子对探学过程中自身行为表现展开自评的提问

例如，你觉得自己哪些地方表现得很棒，值得夸？你是如何成功的？你觉得自己哪些地方可以做得更好？你觉得自己哪些地方需要继续努力？

[案例]搭建多米诺骨牌

孩子与伙伴合作搭建多米诺骨牌，家长提问。请孩子对活动过程进行自评，家长予以记录。（见表4）

表4　"搭建多米诺骨牌"自评表

家长提问	幼儿自评语录	自评语录分析
在多米诺骨牌搭建过程中，你与伙伴成功了吗？	有点成功，有点失败。	孩子有成功的体验，但也存在着难点。家长需要帮助孩子弄清楚成功点、失败点，及其原因。
哪些地方成功？为什么这些地方是成功的？	直线形状的地方都搭得很好，能够顺利倒下。因为每块骨牌之间的距离都挺好的，前面的骨牌都可以碰到后面的骨牌。	"直线"形中，孩子能较好地把握骨牌之间的距离，明白了多米诺效应产生的关键，前面一块骨牌倒下后要能够碰到后一块骨牌。
哪些地方失败了？可以如何努力？	拐角处的地方失败了，每次遇到拐角处，前面的骨牌就碰不到后面的骨牌了。可能拐角处的骨牌要离得再近一点。	"拐角处"是孩子的难点，需要帮助其进一步感知拐角与直线间不同的空间布局。骨牌的空间布局会影响最后的多米诺效应。

（2）引发孩子对信息经验获得情况展开自评的提问

例如，你发现了什么？你收获了什么？你用了哪些方法发现这些秘密或取得成功的？如果没有成功，你需要哪些帮助？你还有哪些没有完成？

[案例]鸡蛋沉浮实验

家长指导孩子进行鸡蛋沉浮试验。

实验步骤：

①在杯子中倒入水。放入鸡蛋，鸡蛋下沉。

②在杯子中倒入食盐并搅拌。

③将鸡蛋放入盐水中，鸡蛋浮起来。

　　家长提醒孩子观察实验的过程，并进行提问。请孩子自评，家长予以记录。（见表5）

　　注意事项：孩子自评需要有一定思维水平的支持，所以家长要考虑孩子的实际发展水平，要选择适合孩子水平的内容深度，用孩子能理解的语言进行提问，逐步引发孩子由浅至深地展开自评。中班与大班年龄阶段的孩子开展自评更为合适。

表5　"鸡蛋沉浮实验"自评表

家长提问	幼儿自评语录	自评语录分析
在刚才的实验中，你发现了什么？	我发现原来鸡蛋是可以浮起来的，本来以为鸡蛋浮不起来，它好像有点重。	根据原有生活经验，孩子知道轻的东西可以漂浮在水面上，重一点的东西是无法漂浮在水面上的。但是，这次的实验突破了他原有的认知经验圈。
你用什么方法发现这个秘密的？	我在里面加了好多好多的盐，一开始鸡蛋没有浮起来，后来我加了一大包盐，鸡蛋就浮起来了。	1.孩子发现了将大量盐加入水中后，鸡蛋会慢慢地漂浮起来。2.孩子能耐心地操作，直到一整包盐几乎都加入水里，鸡蛋才浮起来，从中看出孩子具有耐心坚持的品质。
你还想知道些什么？	我想知道，为什么没有加盐的时候鸡蛋浮不起来，加了盐鸡蛋就能浮起来了。	孩子开始思考事物间的关系，开始关注事物的本质。

2.展开家长评价，助力思维发展

　　布朗芬布伦纳的生态学理论强调环境中的重要他人对幼儿成长具有较大的影响。家长是孩子成长过程中的重要他人，其一言一行都影响着孩子。孩子非常重视家长对自己的评价。家长积极的评价言行可以激发孩子后续认知建构的主动性，相反则不然。同时，家长对孩子评价时所表达的内容也能再次帮助孩子加强认知体系。

　　（1）对孩子展开"梳理提炼"式的评价

　　孩子在反思自身所获信息与经验时往往呈现出琐碎化特点，缺少概括性，很难形成上位概念。家长要对孩子所获信息的情况进行梳理提炼式的评价，帮助孩子形成新的概念。

[案例]水族馆画像

蹦蹦画了一幅画，开心地向妈妈展示说："妈妈，你看我画了大鲨鱼、水母和好多小鱼！漂亮吗？"妈妈赞赏地说："哇，好美呀！你画的都是海洋生物，把水族馆搬到了画中。"

上述案例中的妈妈对孩子的画进行了信息梳理，给予了提炼式的评价，这样便让孩子懂得了原来这些都是海洋生物，并且能与以往水族馆的参观经历做联结。

（2）对幼儿展开"深入引发"式的评价

评价的目的不仅是给出评估结果，更重要的是支持孩子深度学习与发展。家长的评价要能引发孩子更深入地思考问题，使其认知水平在原有经验水平上向更高水平发展。

[案例]看，我做的弓箭

正正在家用各种材料做了一把模型弓，完成后兴高采烈地对爸爸说："看，我做了一把弓箭！"爸爸接过来，边欣赏边说："你的手真巧，做出了弓箭模型。我很想试一试。"正正说："这不是真的弓箭，发不了箭，只能假假地玩。"爸爸继续说："那我们一起想想办法，看看能不能让它真的发射箭。"随后，爸爸和正正一起继续探索。

上述案例中的爸爸没有停留在简单评估孩子手工劳作的结果阶段，而是启发孩子思考，引导孩子进一步探究。

注意事项：家长在做出评价时，一定要考虑到孩子的最近发展区。最近发展区是指孩子后续可能可以到达某一水平的发展区域，就是孩子现有水平线和目前可能到达的水平线之间的成长空间。如果家长所提的要求远远高于当下孩子年龄的普遍水平，或是孩子短时期内无法达到的，那么就不符合孩子的最近发展区。在适合孩子的最近发展区内支持、鼓励孩子深入探学，提出孩子可以理解的概念，对孩子的认知发展具有积极促进作用。

（五）提高家长的认知水平

1. 主动与老师沟通

家长要经常主动与老师沟通，聊聊孩子的近况，听老师诉说孩子在幼儿园的探学趣事。家长要耐心倾听，用心去识别、去发现孩子的认知发展情况。当遇到困惑时，可以主动请老师帮助。

2. 建立成长性思维

人无论处于什么年龄段，认知都能在原有层级上向更高层级发展。家长作为陪伴孩子成长的主要人员，必须具有成长性思维，要拥抱变化，勇于改变，不能安于现状。家长认知的深度会直接影响孩子思维发展的程度。家长思维水平越高，就越有能力支持孩子的认知发展。因此，家长必须有意识地为自己的认知升级而努力，可以将布鲁姆的 6 个认知层级"记忆、理解、应用、分析、评价和创造"作为指标，了解自身与孩子的水平现状，并在与孩子的共同探学中支持自身与孩子在各自原有水平上向更高水平发展。

3. 从孩子的视角看世界

家长要"与孩子站在同一视角"。只有当家长真正地知道孩子在做什么，真正理解孩子行为背后的意思，才能够正确识别孩子的内在认知机制，有效助力孩子认知的成长。孩子的思维活动随时随刻都有可能发生，家长需要透过"儿童眼"来发现这些宝贵的时刻，用"儿童心"与孩子一起发现秘密、操作探究，与孩子一起共筑思维成长营。

四、亲子游戏推荐

（一）房间整理

[游戏]我的地盘我做主

游戏目的：提高孩子观察和分类能力，形成"类"概念。

游戏玩法：

①整理房间时，请孩子整理自己的活动区域，比如小房间、玩具房等。

②家长要提出要求，请孩子将物品分类整理。

③孩子整理完成后，家长提问："你在整理时是怎么分类的？为什么这样

分？还可以怎么分？"激发孩子思考分类的原因，以及从不同的维度去分类。

（二）出行计划

[游戏]家有小导游

游戏目的：提高孩子搜集、梳理信息的能力，以及对已有经验信息的提取与运用。

游戏玩法：

①当家中有出行计划时（比如旅行、探望亲朋好友），请孩子参与出行前的准备事宜。

②家长可以为孩子提供一张空白单，孩子根据以往出行的经验将出行前需要准备的事情都记录下来，然后对准备的材料进行分类，形成简单的出行材料准备清单。

③家长和孩子一起审议这份清单，问问孩子：哪些是需要的？哪些是多余的？为什么？出行时还有哪些注意事项？什么时候出行？可以用什么交通工具出行？

④基于这些问题，请孩子进行调整，从而形成简单的出行计划书。随后，家长与孩子一起按出行计划书开始准备。

（三）群记卡片

[游戏]记忆大王

游戏目的：提高幼儿注意力和快速记忆的能力。

游戏玩法：

①家长提前准备好群记卡片，群记的目标可以指向内容、数量等，每张卡片中物品的排放要具有一定的关系特征（示例见图2）。

②根据孩子的现有水平，按照不同的顺序出示卡片，每张卡片出示5—15秒。

③家长收起卡片，问孩子："图片中有什么？图片中有几个什么？"在合适的时机提出："为什么你能立刻记住，你的方法是什么？"

  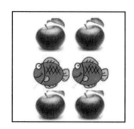

图 2　群记卡片示例

（四）种植实验

[游戏]小小农场主

游戏目的：在猜想、验证中积累探学经验，完善认知体系。

游戏玩法：

①家长和孩子一起在家中培育小植物。比如，将花生、绿豆、马铃薯等埋进土里或置于水中，请孩子猜想植物的生长进程。

②请孩子每天观察、记录植物的生长情况，看看植物的真实生长过程与自己的猜想是否一致，同时了解植物生长与周边环境的关系等。

参考文献

王甦，汪安圣.认知心理学[M].北京：北京大学出版社，2006.

（执笔：许倩）

第 8 课

如何培养孩子的同伴交往能力

课程简介

教学对象

3—6 岁儿童家长及其他照护者

教学目标

1. 认识同伴交往对孩子心理发展的重要性，了解孩子同伴交往的发展特点及影响因素。

2. 掌握支持孩子同伴交往的一般策略。

3. 了解孩子同伴交往中的认识误区，积极主动支持孩子同伴交往能力的发展。

教学时长

90 分钟

课程框架

[实例导入]

一、同伴交往的含义和重要性

（一）同伴交往的含义

（二）同伴交往的重要性

    1. 对学业成就、心理健康和社会适应具有重要影响

    2. 促进社会认知和交往技能的发展

    3. 能满足心理需要

    4. 能促进自我认识和成长

二、同伴交往的发展特点与影响因素

（一）同伴交往的内涵

    1. 同伴交往的内容

    2. 同伴关系和影响因素

（二）同伴交往的特点

    1. 小班同伴交往特点

    2. 中班同伴交往特点

    3. 大班同伴交往特点

三、如何培养同伴交往能力

（一）基于同伴接纳和拒绝因素的支持策略

    1. 注意"攻击行为"和"不良的客观表现"

    2. 支持"陪伴活动"和"积极的交往态度"

（二）各年龄段同伴交往能力的支持策略

    1. 小班同伴交往支持策略

    2. 中班同伴交往支持策略

    3. 大班同伴交往支持策略

四、同伴交往的常见认识误区

（一）误区一：亲子交往比同伴交往更重要

（二）误区二：家长代替孩子交往

（三）误区三：同伴冲突不能吃亏

（四）误区四：朋友越多越好

五、亲子游戏推荐

（一）镜面游戏

（二）反弹投球

参考文献

课程内容

小班：丁丁在玩消防车玩具，点点看到了，拿出了自己的警车，也玩了起来。两个人一边玩，一边互相看看。丁丁觉得点点的玩具好，于是放下手中的玩具，走过来坐在点点旁边看。过了一会儿，丁丁突然伸手去拿点点手中的汽车，点点自然不让，嘴里说着："我的，我的。"丁丁和点点就这样僵持着。旁边的洋洋呆呆地看着他们俩。点点发现汽车抢不过来，情急之下，一口咬在丁丁的手臂上，丁丁哇哇大哭。

中班：威威邀请好朋友京京一起下棋。威威赢了一局，于是手舞足蹈地在京京面前炫耀："我天下无敌，我赢啦，我赢啦！"输了的京京原本就不高兴，这下子看到威威的炫耀更加气愤，眼睛红红的，快要哭出来了。

大班：豆豆想玩飞飞的玩具，就对飞飞说："给我玩下你的玩具，好吗？"飞飞不肯，于是两人争抢起来。威威冲上来，制止了豆豆，帮飞飞拿回玩具，并且告诉豆豆："我和飞飞是哥们儿，你不要来捣乱。"洋洋过来了，说："我也是飞飞和威威的好哥们儿，我们都是奥特曼。"

幼儿园中小朋友们每天和同伴在一起，会发生很多交往故事，这些交往表现出年龄的特点，小班、中班和大班各不相同。这些同伴交往故事中包含了孩子同伴交往能力的发展，为孩子们发展未来社会适应能力奠定了基础。

一、同伴交往的含义和重要性

（一）同伴交往的含义

同伴交往，是指幼儿和相同或相近年龄的同伴接触，建立关系，互相影响的过程。同伴交往不同于亲子交往。亲子交往中，成人和孩子的关系是垂直的，也就是说，孩子向成人寻求帮助，服从成人的要求，两者之间形成的是信任和依恋。而同伴交往，孩子和孩子的关系是平等的，也就是说，孩子和孩子之间的交往是平等互惠的，你给予我，我也给予你。这促进了孩子的社会适应，这样的交往才是孩子在社会上面临的真正的社会交往。

（二）同伴交往的重要性

1. 对学业成就、心理健康和社会适应具有重要影响

有追踪研究显示，幼儿如果缺少同伴交往经验，或者不受同伴欢迎，例如，因为爱打骂他人，小伙伴们都不喜欢跟他玩，那么他长大后，与那些有好朋友的孩子相比，就学业成绩相对更差，辍学率更高，心理孤独和抑郁的发病率更高，违法犯罪率也更高。

2. 促进社会认知和交往技能的发展

幼儿在同伴交往中，学习如何与他人建立平等的交往关系，如何解决与同伴的冲突，这些都是非常宝贵的经验，为幼儿认识他人、学会交往技能奠定了早期基础。

3. 能满足心理需要

根据马斯洛的需要层次理论，社交需要是人的基本心理需要之一。幼儿之所以愿意并乐于与同伴交往，是因为在交往过程中能够获得支持感和归属感。

4. 能促进自我认识和成长

在社会互动中，人们获得了自己怎样做和被他人知觉的信息，这种信息是形成自我的基础。幼儿园中的同伴群体，既可以提供有关自我的信息，又可以作为与他人比较的对象，在与同龄伙伴的交往过程中，幼儿逐渐认识自己在同伴中的形象和地位。同时，同伴的社会交往、共同游戏等活动，不仅要求幼儿遵守规则、承担责任、服从权威，也要求他们善于团结协作、助人、谦让，这些都会促进其健全人格的发展。

二、同伴交往的发展特点与影响因素

（一）同伴交往的内涵

1. 同伴交往的内容

幼儿同伴交往主要有两方面内容：发起交往和维持交往。发起交往，是幼儿与同伴之间建立关系的过程；维持交往，是幼儿与同伴持续稳定互动并解决

同伴冲突，维持关系的过程。进入幼儿园后，同伴交往的频率和时长增加，主要交往对象是同一个班中的同伴，交往不仅发生在两两之间，还发生在多个同伴之间，稳定的友谊和稳定的小群体开始出现。

2. 同伴关系和影响因素

幼儿与同伴发起交往和维持交往的过程中，有自己选择朋友的理由，在接纳和拒绝同伴中形成了其在同伴群体中的关系和地位。研究者采用同伴提名法，研究幼儿的同伴关系。通过向幼儿询问"你喜欢或不喜欢和谁一起玩，为什么？"来了解幼儿在同伴群体中所处的地位和关系，以及幼儿接受同伴和拒绝同伴的原因。

（1）幼儿在同伴群体中的类型

幼儿在同伴群体中有五种类型：受欢迎、受拒绝、受忽视、矛盾型和一般型。受欢迎的孩子，大多数同伴喜欢和他一起玩，较少或没有同伴不喜欢和他玩。受拒绝的孩子则相反，大多数同伴不喜欢和他一起玩，较少或没有同伴喜欢和他一起玩。受忽视的孩子，几乎没有小伙伴提到他的名字。矛盾型的孩子，喜欢他和不喜欢和他一起玩的同伴数量差不多。一般型的孩子，有同伴喜欢和他一起玩，但是没有那么多，也有同伴不喜欢他，但是也不多。

总体来看，大部分幼儿在3—6岁之间同伴关系发展具有稳定性。但是特别需要重视受拒绝型的幼儿，一旦在小班受到同伴的拒绝，那么到中大班时，受同伴拒绝的程度往往更加严重。

（2）幼儿同伴接纳或拒绝的原因

幼儿喜欢或不喜欢和同伴一起玩的原因，大致可以归为五类：陪伴活动、外表个性、客观表现、交往行为和交往态度。

陪伴活动，是指同伴是否与自己一起活动。例如，他是我的好朋友，他是我们小队的；或者他不是我的朋友，他不和我一起玩。

外表个性，是指同伴的外貌、衣着和个性。良好的外表个性，如：他很漂亮，他很好玩；不良的外表个性，如：他太胖了，他不漂亮，他不好玩。

客观表现，是指同伴的日常表现和作业成绩等客观的行为绩效。良好的客观表现，如：他表现很乖，他画画很好，他吃饭吃得快；不良的客观表现，如：

他总是很拖拉，他不好好睡觉，他不会跳绳等。

交往行为，是指同伴在交往中发生各种维持交往或破坏交往的行为。积极的交往行为，如：他对我很好，他分享东西给我，他帮助我等等；消极的交往行为，如：他对我不好，他打人，他抢我玩具等。

交往态度，是指同伴在交往中表现出的态度。积极的交往态度，如：他喜欢我，他对我笑；不良的交往态度，如：我不喜欢他，他不喜欢我。

陈霞芳、刘少英、朱瑶等专家曾对 403 名 3—6 岁儿童同伴接纳或拒绝原因进行调查，结果发现，幼儿接纳同伴的主要因素是陪伴活动和积极的交往态度，而拒绝同伴的主要因素为消极的交往行为和不良的客观表现。也就是说，幼儿认为可以和自己一起游戏的同伴、喜欢自己和对自己笑的同伴做朋友；不能和打人、抢玩具和日常活动中表现不佳的同伴做朋友。

（二）同伴交往的特点

追踪研究结果表明，幼儿从小班到大班同伴关系发展具有一定的稳定性，30%—45% 的幼儿在班内受到同伴接纳和拒绝的水平，三年来保持相对稳定。但是小班、中班和大班，由于年龄差异，交往技能不同，其同伴关系还是具有显著的年龄特点。

男孩和女孩的同伴关系不一样。幼儿园期间，女孩同伴关系通常优于男孩，也就是说，女孩比男孩更受到同伴的偏好。这可能是性别角色对幼儿造成的影响，如女孩一般都比较温和，攻击性行为较少；还有一种可能是女孩的情绪能力和语言能力发展比男孩略早，能够较好地理解他人的情绪，更擅长采取恰当的沟通方式解决同伴冲突，维持与同伴的交往。

1. 小班同伴交往特点

幼儿刚刚进入班级中时，同伴关系显现出松散的状态，个别幼儿被凸显，得到较多关注，呈现"散"和"凸"的状态。

"散"，是指大部分幼儿的同伴交往具有随机性和情境性特点。幼儿游戏形式以单独游戏、平行游戏和联合游戏为主，幼儿还不能主动与同伴建立稳定的联系，两两之间固定地互选朋友的人数还不多，大多数幼儿对同伴未产生明确的偏好，大部分属于受忽视类型。这是因为小班幼儿的认知与语言能力有限，缺乏相应的社会交往技能，不会主动发出加入游戏或活动的请求等典型行为，加上刚刚从家庭踏入幼儿园，需要一段时间来适应新环境，大部分幼儿更关注自身，对同伴关注较少，仅限于和自己进行平行游戏和联合游戏的同伴交往。

"凸"，是指矛盾型幼儿的数量与学前期其他年龄段相比最多。这是因为虽然具有稳定互选朋友的幼儿还不多，但是幼儿已有简单的交往行为。个别幼儿乐于发起交往，交往面比较广，但是他们还处于以自我为中心阶段，不能用换位思考的方式去理解他人的想法，很容易产生冲突。而且由于语言表达技巧不足，发生同伴冲突时，幼儿多用肢体语言来解决问题，常会发生打人、咬人的行为。因此，矛盾型幼儿既会因为乐于发起交往一起玩而被同伴提名，也会因为在冲突中不能有效解决问题而被提名。

小班幼儿喜欢具有友好交往态度的同伴，如"他喜欢我""他对我笑"。小班幼儿不喜欢同伴的原因很简单，主要是因为同伴冲突，如"他不跟我玩""他很凶""他的玩具不借给我"等。但是幼儿冲突持续的时间也比较短暂。如果没有外界的强化，幼儿不会在交往中对同伴产生深刻的不良印象。特别要小心，幼儿在同伴冲突中一旦给同伴留下深刻印象，很容易成为受拒绝型幼儿。例如，幼儿会说，某某爱打人，不跟他玩。

小班幼儿的同伴交往还处于懵懂状态，同伴关系还不稳定，此时进行同伴交往能力培养，效果最佳。

2. 中班同伴交往特点

中班幼儿的同伴关系处于转折期，同伴关系正在分化，同伴交往具有探索性和冲突性特点，呈现出"争"和"友"的状态。受忽视的幼儿人数很少，大部分幼儿能主动与同伴建立关系，并且能不断尝试与不同的同伴建立关系，对同伴已经有了明显的喜恶，部分幼儿开始拥有自己稳定的互选朋友，但同时同伴冲突也较多，因此，受欢迎型和受拒绝型的幼儿都开始变多。

同伴冲突较多主要有两个原因：一是大部分幼儿在中班时期自尊感开始萌芽，关注自我价值，关注与同伴的比较，同伴冲突往往与自尊有关。例如，幼儿不喜欢同伴批评自己，也总希望自己能做得最好，但是情况往往并非如此，因此冲突频发。另外一方面，幼儿与同伴交往的频率和深度增加后，原来发起交往、解决冲突和维持交往的技能不足以应对新问题。幼儿面对新问题往往缺乏有效的解决方法，表现出退缩或攻击性行为，比如，喜欢告状，寻求成人的帮助等。

幼儿正是在冲突中学会新的交往技能。比如，共情同理他人的能力就是在同伴冲突中逐步形成的交往技能，他们逐渐开始从他人的角度去理解他人的想法。再比如，从"因为自己生气而去打人"，到"知道打人会让对方很疼"，所以会寻求别的方式发泄自己的情绪。因此，中班是幼儿的交往能力发展最快的时期。

中班幼儿受同伴接纳的因素主要有陪伴活动和良好的外表和个性，也就是说，幼儿喜欢的同伴是平时在一起共同游戏的伙伴，同伴干净整洁的外表、温和大方的个性也是受到同伴接纳的原因。

幼儿受同伴拒绝的因素主要是消极的交往行为。例如，幼儿不喜欢总爱批评嘲笑自己的同伴，不喜欢那些在冲突中打人的同伴，不喜欢过于自我不谦让的同伴，等等。

总之，中班幼儿的同伴交往处于分化的转折期，错过这一时期的培养时机，那么孩子在同伴心目中的形象就比较容易固化，以后较难改变。

3. 大班同伴交往特点

大班幼儿的同伴关系处于形成期，其同伴交往具有"稳"和"群"的特点。大班幼儿已具有稳定的同伴关系，有了稳定的互选朋友，逐步自发形成小群体，并且在固定的小群体中进行交往，交往对象比较稳定，对同伴的喜恶也趋于稳定。受欢迎型和受拒绝型的幼儿比较稳定，并且同伴对他们的偏好差异明显加大。大部分幼儿处于一般型。

大班幼儿能主动发起或加入同伴的游戏或活动中。随着交往能力的增强，他们已从被动地位转为主动地位。幼儿喜欢尝试扮演不同群体中的角色，如：领导者、谈判者、追随者等，因此他们发起的基本上都是有组织、有分工和有"小领袖"的共同活动或合作游戏。幼儿在共同游戏或活动中能与同伴协商、讨论，并发表自己的想法，能耐心倾听同伴的意见和建议，出现矛盾和问题时大多能自己协商解决。随着幼儿认知、动作和语言等能力的发展，幼儿习得了越来越多的交往技能，并逐渐脱离成人的帮助，做到自己能够解决的问题尽可能自己解决。

大班幼儿接纳同伴的最大理由也是因为他能陪伴自己一起活动，略微不同的是，大班幼儿更多提到的是"我们是一个小组或小队的"。兴趣相似的幼儿共同游戏的频率更高，同伴交往进一步深化，两两交往更多且更稳定，由核心人物引导的小团体出现，交往更多发生在小团体中，小团体的决定对于个体的影响越来越大。

大班幼儿在选择不喜欢的同伴时，往往凭借以往形成的固定印象，而不是同伴在当前交往中的表现。冲突多发生在小群体中，大多是由缺乏合作技巧导致的，但是在来自小群体内同伴的压力下，他们往往会改变自己的一些行为。

三、如何培养同伴交往能力

（一）基于同伴接纳和拒绝因素的支持策略

1. 注意"攻击行为"和"不良的客观表现"

为了减少孩子受同伴拒绝，需要特别注意孩子在同伴交往中"攻击行为"和在幼儿园的"不良的客观表现"。消极交往行为中，攻击行为是孩子受同伴拒绝的首要原因。幼儿期的攻击行为主要是工具攻击，即孩子为了获得自己想要的东西，而出现打人或破坏行为。面对孩子打人或破坏行为，一方面家长需要及时关注孩子的同伴冲突，及时制止孩子的攻击行为，还要帮助孩子学会有效的解决策略来代替攻击行为，另一方面家长在亲子互动中也要避免通过打骂来教育孩子，防止孩子模仿成人的攻击行为。

在幼儿园不良的客观表现，会引发同伴拒绝与孩子成为朋友。这可能是因为孩子的某些表现偏离了班级的正常标准，让同伴产生了深刻的负面印象。例如，孩子在集体活动的时候，注意力不集中，总是打扰到班级正常活动的开展，老师可能会通过各种形式予以提醒或批评。多次的当众批评，会让同伴对孩子产生深刻的负面印象。家长需及时与老师沟通，了解孩子的在园表现，有效支持孩子的发展跟上正常水平。当然，孩子的能力发展有早晚，但是家长要尽量与老师保持联系，让孩子在某些弱势方面有进步，不偏离一般标准太远。

此外，也要注意培养孩子某些优势或强项。在园不遵循规则、影响同伴的孩子常常会受到老师批评，这样的孩子也常常受到同伴拒绝。家长应教育孩子遵守集体规则，不影响他人。

2. 支持"陪伴活动"和"积极的交往态度"

为了促进孩子被同伴接纳，家长需要引导孩子积极参与同伴的"陪伴活动"，培养孩子与同伴交往时的"积极的交往态度"。陪伴活动是影响孩子同伴接纳的主要因素，孩子喜欢经常在一起做游戏、兴趣接近的同伴，家长应经常带孩子与小伙伴一起玩耍，可以提供一些玩具供孩子们在一起互动，还可以一起玩一些互动游戏，让孩子与同伴有足够的玩耍互动时间。

积极的交往态度也是影响孩子受到同伴接纳的主要因素，家长要引导孩子愿意结交新朋友，喜欢和小朋友一起玩，微笑面对朋友，与同伴一起玩的时候要礼貌、和善，学会用礼貌用语。

孩子接纳和拒绝同伴的因素不对称，这启示我们在孩子同伴关系教育培养中，仅仅教育孩子不打人、不抢玩具，或者提升孩子的客观行为表现，只能让孩子不受拒绝，并不能让孩子受欢迎。如果孩子希望受到同伴的接纳，还要学会与同伴一起活动，友好对待同伴。

（二）各年龄段同伴交往能力的支持策略

1. 小班同伴交往支持策略

根据小班孩子同伴关系"散"和"凸"的特点，结合小班孩子受同伴接纳和拒绝的因素，可以发现，小班孩子在同伴交往中主要注意两个问题：一是乐于并且有能力与小伙伴交朋友；二是能够解决同伴交往中出现的冲突。

（1）支持孩子乐于与小伙伴交朋友

家长支持孩子乐于并且能够与小伙伴交朋友，首先需要让孩子关注同伴。关注同伴的存在，关注同伴的游戏活动，与同伴一起游戏，这样孩子才能交上朋友。鉴于小班孩子还处于自我关注的阶段，家长可以从以下三个方面，助力孩子关注同伴。

第一，问一问，班上都有谁。家长可以通过自己观察到的班级小伙伴的信息，和孩子交流班上小朋友的情况。例如，婷婷是不是扎辫子的？萌萌是不是眼睛大大的？闹闹在玩什么玩具？这样的方法能够帮助孩子关注到周围的小朋友，有了对同伴的注意，才有可能建立交往。

第二，赞一赞，有朋友真好。家长可以通过讲故事的方式，引导孩子感受与小伙伴一起玩的快乐，让孩子乐于与同伴游戏。例如，故事中青蛙和兔子是好朋友，它们一起去旅行，一起玩耍，玩得真开心，有个好朋友真好。平时，孩子和其他小朋友一起玩得很开心后，家长也要及时肯定：有朋友真好啊。这样孩子心里会产生对朋友的美好期待，愿意去结交朋友。

第三，玩一玩，找个好朋友。家长可以在每天接孩子放学回家的时候，问一问孩子：今天和谁坐在一起了？和谁一起玩玩具了？可以在放学后、双休日，约上班里的小朋友，一起玩滑滑梯，一起在户外活动，或者邀请朋友到家里来做客做游戏。有了一些共同的活动，孩子自然而然会有好朋友了。如果小班孩子有个固定的好朋友在同一个幼儿园，那么孩子入园适应也会更容易。

（2）支持孩子解决同伴交往中的冲突

小朋友在一起玩，总是免不了有各种各样的冲突。冲突是孩子学习交往技能的好时机，但是家长不能放任孩子的冲突，应该积极支持孩子解决冲突中的问题。通常小班孩子的冲突主要是物品的冲突和玩具的冲突，这需要培养以下两个方面的技能。

①积极的交往态度

家长要注意培养孩子积极的交往态度，如：笑眯眯地、有礼貌地对待同伴。小班孩子喜欢温和和微笑的同伴，不喜欢生气和难过的小朋友。这是因为小班孩子还不能很好地自我调节情绪，调节他人情绪更加做不到，遇到生气和难过的小朋友，会本能地躲得远远的。特别是小班孩子处于入园适应期，焦虑的情绪往往会影响与同伴的交往。度过入园适应期后，家长要教孩子笑眯眯地打招呼，对待同伴要有礼貌，收到别人的礼物或帮助要说谢谢，做错了事情要说对不起。

②积极的交往行为

孩子需要学会用语言礼貌表达自己的需要和请求，而不是直接上手抢。例如，孩子想玩同伴的玩具，家长需要教给孩子："如果你想玩人家的玩具，小嘴巴要先说出来，我能和你一起玩吗？"或者"请借给我玩一下好吗？"如果别人不肯借，那么就想办法与同伴交换玩具。如果暂时轮不到，就先玩别的玩具。

2. 中班同伴交往支持策略

根据中班孩子同伴关系"争"和"友"的特点，结合中班孩子同伴接纳和拒绝的主要因素，可以发现，中班孩子同伴交往范围扩大，有了互选朋友，同伴冲突主要源于自尊之争。因此，中班孩子交往能力的培养需要解决两个问题：一是培养孩子的内心强大，这需要先提升孩子的自尊感，才能让孩子看到并接纳同伴的优势，与同伴友好交往；二是培养孩子与同伴友好竞争的能力。

（1）培养孩子的内心强大

培养孩子的内心强大可以通过以下两个方面来做。

①肯定孩子的优势，鼓励孩子的进步

中班孩子的自尊开始发展，开始在意家长和老师的评价，开始通过吸引他人的注意来寻求存在感；将自己的表现与同伴作比较，获得胜任感。女孩子开始关心自己的外表，例如，喜欢穿公主裙，希望得到成人或同伴的赞美。此时，如果孩子的自尊，特别是存在感和胜任感得到了满足，那么其内心就会满足和安定，能够以平和的心态与同伴交往。

家长的肯定能够让孩子感受到自我价值，内心充满力量。平时可以多肯定孩子的优势，鼓励孩子的进步，让孩子感受到其在家长心中的重要性。拥有自尊，孩子内心才会比较安定，不会过分在意输赢和外界评价，在同伴交往中表现出比较平和的心态，既不会过于讨好同伴，也不会过于以自我为中心。

总之，家长需要让孩子在亲子互动中认识到"虽然我在这方面不够好，但我在其他方面有优势""虽然我现在表现还不够好，但是我会进步的"，从而形成良好的自尊感。

②让孩子发现每个人都有特有的优势

在鼓励孩子、让其有自我价值感的基础上，引导孩子去发现别人的优势，学会赞美他人。家长首先应让孩子认识到，每个人都有自己特有的优势，不需要拿自己的劣势和别人的优势比，也不需要和别人的优势一较高下；既要了解自己的优势，也要看到同伴的优势，给别人点赞。如果发现孩子的劣势或不足，那么应引导孩子把注意力放在自我提升和向别人学习方面。由此，孩子会感受到进步的成就感，内心就会变得强大，不会因为一时的输赢或者外界的负面评价而情绪失控，而是能真诚地赞美同伴的进步和优势，受到同伴欢迎。

特别要注意，孩子能看到他人的优势，愿意向他人学习，前提是孩子有良好的自我价值感。因此，在日常教育中，家长不要总是拿统一的标准或者优秀的标准要求孩子。每个孩子都有自己的成熟时机，各方面能力的发展有早晚。发现孩子的不足后，应该把注意力放在怎么支持他多练习，而不是用标准来打击孩子的自尊。这样欲速不达，反而会让孩子的整体自尊下降。家长也不要总是用"别人家的孩子"激励孩子努力。这样做，即使孩子知耻后勇，在当下获得比较好的成绩和表现，但是从长远来看，孩子也很难感受到成就感，总是内心焦灼，觉得自己做得不够好，与同伴交往中总是在意怎么和同伴做比较，导致同伴关系差，未来社会适应和心理健康都会受到影响。

（2）培养孩子与同伴友好竞争的能力

中班孩子的同伴冲突主要是基于自尊的互相比较引发的冲突，特别是活动中的输赢或名次，因此，需要从以下两个方面来培养孩子友好竞争的技能。

①让孩子学会理解同伴在活动输赢之后的情绪

中班孩子喜欢参加竞争类的活动，然而，赢了就会兴高采烈，完全不考虑同伴的感受，输了就会垂头丧气，看到同伴兴高采烈地炫耀，往往心情很难受，同伴冲突也会由此引发。

遇到类似情景，家长可以请孩子想想看，如果自己和朋友在下棋，自己赢了，朋友输了，那么自己的心情怎么样？朋友输了心里感觉怎么样，是不是很难受？如果赢了手舞足蹈，那么朋友是不是更难受？引导孩子学会共情他人，理解同伴，安抚同伴的情绪。例如，可以教孩子对朋友说："你这次虽然输了，说不定下次就赢了。"

②教育孩子在活动中胜不骄败不馁

有些孩子在输了之后，往往喜欢发脾气，破坏规则，这样的孩子也更会受到同伴拒绝，大家都不喜欢跟这样的孩子玩耍。因此，要告诉孩子，无论输赢都要遵守规则，不要为了一时的输赢去破坏游戏规则，输了不要垂头丧气，赢了也不要得意忘形。

家长需要引导孩子在竞争活动中调节自己的情绪，让孩子把注意力放在

"输赢之后如何下次做得更好"，而不是纠结于一次输赢的结果。告诉孩子一次输赢的结果并不重要，重要的是要看到自己在游戏和活动中获得了什么。如果想提升能力，那么只要不断练习，就会一次比一次好。

3. 大班同伴交往支持策略

根据大班孩子同伴关系"群"和"稳"的特点，结合大班孩子同伴接纳和拒绝的主要原因，可知大班孩子的同伴交往从两两之间的互选朋友，逐步发展出稳定的小群体，三个以上孩子形成固定的同伴群体，同伴冲突也主要表现为群体活动中的同伴冲突，此时是群体合作能力培养的重要时机。因此，家长可以从以下两个方面支持大班孩子同伴交往能力发展。

（1）引导孩子积极加入同伴群体

大班孩子开始出现了以兴趣相似为基础的多人活动的同伴群体。同伴群体相对于两两互选朋友而言，给孩子带来的感受和学习机会更丰富更多元。孩子在群体活动中的维持交往和解决冲突的能力，是大班孩子需要发展的能力。然而，部分孩子还沉浸在两两互选朋友的游戏中，无法接纳其他小伙伴形成群体；还有的孩子因为某种原因被同伴群体排除在群体活动之外。

家长可以从以下三个方面引导孩子。

①帮助孩子认识到群体的力量

例如，通过故事"独木不成林"等让孩子感受到群体的力量，向往群体活动。

②让孩子体验群体游戏的快乐

例如，陪孩子玩三人以上的游戏，孩子会在游戏中发现多人游戏会更开心。

③支持孩子参加同伴群体游戏

稳定的同伴群体交往才能让孩子练习群体中同伴交往的技能。因此，孩子不仅需要在幼儿园参与稳定的同伴群体活动，而且要在放学后或双休日，在家长帮助下，约小伙伴们共同玩耍。

（2）培养孩子在群体中友好合作的能力

孩子在群体中开展合作游戏，同伴冲突是不可避免的。大班孩子在群体中的同伴冲突主要集中在合作能力不足方面。有的孩子在活动中由于专注度和坚持性不够，会被其他事情吸引注意力，不能一直参与群体合作；有的孩子因为没有达到自己的意愿而与组员发生争吵，甚至负气不参与活动；有的孩子因为同伴不能很好地与自己配合，而埋怨、责怪他人，甚至剥夺他人继续参与游戏的资格。

面对这些常见冲突，家长在培养孩子友好合作的能力时可以这样做：

①引导孩子积极参与群体合作

家长如果发现孩子在群体游戏中，常常因为专注度不够，或者遇到自己不喜欢、不胜任的工作，就放弃参与群体合作活动，需要重视这一问题。孩子总是不能坚持参与合作活动，那么孩子在群体中的合作技能将得不到练习。同伴群体是以兴趣和能力相似或接近而自发形成的，孩子在群体中总是放弃，往往会因为能力和表现被同伴拒绝，孩子有可能在群体中的交往越来越少，那么孩子成长的机会就会减少。家长可以通过观察，和老师、孩子交流，分析孩子不能参加群体合作的原因。

孩子不能参加群体合作，通常有两个方面的原因：一是本身的专注力问题，孩子很容易被其他玩具或活动吸引。那么家长需引导孩子将专注力转移到合作活动，控制分心的冲动。二是孩子因为能力不足，在合作活动中感受不到成就感，于是就会放弃合作，自己单独游戏。家长可以请孩子重新选择一个与自己兴趣和能力相当的同伴群体，或者帮助孩子提升游戏能力，让孩子能跟上同伴的合作游戏，感受到活动中的成就感和合作带来的愉悦感。

②为孩子示范友爱的合作行为

家长应告诉孩子，好的合作小组不仅仅是大家一起完成任务，它还应该是充满爱的、让所有人感觉到快乐的合作小组。小组成员之间是彼此信任、互相帮助和支持的一种融洽、友爱的亲密伙伴关系。每一个成员都应该有自己的任务，每个成员都应该为共同的目标努力。当看到同组的小朋友遇到困难了，要主动关心帮助他；当小组成员因为一时的疏忽造成任务暂时不成功，小组成员应抱以宽容的态度，互相鼓励。

在生活中，孩子表现出友爱的合作行为时，家长要及时予以肯定，引导孩子合作能力的发展。

③为孩子提供有效的方法和策略来解决合作中遇到的问题

例如，孩子们会为了争做小组领袖而不欢而散。首先，家长要让孩子明白，一起玩比做领袖更重要；然后，教给孩子一些解决办法，比如，可以轮流做小组领袖，也可以石头剪刀布来决定谁做小组领袖等。当孩子之间为任务发生争执的时候，要引导孩子解决问题，而不是追责。

四、同伴交往的常见认识误区

（一）误区一：亲子交往比同伴交往更重要

同伴交往是亲子交往不能替代的经验。同伴交往中的平等互惠原则的遵守、同伴关系的建立，以及冲突的化解，都是需要孩子学习的内容。同伴交往能力关乎孩子未来的社会适应。同伴交往能力的发展不仅仅跟孩子年龄有关，还与同伴交往经验相关。大量的连续不断的同伴交往经验，可以使孩子同伴交往技能达成跨越年龄的发展。例如，一般大班孩子才能顺利开展的群体合作游戏，在拥有大量同伴交往经验的小班孩子中也能开展起来。

（二）误区二：家长代替孩子交往

孩子和同伴游戏时，特别是遇到新环境或陌生同伴，往往有些胆怯，无法很快融入同伴游戏中。有的家长非常着急，要么不停催促孩子"你去跟他们玩啊"，要么主动跟小伙伴说"请你们带我家宝宝一起玩"，还有的家长带着孩子参与到小朋友的游戏中，手把手地不断指导孩子们怎么玩。这些行为都不利于孩子独立地与别人建立社会联结。

支持孩子的交往，需要遵循孩子交往能力的发展特点。第一，家长应该为孩子提供安全的环境，孩子需要在一个安全的环境中，才能与陌生的同伴建立联结。例如，家长可以和小朋友们的家长打招呼，放松地聊天，孩子在感受到安全的环境时，自然愿意主动去和小伙伴一起游戏。第二，孩子的交往不同于成人的交往，经常在一起平行游戏的小朋友才会互动，逐步发展出合作游戏。因此，家长不能急着让孩子加入同伴的互动游戏。第三，家长牢记自己是孩子交往的支持者，可以支持孩子参与游戏，但是要适度退出小朋友的游戏，给孩子机会去自主尝试。

（三）误区三：同伴冲突不能吃亏

孩子在同伴交往中，往往由于年龄特点和同伴交往技能不成熟，会发生打人、咬人的现象。家长很心疼孩子被咬或被打，容易联想到霸凌，要么告知孩子下次打回来，要么为孩子出头，找对方家长或者找对方孩子理论。

其实，幼儿阶段，孩子的攻击行为大多不是有意的，而是为了保护自己的玩具，或者愿望受阻，语言表达能力又跟不上，或者没有学会好的解决办法而下意识地使用了攻击行为。如果家长要求孩子在冲突中不能吃亏，对于一个还不能分清交往情境的孩子来说，会在所有的情境中都使用打回来的策略。这样的消极交往行为，会让孩子成为班里受拒绝的孩子，影响孩子未来的社会性发展，得不偿失。如果家长为孩子出头，孩子会体验不到自身的价值感。在下一次冲突中，他能想到的办法就是哭，找人帮忙解决问题。这样不但不利于孩子学习交往技能，而且对孩子的自尊发展也不利。

同伴冲突是孩子交往中正常的现象，很多孩子打了好，好了又打，在这个过程中，孩子在观察和调整自己的交往技能。反而是大人一插手，把自然的现象变成了问题。

（四）误区四：朋友越多越好

孩子一个朋友也没有，这固然是不正常的交往状态。如果孩子有很多朋友，也乐于认识新朋友，但友谊却不能持久，家长也要反省孩子是不是在交往技能上出了问题。

孩子在幼儿园阶段，拥有固定交往的朋友很重要。如果孩子能够维系较长时间的友谊，即使只有一个朋友，家长也不必太担心。

五、亲子游戏推荐

（一）镜面游戏

[游戏]镜子里的我

游戏目的：促进亲子关系，引导孩子关注他人。

游戏玩法：

①家长和小孩面对面站立，一方是实体的人，另一方则演镜子。

②镜子一方要努力模仿出实体人的所有动作，如：做各种鬼脸，挥手，比心等等。

③双方角色互换，继续玩。

（二）反弹投球

[游戏]最佳投球手

游戏目的：培养孩子的合作意识和合作能力。

游戏准备：有弹力的球。

游戏玩法：

①三个人一起，其中两人面对面站立，手拉手形成一个圆圈，另一个人在距离 2—3 米的地方投球，将球投掷到地上反弹进入圈内。

②每人有 10 次投球机会。大家可以轮流当投手。

游戏结束后，可以引导孩子思考：今天谁赢了？为什么？怎样才能投得准呢？如果"圆圈"不配合，球能投进吗？如果"圆圈"没有跟着球移动，球能不能投进呢？如果投球的人没有对准"圆圈"，球能投进吗？是不是需要三个人团结起来相互配合，才能赢得最后的比赛？

参考文献

[1] 浙江师范大学杭州幼儿师范学院附属幼儿园. 幼儿情绪能力培养研究 [M]. 杭州：浙江大学出版社，2013.

[2] 珍妮丝·英格兰德·卡茨. 促进儿童社会性和情绪的发展：基于教师的反思性实践 [M]. 洪秀敏，等译. 北京：机械工业出版社，2015.

[3] 安·S. 爱波斯坦. 高瞻课程的理论与实践：社会性和情感发展：关键发展指标与支持性教学策略 [M]. 霍力岩，等译. 北京：教育科学出版社，2018.

[4] 李枳薛. 4—6 岁幼儿心理理论的发展及其与同伴接纳的关系 [D]. 西安：陕西师范大学，2019.

[5] 李君，刘少英. 4—5 岁中班幼儿自尊的个体差异 [J]. 教育导刊（下半月），2014（7）：19-21.

[6] 陈霞芳，刘少英，朱瑶. 幼儿同伴接纳或拒绝的原因研究 [J]. 教育导刊（下半月），2012（11）：34-38.

[7] 刘少英，王芳，朱瑶. 幼儿同伴关系发展的稳定性[J]. 心理发展与教育，2012，28（6）：588-594.

[8] 王芳，刘少英. 幼儿同伴关系发展特点及交往能力培养[J]. 幼儿教育，2011（7）：16-17.

[9] 刘少英. 学前幼儿同伴关系发展追踪研究[D]. 上海：华东师范大学，2009.

[10] 邹晓燕，李英玉，黄晓梅. 幼儿同伴关系发展特点与教育[J]. 幼儿教育（教育科学版），2006（21）：72-75.

[11] 刘安庆. 幼儿情绪理解的发展及其与社会行为、同伴地位之间关系的研究[D]. 济南：山东师范大学，2006.

（执笔：刘少英）

第 9 课

如何培养孩子的情绪能力

课程简介

教学对象

3—6 岁儿童家长及其他照护者

教学目标

1. 了解 3—6 岁孩子情绪能力的相关知识。

2. 掌握培养孩子情绪能力的策略与方法，避免情绪教育误区。

3. 重视家长对孩子情绪能力的影响，提高情绪教育能力。

教学时长

90 分钟

课程框架

[实例导入]

一、幼儿情绪能力发展概述

（一）情绪与情绪能力

1. 什么是情绪

2. 什么是情绪能力

（二）情绪的作用

1. 情绪的适应功能

2. 情绪的动机功能

3. 情绪的组织功能

4. 情绪的社会功能

（三）情绪调控的培养目标

1. 3—4 岁孩子

2. 4—5 岁孩子

3. 5—6 岁孩子

（四）家长对孩子情绪能力发展的影响

1. 家长的元情绪理念

2. 消极情绪的应对方式

二、提高家长自身情绪能力

（一）觉察并管理自己的情绪

（二）改变错误信念

（三）与孩子进行积极正向的沟通

三、培养孩子情绪能力的策略

（一）关注孩子情绪背后的需要

（二）培养孩子的共情能力

（三）积极面对孩子的消极情绪

（四）规范孩子的不恰当行为

（五）尊重孩子的个体差异

四、孩子情绪教育的误区

（一）最好永远开心，不要有消极情绪

（二）哭闹、打人就不是乖孩子

（三）年纪小小，能有什么烦恼

（四）开玩笑而已，有什么好生气的

参考文献

课程内容

[实例导入]

　　5 岁的阳阳问："妈妈，我的儿童节礼物呢？""我早就准备好了。"妈妈拿出一个礼盒，里面有一大包五颜六色的气球和一个迷你打气筒。阳阳高兴极了，马上用嘴吹气球，可怎么也吹不起来。"用打气筒吧。"妈妈一边说一边把气球嘴套在打气筒的气孔上，一手按住气球嘴一手推拉活塞，"嘶——嘶——"两声，气球变得又大又鼓，妈妈随手将气球嘴打了个结。

　　阳阳学着妈妈的样子给气球充气，"噗"的一声，气球飞了出去，气都漏光了。阳阳涨红了脸，生气地捡起气球丢进垃圾桶。妈妈说："你推拉活塞的时候，要用一只手按住气球嘴，这样它就不会飞出去了。"

　　于是阳阳再一次尝试。当他给一个气球打满气，正准备打结时，"砰"的一声，气球爆了，他吓得哇哇大哭。妈妈摸摸他的头安慰道："下次少打一点气，就不会爆了。"

　　阳阳擦干眼泪，继续打气，不一会儿，桌子上摆满了五颜六色的气球。"阳阳的气球又大又好看。"妈妈竖起两个大拇指。"那当然了！"阳阳抱着气球，高兴得手舞足蹈。

　　上述实例中的阳阳，在给气球打气的过程中，显露出喜怒哀惧等情绪。孩子的情绪背后藏着什么秘密？怎样才能培养一个情绪稳定、积极乐观的孩子呢？

一、幼儿情绪能力发展概述

（一）情绪与情绪能力

1. 什么是情绪

　　情绪，是指人对客观事物是否符合自己的需要而产生的一种主观体验。当需要得到满足时会产生积极的情绪体验，如：开心、喜悦、自豪等；当需要得不到满足时会产生消极的情绪体验，如：生气、悲哀、恐惧等。

情绪通常包含三个要素：主观体验、生理反应和外部行为。主观体验是一种自我觉察，是大脑的一种感受状态，如：喜、怒、哀、乐、爱、惧等。生理反应常常伴随情绪发生，如：激动时血压升高、紧张时心跳加快、害羞时满脸通红。外部行为是情绪发生时伴随的外部反应，如：开心时咧嘴笑、悲伤时痛哭流涕、激动时手舞足蹈。上述实例中，当气球飞出去时阳阳感到生气，涨红了脸，把气球丢进垃圾桶。其中，阳阳的主观体验是生气，生理反应是小脸涨红，把气球丢进垃圾桶则是外部行为。

2. 什么是情绪能力

情绪能力，是指人对情绪的理解、表达以及调控自身情绪的能力。情绪理解，是指识别和觉察自己和他人的情绪，理解情绪产生的原因和结果。情绪表达，是指通过语言、面部表情和身体姿态等表现自己的情绪。情绪调控，是指在情绪体验和社会期待产生冲突时，调控自己的行为来适应环境。

提高情绪能力是孩子在幼儿阶段的主要发展任务之一。良好的情绪理解、表达和调控能力能够帮助孩子了解自己和他人的感受，更好地与他人交往，促进其社会性的发展。孩子的情绪能力不是与生俱来的，而是在家长的帮助下后天习得的。

（二）情绪的作用

很多家长可能希望孩子尽量保持情绪稳定，有更多的积极情绪和较少的消极情绪。然而，消极情绪就是不好的吗？情绪的存在对人有什么意义呢？其实，不论积极还是消极情绪，都对人有着重要作用。

1. 情绪的适应功能

在面对不同事件时，情绪能激发人们保持或调节自己与环境间的关系，这是情绪的适应功能。例如，当孩子与同伴因争抢玩具而吵闹时，孩子心中的内疚感可以激发他们探索建立公平意识，学习调整自己与同伴的关系，进而提高其社会适应能力。

2. 情绪的动机功能

人们采取或避免某种行为体现了情绪的动机功能。当某种行为能带来愉悦的体验，孩子会倾向于多做这件事；而当某种行为导致的是难过、恐惧等痛苦感受时，则会尽量避免做这件事。例如，因为浇花被妈妈夸奖了，孩子可能从此喜欢并主动承包浇花这个任务；因为触碰钉子扎手了，感受到疼痛，那么孩子就知道这个行为很危险，以后就会尽量避免再次触碰。

3. 情绪的组织功能

不同情绪状态下，人们运用并发挥不同的身体机能，这是情绪的组织功能。良好的情绪状态有助于促进大脑活动、提高工作效率；反之，则干扰大脑功能，使人难以集中注意、出现行为冲动等情况。例如，在舞蹈表演前，轻微的紧张情绪有助于孩子认真对待自己的表演，但如果过于紧张、担忧，则可能忘记动作，影响正常发挥。

4. 情绪的社会功能

情绪的社会功能主要体现在人际交往中。例如，陌生环境中其他小伙伴的主动亲近、微笑示意等积极情绪表现有助于促进孩子间的同伴关系，可以借助情绪的社会功能发展孩子的社会交往能力。

（三）情绪调控的培养目标

1. 3—4岁孩子

情绪比较稳定，很少因一点小事哭闹不止；有比较强烈的情绪反应时，能在成人的安抚下逐渐平静下来。

2. 4—5岁孩子

经常保持愉快的情绪，不高兴时能较快缓解；有比较强烈的情绪反应时，能在成人的提醒下逐渐平静下来；愿意把自己的事情告诉亲近的人，一起分享快乐或求得安慰。

3. 5—6岁孩子

经常保持愉快的情绪；知道引起自己某种情绪的原因，并努力缓解；表达情绪的方式比较适度，不乱发脾气；能随着活动的需要转换情绪和注意力。

（四）家长对孩子情绪能力发展的影响

家长是孩子情绪能力提升的重要他人之一。家长的教养行为，特别是元情绪理念和对消极情绪的反应方式影响孩子的情绪能力发展。

1. 家长的元情绪理念

元情绪理念，是家长面对孩子的情绪时，表现出的情绪、行为、态度与理念。家长的元情绪类型分为：情绪教导型、情绪摒除型、情绪失控型和情绪不干涉型。

（1）情绪教导型

情绪教导型的家长认为孩子的各种情绪反应都合理。面对孩子的消极情绪时，鼓励孩子表达情绪感受，询问情绪发生的原因，分析其中的问题，安抚和引导孩子处理情绪。

（2）情绪摒除型

情绪摒除型的家长认为消极情绪有害，且没有道理。面对孩子的消极情绪时，表现出烦躁和愤怒，甚至会用惩罚的方式强制孩子停止情绪。

（3）情绪失控型

情绪失控型的家长不明白孩子为什么悲伤烦躁，甚至自己也失控。孩子生气，他们也跟着生气；孩子悲伤，他们也跟着悲伤。面对孩子的消极情绪时，无法和孩子沟通情绪的来龙去脉。家长的情绪紊乱可能给孩子的情绪理解带来消极作用。

（4）情绪不干涉型

情绪不干涉型的家长认为情绪会随着时间慢慢消散，顺其自然是最好的处理方法。面对孩子的消极情绪，采取放任的方式，不和孩子沟通情绪产生的原因、情绪带来的感受或者提供缓解情绪的方法。

研究表明，以上四种家长的元情绪理念中，情绪教导型的家长最有利于促进孩子情绪能力的发展。家长更多地持有情绪教导型理念，孩子会表现出更强的同理共情能力，有更多的助人、分享的亲社会行为，有更好的情绪理解能力、情绪表达能力和情绪调控能力。

2. 消极情绪的应对方式

孩子消极情绪的应对方式，是指当孩子出现消极情绪（如害怕、焦虑或生气）时，家长在心理或行为上的应对方式。根据家长回应对孩子造成的影响（积极/消极），分为支持性回应和非支持性回应。支持性回应包括：问题解决回应、情感安慰回应、情绪表达回应；非支持性回应包括：惩罚回应、忧伤回应、最小化回应。

以孩子害怕打针为例，家长采取支持性回应和非支持性回应会有不同的言行表现。

问题解决回应的家长会帮助孩子解决问题，与孩子谈谈有什么办法可以让打针感觉好点，比如深呼吸。情感安慰回应的家长会采用策略来让孩子感觉好一点，比如，打针前抱抱孩子给予安慰，打针后用食物或玩具转移孩子的注意力。情绪表达回应的家长会鼓励孩子表达消极情绪，认可孩子的消极情绪，会让孩子说说打针后的感受。

惩罚回应的家长会通过惩罚来阻止孩子表达消极情绪，告诉孩子不要再哭了，不然就不能出去玩或者看电视。忧伤回应的家长会体验到孩子的痛苦等消极情绪，会感觉孩子怕打针很让人丢脸，心里非常不舒服。最小化回应的家长会认为孩子的消极情绪反应过度，于是淡化事情严重性，忽视孩子打针的痛苦，告诉孩子打针只是一点点疼，不用哭得这么难过。

当孩子出现消极情绪时，家长对待孩子情绪的处理方式会影响孩子情绪能力的发展。如果家长能够更多地采用支持性回应来对待孩子的消极情绪，那么孩子的情绪理解、情绪表达和情绪调控能力会得到相应的发展；反之，如果家长采用非支持性的方式对待孩子的消极情绪，对孩子漠不关心，忽视孩子的痛苦，甚至用惩罚的方式来恐吓孩子，不仅会阻碍孩子情绪能力的发展，甚至可能会"雪上加霜"，给孩子带来其他心理困扰。

二、提高家长自身情绪能力

家长的情绪能力不仅影响自身的身心健康，也影响亲子沟通，进而影响孩子情绪能力的发展。因此，培养孩子的情绪能力，家长首先需要提高自身的情绪能力。

（一）觉察并管理自己的情绪

家长要保持良好的情绪状态，以积极、愉快的情绪影响孩子。只有照顾好自己的情绪，才有能力帮助孩子处理情绪。家长可以和孩子谈论自己高兴或生气的事。生气时，不乱发脾气、不迁怒于人，用恰当的方式表达情绪，为孩子做好榜样。

　　情绪本身并没有对错，不同的情绪、感受，都是可以接纳的。假如孩子做了一件事情，让家长非常生气，这种情绪是自然反应，家长可以在孩子面前做真实的自己，并不需要刻意掩饰自己的愤怒。家长需要觉察的是自己情绪的产生和变化。因为有时候家长对孩子发火，可能情绪产生的真正源头并不是孩子犯了错误，而是由于自己身体疲惫、睡眠不足、工作不顺心或者与家人发生争吵等其他原因。如果家长没有及时去觉察和管理自己的情绪，这种负面情绪就会不断积累，而情绪都是需要出口的，最后就可能会宣泄到孩子身上。家长只要正视自身的情绪感受，并看到情绪背后的需要，就能释放消极情绪带来的负能量。

　　家长要有足够的耐心去理解孩子的行为。同一件事情，换个角度看问题，家长的想法就可能改变了，随之情绪和行为也就会改变。比如，当孩子爬桌子时，如果家长认为孩子就是故意和自己对着干，那么就会很生气。可是，如果家长意识到孩子正处于空间感的敏感期，能理解孩子爬高是在进行空间的探索，那么就不会对孩子发火，而且会提供相应的保护措施。

　　当家长情绪不好的时候，可以用孩子听得懂的语言告诉孩子自己情绪不好的原因，如："妈妈今天工作上遇到一点麻烦""爸爸今天感到特别累"，并让孩子明白，自己不开心是暂时的，会用什么办法去解决。当心情恢复时，记得对孩子说："我现在感觉好多了。"

（二）改变错误信念

　　情绪的产生并不是因为事件本身，而是事件引发的自动化思维诱发了情绪，消极情绪的自动化思维背后是错误信念。所谓错误信念，就是由我们过去经验形成的比较固定的看法，比如，我对你好，你就应该对我好。错误信念一般具有三个特征：一是绝对化的要求。这常常跟应该、必须、一定这样的词连在一起。二是以偏概全，一点事情没做好，就说自己什么都做不好，全盘否定自己。三是灾难化的想法，比如，发生了一点小事，有的人会感觉天都要塌下来了，自己吓自己。因此，家长需要反思情绪背后的信念是否合理。

　　当出现自动化思维时，停一停，用更合理的、更理性的想法去替换掉不合理的自动化思维，就会减少负面情绪，从而达到自我情绪管理的目的。具体有四个步骤：第一，消极情绪出现时，先去捕捉自动化思维，尝试分辨在头脑里一闪而过的念头是什么。第二，评估自动化思维，评估一下自动化思维到底正确不正确。有什么证据证明你的想法是对的？还有没有反例来证明你的想法是错的？还有没有其他的可能性？这样你的思维就拓宽了。第三，挑战自动化思维，当坏事发生时，要找出更为正确的解释来代替不合理的思维。第四，化解掉自己的灾难性的想法，就算最坏的事情发生了也要尝试寻找解决方法。

（三）与孩子进行积极正向的沟通

尽管孩子的年龄还小，家长也要与孩子平等、正向地沟通。遇到孩子让你生气，甚至让你愤怒的时候，不要对孩子进行指责、嘲讽、否定，不要随意打断孩子的说话，拒不回应孩子的情绪，随意给孩子贴上负面标签。这不仅不利于问题的解决、孩子情绪能力的培养，也影响了良好亲子关系的建立。

与孩子沟通时，可以采用这样四个步骤：第一步，观察。观察孩子实际上发生了什么，不夹杂任何评判。第二步，谈感受。表达出看到这些行为或事情时的感受，是感到伤心、害怕、心烦，还是喜悦、有趣等。第三步，说需要。表达出家长的需要。第四步，提请求。向孩子提出一个具体的请求，而不是命令。

例如，当孩子把玩具散了一地而没有收拾时，家长冲孩子发火并非恰当的教育方法，也不是良好的情绪表达示范。家长可以这样做：首先，不带评判地说出观察到的事件，"宝贝，客厅里的玩具散了一地"；接着，表达自己对此事的感受，"这让我有点生气哦"；然后，表明自己的需要，"我希望家里是整洁、有序的"；最后，提出具体的要求或期待："请你马上把玩具整齐地放回玩具柜，好吗？"

三、培养孩子情绪能力的策略

孩子的所有情绪表达都是正常的，可以接纳的。要做"情绪教导型"家长，对于孩子的所有情绪都给予支持性回应。面对孩子的消极情绪，家长要鼓励孩子表达情绪感受，询问情绪发生的原因，分析其中的问题，安抚和引导孩子处理情绪和问题。

（一）关注孩子情绪背后的需要

孩子跟所有人一样，他产生情绪都是有原因的。家长要用孩子的视角，去发现并理解孩子情绪背后的需要。比如，孩子的入园焦虑，家长送孩子到幼儿园，离开时孩子会哭闹。家长要理解孩子入园焦虑的背后是他安全感的需要，而不是孩子不听话、无理取闹。家长虽然着急去工作，但还是要努力保持冷静，可以先通过陪孩子找玩伴来缓和他的情绪，再通过口头约定"一定按时来接他"稳定孩子的情绪，不要采取威胁的方式告诉孩子：你不去上幼儿园，就会怎样怎样。

（二）培养孩子的共情能力

共情能力，是指在理解和分享他人感受的基础上对他人的处境、状态做出适当反应的能力。孩子可以理解在同样的情景下，别人会和自己有相同的情绪感受，并做出相应的行为。在面对他人不幸时，孩子会产生悲伤、气愤等消极情绪，或者因为他人的高兴而高兴。

培养孩子的共情能力，家长要注意以下两点。

一是要让孩子识别并接纳情绪。让孩子多接触不同的描述情绪的词汇。比如，妈妈收到礼物时，可以和孩子说："妈妈今天特别高兴，因为你和爸爸给我准备了礼物，还做了家务，好感动，我现在觉得特别幸福！"

二是要在游戏中教孩子识别、体验他人的情绪。可以教孩子观察脸谱图片，帮助孩子了解生气、伤心、失望、高兴时的面部表情，增强孩子区分识别不同情绪的能力；也可以和孩子一起阅读图画书，讨论故事中人物的心情，以帮助孩子了解不同情绪。

（三）积极面对孩子的消极情绪

在面对孩子较激烈的消极情绪时，父母需要注意一个关键点，即接纳。接纳是用平常心看待孩子的消极情绪，有情绪是正常的，谁都会有情绪不佳的时候；孩子有表达自己情绪的权力，不要否定、质疑他的情绪；孩子出现消极情绪并非故意跟谁对着干，也绝不代表他是坏孩子，只是他还不懂得如何用恰当的方式表达自己的情绪，需要家长的支持和引导。

例如，一起玩游戏时大人总得让着孩子，不然他就大哭大闹。对此，家长需要以接纳的态度面对孩子的情绪，采取"游戏输了难过是正常的""孩子还不知道该如何应对失败""这是个非常好的教育机会"的视角，而非"游戏输了有什么好哭的""这一点点事情就大哭大闹，一点都不像个男子汉""好了好了别哭了，求你清静一会吧"等否定、否认的态度。

一是接纳孩子的情绪，引导孩子认识当下发生的事情和自己的情绪。比如，家长可以说："游戏输了你一定非常难过，所以才哭得这么伤心，是不是？"

二是让孩子感受到家长对他的关心，耐心陪伴孩子平复情绪。比如，可以对孩子说："输了是挺让人难受的，难过就哭一会吧。妈妈陪着你，等你哭好了告诉我哦。"边说边轻抚孩子的后背，帮他平复情绪。

三是待孩子情绪相对平复后，引导他学习一些情绪调节策略。比如，对孩子说"输了是挺不好受的，不过玩游戏真的很开心吧""输了也没关系，玩得开心最重要""没关系，下一轮你可以玩得更好"等。

四是除了学习情绪调节策略外，家长也可以将此作为引导孩子理解游戏规则、提升游戏技巧、学习坦然面对失败的机会。比如，对孩子说"下次不论输赢，我们都要遵守规则哦""需要我帮助吗？我们可以合作哦""看，刚刚爸爸输了也没生气，很快就把倒掉的积木搭好了"。

（四）规范孩子的不恰当行为

情绪没有对错，都是可以接受的。而表达情绪的行为有对错之分，并不是所有行为都是可以接受的。家长要让孩子明白用"打人、骂人、摔东西"等行为方式表达负面情绪是不恰当的，是不被容忍和需要纠正的。然后，家长可以引导孩子通过一些较为恰当的方式来处理负面情绪，如："爸爸没有答应你买玩具，你很生气，我理解你的感受，但你滚地撒泼是不对的。""你感到嫉妒是正常的，因为妹妹受到照顾比你多，但你骂妹妹就不对了。"孩子的绘画作品被破坏了，可以生气，但是生气的表达行为是打人、毁物，就是错的，可以让孩子告诉对方："你破坏了我的作品，我很生气，希望你不要这样做。"这样既表达了自己的需要，也提出了解决问题的方法。

（五）尊重孩子的个体差异

家长要尊重孩子的个体差异，大部分孩子情绪表现外显，遇到开心的事情喜上眉梢，遇到愤怒的事情横眉冷对。但并非所有孩子都会有一致的外在表现。有的孩子好动、活泼，喜欢交往，情绪起伏较大，宁静时较少。有的孩子则安静、沉默，适应环境比较慢，情绪稳定，情绪少有大起大落。尊重孩子的个性类型，关注孩子情绪背后的需要和环境之间的平衡，而不能仅关注孩子的外在情绪表现，用成人的标准指导孩子情绪管理。例如："你这样不行，开朗点儿才能被大家喜欢。""你怎么这么胆小，你看别的男生都是勇敢的，这有什么可怕的！"

四、孩子情绪教育的误区

（一）最好永远开心，不要有消极情绪

喜怒哀乐都是人的正常情绪，没有好坏之分，即使消极情绪也有其积极意义。如：愤怒给我们勇气以保护自己的合法权益；悲伤使我们缅怀失去、珍惜拥有，同时也能向外传递需要安慰的信息；恐惧使我们调动全身力量，迅速做出如何应对危险的决定；愧疚能使人反思并弥补自己的过错等。

家长需要正确看待孩子的消极情绪，而不是把消极情绪视为不好的、不该出现的情绪。如果对孩子的消极情绪过度敏感，过度关注和保护孩子，不让孩子体验到悲伤、害怕等任何消极情绪，并不利于孩子的发展，反而妨碍孩子的社会适应能力发展。将孩子的消极情绪视作教育契机，正确引导孩子学会面对情绪，方可促进其情绪能力的良好发展。

（二）哭闹、打人就不是乖孩子

幼儿情绪表达还不成熟，当自己的要求没被满足时，容易人哭人闹、满地打滚，甚至动手打人。孩子的情绪本身没有对错之分，而是使用哭闹、打人这些做法来表达自己的情绪并不恰当。家长需要区分孩子的情绪及其表达情绪的行为，而非不恰当地评价孩子的人格或品德。

当面对孩子激烈的负面情绪时，家长需要接纳孩子的情绪，认可孩子表达情绪的权利，向孩子传递自己的理解与支持；同时，也明确自己的要求和限

定，提醒孩子表达情绪时的注意事项，引导孩子学会用更恰当的方式来表达情绪、解决问题，如："你有什么想法或不满请说出来，哭闹的话我不知道你要什么""你可以发脾气，但不能打人、摔东西"。

（三）年纪小小，能有什么烦恼

孩子年纪虽小，照样也有烦恼。如果孩子的日常消极情绪得不到疏导，家长不仅没有敏锐地觉察到，反而责怪孩子乱发脾气，那么将不利于孩子的情绪能力发展与心理健康成长。

家长要做有心人，留心观察孩子的情绪变化，及时跟他们沟通，做最好的倾听者与支持者。可以经常问孩子："今天有高兴的事情发生吗？""怎么看上去有点不开心？"如果孩子不想说也不要强迫。当孩子感受到来自家长的爱、关注与支持后，想说时自然会说的。

家长要做温柔耐心的倾听者，接纳孩子的所有情绪。孩子年龄尚小，对情绪的控制能力很弱，当情绪产生的时候，他们可能会采取一些不恰当的发泄方式，家长应加以引导，给孩子提供发泄消极情绪的良性渠道。

（四）开玩笑而已，有什么好生气的

有时家长无意间被孩子的行为逗乐，家长的笑反倒引得孩子大发脾气。这些情况，通常是引发了孩子害羞、尴尬、内疚等与自我意识相关的情绪，这些是以儿童自我意识的发展为基础的复杂情绪。当孩子产生自我意识情绪的时候，家长应当给予正确的指导，而非随意开孩子玩笑。

很多孩子都有害羞的体验，如：脸红心跳、躲躲闪闪等，此时家长应正确引导和鼓励孩子，而不是笑话他。例如，当孩子做了自己认为不好的事而感到内疚时，家长不宜继续责怪孩子，或用暴力方式解决问题，而应引导孩子找到弥补的方法，帮助其排解内疚情绪。

家长要引导孩子通过自我解嘲化解尴尬，不要因为一点小事就全盘否定自己。例如，孩子是左撇子，当他因为其他同学都用右手吃饭自己却做不到而感到十分尴尬时，家长可以教孩子自我解嘲："听说左撇子吃起饭来会更香，而且使用左手还能开发大脑潜能呢！"

参考文献

[1] 李晓巍，杨青青，邹泓. 父母对幼儿消极情绪的反应方式与幼儿情绪调节能力的关系 [J]. 心理发展与教育，2017，33（4）：385-393.

[2] 罗斯·帕克，阿莉森·克拉克-斯图尔特. 社会性发展 [M]. 俞国良，郑璞，译. 北京：中国人民大学出版社，2014.

[3] 吕建华. 儿童情绪心理学 [M]. 北京：西苑出版社，2020.

[4] 马春红. 父母对幼儿消极情绪反应方式与幼儿情绪理解能力的关系研究 [D]. 上海：上海师范大学，2010.

[5] 马歇尔·卢森堡. 非暴力沟通：珍藏版 [M]. 阮胤华，译. 北京：华夏出版社，2015.

[6] 张丽娜. 父母内隐情绪信念与儿童情绪智力的关系：有调节的中介模型 [J]. 现代基础教育研究，2021，44（4）：93-102.

[7] 张艳梅. 父母元情绪理念、内隐情绪信念对儿童的影响 [J]. 西部学刊，2022（18）：102-105.

[8] 中华人民共和国教育部制定. 3—6 岁儿童学习与发展指南，2012.

[9] 吴越，何彩琰，来祥康. 智慧家长课堂. 幼儿篇 [M]. 杭州：浙江教育出版社，2017.

（执笔：许清凝）

第 10 课

如何培养孩子的早期阅读能力

课程简介

教学对象

3—6 岁儿童家长及其他照护者

教学目标

1. 了解早期阅读的基本概念。

2. 了解孩子各阶段的发展特点及适合读物。

3. 学会指导孩子阅读的基本策略。

教学时长

120 分钟

课程框架

[**实例导入**]

一、早期阅读概述

（一）早期阅读的概念

（二）早期阅读的培养要素

    1. 阅读兴趣

    2. 阅读习惯

    3. 阅读能力

二、早期阅读的发展特点及适合读物

（一）3—4 岁孩子

    1. 发展特点

    2. 适合读物

（二）4—5 岁孩子

    1. 发展特点

    2. 适合读物

（三）5—6 岁孩子

    1. 发展特点

    2. 适合读物

（四）数字化阅读

三、早期阅读的家庭指导策略

（一）培养阅读兴趣的指导策略

    1. 将阅读游戏化

    2. 发现书中好玩的地方

    3. 充分利用公共阅读资源

（二）培养阅读习惯的指导策略

  1. 爱与陪伴

  2. 多种方法陪伴阅读

（三）培养阅读能力的指导策略

  1. 阅读中开展有质量的对话

  2. 帮助建立图与文的联系

  3. 在阅读后适当拓展经验

参考文献

课程内容

ペ [**实例导入**]

悦悦打开书本，翻了几页，一本书还没看完，就跑去玩别的玩具了。妈妈发现后把她重新叫回来："你要完整地看完一本书。"自己则在一旁忙着做家务。

原原吵着要爸爸给他讲这几天一直讲的一本图画书，爸爸诧异地问："这本书已经读了五六遍了，还没厌哪？我们换一本吧。"于是找出一本全新的图画书。

现在的家长越来越清楚地认识到早期阅读对于人一生成长的重要意义，尤其是3—6岁的孩子，正处于语言发展和阅读能力培养的黄金时段。如何培养这个阶段孩子的阅读兴趣与阅读能力，是家长们特别关注的问题。不少家长困惑：现在的幼儿读物五花八门，让人眼花缭乱。不仅有体裁各异的儿歌、故事、童话书，还有各种材质的玩具书。即便是图画书，也有科学认知、社会交往、自我成长等不同主题。到底选择什么样的书才适合孩子阅读？除了与孩子共读一本书外，还有其他易操作的策略可以培养孩子的阅读能力吗？

一、早期阅读概述

（一）早期阅读的概念

早期阅读是指0—6岁儿童通过色彩、图像、文字，并借助成人形象生动地讲读等方式来理解读物的过程，是视觉、听觉、口语和思维能力的综合活动。这个阶段的阅读，以图像为主，因此，应选择图文结合的读物，通过成人讲读和幼儿看相结合进行阅读。该阶段是幼儿自主阅读能力形成与发展的最初时期。早期阅读能够刺激儿童大脑及语言快速发展；亲子阅读还能够融洽亲子关系，促进儿童身心健康发展。

早期阅读根据幼儿年龄发展特征，分为两个阶段：第一阶段为0—3岁，是儿童阅读兴趣与阅读习惯的准备阶段。第二阶段为3—6岁，在阅读兴趣与习惯准备的基础上，同时在幼儿身体机能、认知能力、自我意识以及词汇量等多重发展周期趋于成熟的综合条件下，幼儿的阅读能力得到迅速发展。因此，3—6 岁是幼儿发展其自主阅读能力的关键期，也是早期阅读能力培养的关键期。

（二）早期阅读的培养要素

从阅读者所需具备的要素来分，早期阅读能力的培养主要包括阅读兴趣、阅读习惯和阅读能力三大方面。

1. 阅读兴趣

阅读兴趣，是指个体对阅读的主观情绪和态度。幼儿如果能体验到阅读本身所带来的快乐积极的情绪，就能唤起阅读兴趣。例如，喜欢听故事、看图画书，就是孩子有阅读兴趣的表现。阅读兴趣是一切阅读活动开始的基础，也是阅读习惯与能力培养的第一步。

2. 阅读习惯

阅读习惯，是指个体对于阅读的行为，不需要外在强制，也不需要自我警觉，就能自然而然地进行阅读的种种动作。比如，每天睡前阅读 20 分钟，能一页页地翻书看，就属于良好的阅读习惯。阅读习惯在阅读实践中养成。良好的阅读习惯对形成阅读能力、保证阅读质量、提高阅读效率、顺利达到阅读目的有着重要作用。

3. 阅读能力

幼儿时期的阅读能力，是指从阅读中获取信息并简单处理信息的能力。包括：认读，即对文字符号、画面信息的捕捉、感知和辨析；理解，即知道故事主要内容并能对阅读材料提出自己的想法；创造，即能根据故事情节或线索猜想、续编或创编。阅读能力的获得，标志着幼儿真正步入自主阅读阶段。

二、早期阅读的发展特点及适合读物

（一）3—4 岁孩子

1. 发展特点

该年龄段孩子的思维方式以直观行动思维和具体形象思维为主，只能理解直观的事物，而无法理解抽象的概念；认知面进一步扩大，总会问"为什么"，但认知能力依然有限，只能理解一些简单的科学现象；同时其社会面也从家扩展到幼儿园，从与家人相处过渡到学着与老师、同伴相处，学着去理解他人的感受，遵守班级共有的规则；自我意识开始萌发，经常会说"我不要"。

阅读视觉方面，孩子读图视觉关注水平呈不断增长趋势，主要依靠图像特征进行阅读；能根据画面说出图中有什么，发生了什么等简单信息，但把握图画中视觉关键信息的能力还相对较弱；虽然开始关注文字，也能理解书上的文字和画面的对应关系，但无法在阅读中形成文字和图画间来回有联系的注视。

这一阶段的孩子语言发展迅速，喜欢跟读韵律感强的儿歌和童谣，会主动要求成人给自己阅读；与身边人交流机会增加，理解能力增强，能听懂短小的故事；逐渐用简单的涂涂画画来表达一定的想法。

2. 适合读物

家长可以选择能够触摸、抽拉、翻转，具有较强游戏功能的书，如摸摸书、洞洞书、翻翻书等；也可以选择不同材质（大板书、布书、塑料书等）和不同形状的书；还有情节简单、画面形象、句式重复的图画书，也很受孩子的喜欢。如：《点点点》《小白的连衣裙》《鼠小弟系列》《好饿的毛毛虫》《谁咬了我的大饼》《鳄鱼怕怕，牙医怕怕》。

（1）儿歌类

家长可多给孩子提供韵律感强的贴近幼儿经验的儿歌和童谣。如：《小老鼠上灯台》《小板凳歪歪》《六十六头牛》《一园青菜成了精》等。

（2）科学认知类

家长可提供一些内容较为简单，前后主题形象一致且突出的科学知识类读物。例如，介绍某一种动物或植物，有助于孩子建立相关概念。随着孩子对科学知识类读物阅读经验的增强，可多选择一些主题形象为一类科学现象的读物。如：《蝌蚪怎样变成青蛙》《一粒小种子》《草莓长在哪里》等。

（3）社会交往类

家长可选择与家人、同伴交往主题的读物。这时的孩子容易将自己代入与自己相似的情节中，感受与不同对象交往的方式与心情。如：《小黄和小蓝》《我爸爸》《我妈妈》《我家是个动物园》等。

（4）自我成长类

家长可选择能帮助孩子建立对自己身体与身份认同的读物。如：《不可思议的身体》《独一无二的你》《自己的颜色》《我不知道我是谁》《小老鼠和大老虎》等。

（二）4—5 岁孩子

1. 发展特点

该年龄段孩子的具体形象思维尤为突出，处于掌握科学概念的加速发展期，想象需要借助丰富的经验表象；与同伴的相处频繁，试着用多种方式与同伴交往；在认识自我的基础上，开始学着接纳自己；容易受外界环境影响，情绪波动比较大，需要通过合理的方式来疏导情绪；能试着用图画和符号表达自己的愿望和想法。

阅读视觉方面，孩子在图画中提取信息的同时，关注文字的频次明显增加。在一页画面的阅读中，视觉开始有意地在画与字间联系、转换。关注到的关键信息范围迅速扩大，把握图画中视觉关键信息的能力显著提高。处于把握图画中关键信息能力发展的重要时期，慢慢地将更多的视觉关注从图画关键信息转向文字信息上。对生活中常见的标识、符号感兴趣，知道它们表示一定的意义。萌发出最初的文字意识，还会指认个别自己认识的字，并假装阅读。

这一阶段孩子的语言发展能力也进一步提升。会反复看自己喜欢的图书，主动向家长提问；喜欢把听过的故事或看过的图书讲给别人听，能大致讲出所读故事的主要内容；能根据连续画面提供的信息，大致说出故事情节。

2. 适合读物

为孩子提供具有丰富信息量的画面、适当文字量的读物，有利于在阅读中引导孩子将图与文相联系。如：《野兽国》《十四只老鼠去春游》《打瞌睡的房子》等。

（1）科学认知类

家长可选择类型多样、内容丰富的多种科学知识类读物，通过多层次多角度科学概念的输入，让孩子获得更多的科学概念。如：《需要什么》《蚯蚓的日记》《一百层的房子》《植物的种子》等。

（2）社会交往类

家长可选择与同伴交往类的读物，帮助孩子理解并丰富相关经验。如：《雪人》《三个和尚》《树真好》等。

（3）自我成长类

家长可选择与孩子经历相似的读物引起共鸣，如：《田鼠阿佛》《我喜欢自己》《奥莉薇》《没有耳朵的兔子》；也可选择一些情绪管理主题的读物，帮助孩子识别并用合理的方式对待自己的情绪，如：《情绪小怪兽》《啊——我生气了》《我和害怕做朋友》等。

（三）5—6岁孩子

1. 发展特点

该年龄段孩子处于前运算阶段。他们的思维仍旧是具体的，但明显出现了抽象逻辑思维的萌芽，不需要借助具体事物，也能掌握一些简单的抽象概念。认知方面，开始对各类事物的现象产生探究的兴趣，能运用一定的方法进行观察、注意、记忆或想象等思维活动。例如，在观察图片时，孩子能按照一定的方向或规律有序扫视。开始理解有明确逻辑顺序的图画。注意力显著提升，能专注地阅读图书，持续阅读时间也能增加至30分钟以上。社会交往已积累一定经验，感受到自己与社会的关系。自我成长上，从自我接纳过渡到自我管理，对外界事物有自己的看法。

阅读视觉方面，把握图画中视觉关键信息的能力显著提高并达到稳定水平，会准确关注到图画书中的细节。对文字的视觉关注度明显上升，6岁孩子正逐渐将文字作为阅读的重点信息，且其文字意识也比较清晰。对图书和生活情境中的文字符号感兴趣，知道文字表达一定的意义。

语言发展方面，随着词汇量的积累，以及词义理解的加深，孩子能够用清楚、连贯的语句表达，能说出所阅读作品的主要内容，并根据故事的部分情节或画面的线索猜想故事情节的发展，续编或创编故事；喜欢与他人一起谈论图书和故事的有关内容，读后能说出自己的想法。

2. 适合读物

画面诙谐，富有结构，情节出乎意料的图画书最受欢迎。家长可多增加一些民间故事和反映中国传统文化的图书，提供一些文字占比较多的图画书或是桥梁书，适当引导孩子关注文字。

（1）结构类

①对比式：内容、画风呈现强烈的对比。如：《棒棒天使》《天生一对》。

②循环式：结尾处即故事的重新开始。如：《要是你给老鼠吃饼干》《十条小鲱鱼》等。

③反复式：书中情节或语句以一种模式重复呈现。如：《老鼠娶新娘》《母鸡萝丝去散步》等。

④转折式：前后情节转变会带给孩子意想不到的惊喜。如：《青蛙小弟睡午觉》《第五个》等。

⑤递进式：对事物的描述从大到小、从少到多或是相反着排列。如：《首先有一个苹果》《打瞌睡的房子》等。

（2）科学认知类

家长可以选择现象表现方式较明确，图画形象之间逻辑关系较清晰，细节较丰富的科学知识类图书。如："神奇校车"系列，《人之初》《记事情》《池上池下》《肚子里有个火车站》等。

（3）社会交往类

家长可以提供情感与规则类的图书。如：《彩虹色的花》《猜猜我有多爱你》《大卫，不可以》《迟到的理由》《图书馆狮子》等。

（4）自我成长类

家长可以选择自我思考与管理类图书。如：《大脚丫跳芭蕾》《我的名字克丽桑丝美美菊花》《和甘伯伯去游河》等。

（四）数字化阅读

数字化阅读指的是阅读的数字化，主要有两层含义：一是阅读对象的数字化，也就是阅读的内容是以数字化的方式呈现的，如：电子书、网络小说、数码照片、博客、网页等；二是阅读方式的数字化，就是阅读的载体、终端不是平面的纸张，而是带屏幕显示的电子产品，如手机、平板电脑、笔记本电脑、掌上阅读机、MP4 等。与传统的纸质出版物相比，数字化电子出版物具有存储量大、检索便捷、便于保存、成本低廉等优点，手机、平板电脑等数字化阅读设备使用、携带方便。

3—6岁孩子的阅读，建议以纸质书为主，电子书为辅。纸质书可以提升孩子的专注力，培养孩子的阅读习惯；便于孩子深度学习，根据孩子的爱好系统选书；还方便储存，帮助孩子积累看得见的阅读资源。电子书则较容易激发孩子的学习兴趣，点读、听读、互动读，便于孩子利用碎片化时间进行趣味阅读。

阅读电子书时，要注意保护孩子视力。连续看电子书的时间，3—4岁孩子不宜超过15分钟，4—5岁孩子不宜超过20分钟，5—6岁孩子不宜超过30分钟。

电子书阅读也要注意优质阅读资源的筛选和甄别。在画面方面，要选择色彩鲜明、清新，适合孩子观看的阅读素材；在声音方面，要选择发音标准，语速、语调柔和适宜的阅读故事；在故事内容方面，要选择有趣且蕴含真、善、美，能塑造孩子良好人生观、价值观的阅读作品。

三、早期阅读的指导策略

（一）培养阅读兴趣的指导策略

1. 将阅读游戏化

对于孩子来说，玩是天性，游戏是接触外界、了解世界以及促进认知发展的主要途径。以游戏的形式进行阅读，能让孩子在轻松愉快的氛围中爱上阅读，有效地培养孩子的阅读兴趣、阅读习惯和阅读能力，为孩子自主阅读能力的形成打下基础。

（1）使用书中的现成游戏

有的图书内容就包含着游戏，家长和孩子可以一边看一边参与。比如，《点点点》就是一本好玩的书。翻开第一页，整页只有一个黄点和简单的操作指令，主角只是几个或黄或蓝或红的彩色小圆点，它们在调皮地滚来滚去，时而排队，时而变大，时而变成别的颜色。当孩子按照指令，去按、吹、摇页面上的小圆点，发现下一页的内容刚刚好就是被他按出、吹出或摇出来的样子，就会十分惊喜，然后兴致盎然地玩下去。

（2）选用相应的玩法

大多数的图书本身游戏性不强。这时就需要家长葆有一颗童心，或随机变花样带动孩子玩，或跟随孩子意愿一起玩。这里分享几种常见的玩法，有助于家长在不同的读物中灵活选用。

①手指游戏

手指游戏开展起来比较方便，家长可以在手指上画画，简单地画出故事中孩子喜欢的那个形象。比如，读《想吃苹果的鼠小弟》时，就可以在孩子的手指上画出小老鼠的五官和细尾巴，用手指配合故事情节来演绎鼠小弟。看着活灵活现的"鼠小弟"学犀牛撞、学袋鼠跳、学猴子爬的有趣模样，孩子一定会对阅读更有兴致。

②手工游戏

看了图画，读了故事，孩子有时会将阅读后的一些想法通过绘画、手工等表征活动表达出来。比如，在读完《好饿的小蛇》后，家长可以拿来纸笔，和孩子一起画一画更多变形的小蛇。"书里的小蛇吃掉那么多东西后，还会吃点什么呢？它又会变成什么有趣的样子呢？"随后和孩子一起边画边聊。不要关注孩子画得像不像，好不好，而是彼此分享小蛇吃了什么就变成什么形状的有趣想象。

③侦探游戏

当书中画面内容丰富，隐藏着某些细节时，家长可以和孩子比比眼力。如："看谁先找到画面中扎辫子的女孩""谁能发现这只杯子在哪些页面中出现过"。这些类似于大侦探的游戏，可以使孩子发现一些之前阅读时不曾注意到的小趣味和小秘密。

④角色扮演游戏

角色扮演游戏有利于加深孩子对书中角色的感受与内容的理解。家长和孩子可以直接扮演书中喜欢的角色，感受其中的亲子互动，模仿角色的表情与动作、语气和语调，把图画书中的内容表现出来。当孩子选定角色后，阅读到了孩子的那部分，他可以用说或做动作等喜欢的方式来表现。只要孩子有兴趣表演，家长就应用赞赏的目光肯定他。如果孩子有兴趣，还能扮演多个角色，家长也可以扮演其中角色参与进来，这样更能激起孩子表演的欲望，在亲子互动中也更能完整地将角色体验到底。比如,《鼠小弟的小背心》中重复着以下对话:"小背心真漂亮,让我穿穿好吗?""嗯!""有点紧,不过还挺好看吧!"3岁的孩子可以扮演鼠小弟,4岁的孩子就可以试着扮演多种动物,在模拟小背心被越穿越大的场景中,孩子和家长一定都会被逗乐。

2. 发现书中好玩的地方

（1）观察单页的图画形象

图画书最大的特点就在于它的图本身就具备了叙事功能,因此隐含了丰富的信息。孩子能从图中观察读出故事内容,发现诸多细节和秘密。比如,单页上角色形象的夸张表现,角色与角色、角色与周边环境的互动行为等。孩子倾向于关注自己比较熟悉的图画形象。

在引导孩子观察画面时,先从感兴趣的形象开始:看看他在做什么?他的表情如何?他身上有什么有趣的地方?然后,再引导孩子发现画面上的其他物体:你还发现了什么?并可通过手指指点、简单询问的方式,引导孩子观察那些可能不太容易引起注意的图画形象。

（2）感受翻页的乐趣

待孩子到4岁时,他们能将前一页和后一页的情节联系起来理解故事,能根据连续画面提供的信息,大致说出故事情节。这时家长就可以用一些小技巧来吸引孩子向后翻页,吸引孩子看看下一页上画了什么,接下来会发生什么事。

当阅读一本结构重复或有规律可循的图画书时,家长在读过三页相同句式的故事后,孩子就会发现其中的节律,并满心期待着后面出现同样的句式。这时家长可有意停顿,鼓励孩子自己向后翻一页,与孩子一起一次次地重复相同的句式。孩子会在重复的过程中,喜欢上表达,喜欢上阅读,更享受这份独特的亲子乐趣。

当阅读一本情节走向开放且有趣的图画书时,家长也可在阅读了几页孩子探究欲高涨时,和孩子一起猜测下一页的内容:下面谁来了?它会怎么样?会有什么变化?当说出猜想,看向下一页时,孩子的注意力会更聚焦,更能在画面中寻找信息验证自己的猜想,而这一过程也能带给孩子更多的乐趣。比如,在共读《我的连衣裙》时，当页画面里呈现的事物，正是下一页小白连衣裙上的图案。家长可有意地指着"花丛"说："小白走进丛，会发生什么事呢？"随后翻页指着连衣裙上的"花"说："连衣裙变成花朵花样了。"随后同样指着"雨点"和"小鸟"说："接下来小白会发生什么事？"孩子就会猜测并急着翻页验证。

还有很多图画书在不同的页面角落里隐含着很多细小的线索，家长可带着孩子重复阅读此类图画书。直到有一天，孩子突然发现这一页里的某件物品在其他页面里也出现过，他就会饶有兴致地前后翻找。

（3）发现图书间的联系

在发现同本书页面间关系的基础上，可以进一步引导孩子发现不同书间的联系。比如，《晚安，月亮》中，墙上挂的一幅画框，里面的图画正是《逃家小兔》中的一页。而《逃家小兔》家中墙上的"小牛跳过月亮"的画，在《晚安，月亮》中也有出现。这么意外的发现，将成为孩子联系性阅读的萌芽。

3. 充分利用公共阅读资源

家长可以经常带孩子去书店、图书馆、社区阅览室、农家书屋等，通过看书、选书、借书、购书，让孩子体验良好的阅读氛围，帮助孩子产生对阅读的兴趣。可以带着孩子积极参加政府部门、社会机构、社区、幼儿园等举办的各类阅读活动，拓展孩子的阅读体验，提高孩子阅读的趣味性、愉悦性、积极性、主动性。

（二）培养阅读习惯的指导策略

阅读中的正向行为，都是在阅读实践过程中慢慢坚持形成的。孩子良好的阅读习惯并非一天就能养成的。阅读习惯形成需要持续稳定的阅读时间，阅读习惯固化需要固定的阅读模式，阅读习惯培养需要家庭整体阅读氛围的配合。

1. 爱与陪伴

比起读什么，怎么读，能让孩子感受到阅读时的爱与陪伴更重要。

（1）爱的氛围

家长可以和孩子一起购置他喜欢的图书，共同打造一处亲子阅读的空间。这片空间可以是书房或者一处安静的角落，也可以只是一张书桌。空间不论大小，只要让孩子感受到这是属于自己、家人与书本的私有空间，每天能在这里选择喜欢的图书，跟随自己的节奏来读，就能慢慢形成坚持阅读的习惯。

让孩子以舒服的状态依偎在家长身边，家长用轻柔的语气、稍慢的语速，带有韵律感地把书读给孩子听，一起走进书中，阅读本身就是件美妙幸福的事。特别是在睡前的那段时间，静静的夜晚，伴着柔和的光晕和温柔的读书声，孩子与家长相依而卧，书中的人物和情节悄悄化作孩子的梦境。孩子会因为这份积极的情感体验，爱上并期待睡前的阅读时光。

（2）阅读时的陪伴

孩子可以自己拿出一本书静静地阅读，但他更喜欢家长的陪伴阅读。那是因为家长的陪伴，带给孩子的是一个安全、温暖的心理环境，而这种心境会引发孩子对阅读的兴趣，增加孩子阅读的时长，并有助于形成良好的阅读习惯。

在陪伴阅读时间的安排上，要以孩子的时间为中心，在孩子需要陪伴、适合阅读的状态下与孩子共读，而非以家长的时间为中心开展亲子共读。家长要以身作则，放下手机，全身心地陪伴孩子阅读，多使用正向积极的方式鼓励和引导孩子，成为孩子良好阅读习惯养成的示范者，营造快乐阅读的家庭环境，让孩子感受"书本即乐趣"。

2. 多种方法陪伴阅读

不同类型的读物可以用不同的方法来读。

（1）反复读

许多家长不明白，同一本书读了那么多遍，孩子还是要让家长读。有时，家长读错或读漏一个字，孩子马上就会指出来。说明孩子对阅读内容已经很熟悉了，但为什么还是要让家长反复读给他听呢？因为孩子喜欢这本书，这本书里有他想继续探寻的地方。因此，当孩子要求家长反复阅读一本书时，家长千万不要直接拒绝，否则就可能错失一个发展幼儿阅读能力的机会。可以尝试着和孩子一起，在一次次的阅读中不断寻找新的发现。

（2）代入式读

该年龄段孩子容易跟随故事的情节以及角色的情绪变化而心情起伏。当故事进入高潮时，孩子也会跟着紧张或是激动起来；当故事中的角色遇到困境时，孩子也会跟着着急，有时还会跟着一起难受地擦眼泪。因此，把孩子代入故事中阅读，能加深体验从而发现更多阅读的魅力。家长只需在每次读到故事主角时，都把他换成孩子的名字，就能自然牵引着孩子走入故事情节。家长还可以把孩子的玩具、朋友等加进故事里，孩子一定会被逗得哈哈大笑，还会期待属于他的故事接下来将如何发展。

（3）亲子合作读

当孩子对图书的内容比较熟悉时，家长还可以与孩子合作阅读。3—4岁的孩子阅读时，以家长读为主，孩子简单地配合呼应，如：简单的象声词、感叹词，或是重复家长的话等。5—6岁的孩子，则可以尝试家长说上句孩子接下句，家长说旁白孩子说对话等分工合作方式。如果孩子乐意，甚至可由孩子读给家长听。

（三）培养阅读能力的指导策略

1. 阅读中开展有质量的对话

亲子共读如果只停留在家长与孩子同看一本书的层面，那就有可能影响孩子早期阅读能力的发展。这时，家长与孩子还需要在阅读中展开有效的对话。

（1）明确对话本质

很多家长习惯于边读边问，或是喜欢在阅读几次后，让孩子复述其中的内容，这样不但打断孩子阅读的节奏，还会让孩子感到压力而对阅读产生反感。因此，围绕阅读和孩子对话，本质上是两位阅读伙伴间的交流。阅读的目的不单是从中获得知识，而是让孩子爱上阅读，养成阅读的习惯，在此基础上培养阅读思维，即能理解、质疑、思考书中的内容。因此，家长要抛却带有功利性的提问，根据图书的内容，选择孩子感兴趣的话题或主题展开对话。

（2）选取对话主题

如果孩子追问书中的一些情节，或是重复书中的一些话，那表明他对此书还意犹未尽，或是对其中的情节还有疑问，或是对其中的角色怀有特殊的情感。这时就是家长与孩子开展对话交流的最佳时机。家长可以多角度选择对话主题。比如，在阅读《月亮的味道》的过程中，家长可以和孩子一起讨论作画风格和版面设计："页面左边和右边有何不同？给你的感觉怎样？"也可讨论主题:"说不定的事,要不要做?"还可讨论情节中的困惑:"第九双眼睛来自谁?"甚至是自己的感想:"你最喜欢哪个小动物?为什么?"

（3）关注对话思维与表达

在对话中,关注孩子的思维很重要。因为明晰逻辑结构能帮助孩子理解书中内容,预期故事后续的发展,有助于阅读策略的生成。比如《停电以后》,讲述的是一个夜晚突然停电了,接下来会发生什么呢?孩子会对此话题很感兴趣,这时就要注重引导孩子思考:停电后到了屋顶发生了什么事,到了街上又发生了什么。因此要引导孩子:先选定一个地点,在这里发生了什么,说完再说下一个。

对话中关注孩子的语言表达也很重要。提高孩子口语的丰富性,是孩子基本阅读能力中重要的一方面,而对话是促进孩子口语丰富性的一个主要途径。在对话中,多让孩子发表观点,多给孩子说话的机会,当孩子语言出现过于简单、口语化的情况时,家长应给予支持性的帮助。

（4）运用阅读策略

对理解阅读内容产生重要作用的阅读策略,主要有反思、预期、质疑和假设四种。

①反思的阅读策略:是指在阅读过程中,对其中的人物或发生的事情进行某种思考;或在阅读后,对内容进行反思。这都有利于孩子对阅读内容的理解。

②预期的阅读策略:是指当孩子积累了一定的阅读经验后,在听到或看到类似的内容时,对故事的事件发展和人物的选择做出推测。这种能力可以帮助孩子在未来的阅读学习中比较快速地理解阅读内容。

③质疑的阅读策略:是指在阅读理解过程中,能经常反问"为什么",为什么他要这样做?为什么会发生这件事?为什么结局是这样?质疑有助于孩子在阅读时探究事件的发生、发展的种种原因,使孩子深入正确地理解阅读内容。

④假设的阅读策略:是指阅读之后,可以让孩子换一个条件,设想故事会如何发展,里面的角色会怎么样?假如这样会如何?假如那样又会怎么样?

2. 帮助建立图与文的联系

家长除了要引导孩子关注图画中的关键信息，也要有意识地引导孩子看一看其中的文字，以帮助孩子更好地理解图书的内容。

在看完图画后，请孩子说一说这页图画上讲述了什么内容，然后把文字读给孩子听一听，让孩子体验一下书中文字是不是更精练地表述了图画的内容。

如果孩子更多关注文字而忽略了图画部分的阅读，那么家长可以问孩子：文字说了什么？然后去找一找和文字部分相联系的图画内容。以此帮助孩子在图与文之间建立联系，让孩子逐步理解文字和图画一样，都是表达意思的一种方式，不断增加孩子对文字符号探究的兴趣。比如，当孩子看了《苏菲生气了》一书中的一幅图画，会说：苏菲太生气了，嘴里都喷出火了，火大得把房间里的玩具都烧了。随后家长读文字：她发出火红火红的咆哮。这时，孩子就会对"咆哮"产生形象的感知，并且意识到书面文字表达精练的特点。

3. 在阅读后适当拓展经验

（1）适时提问

家长何时提问，提什么问题，都应基于孩子的阅读状态。如果家长在阅读中向孩子提问，孩子不作回答或没反应，或许是因为他的兴趣点在阅读上，不想被提问所打断，或许是因为提问过于简单或困难，家长就应暂停提问。建议在阅读完一本书后，尝试提出一些问题，如果孩子愿意，便可讨论下去。

阅读后的讨论，可以从以下四个方面入手。

①关于图书的设计元素。如：这本书封面上有什么？环衬上的图案是什么？书里有没有发现什么小秘密？

②关于图书的内容。如：主角是谁？发生了什么事？结果怎么样？你从哪里看出来的？

③关于孩子的感受。如：你喜欢书中的哪个角色？为什么喜欢？书中让你印象最深刻的是什么？

④关于经验联结。如：之前哪本书里也出现过这个图案？那本书里讲了什么？

家长和孩子不需要在一次阅读中就讨论所有问题，可以基于孩子当前的状态和兴趣，围绕两三个问题展开讨论。

（2）拓展经验

家长要为孩子提供具象化的支持。当阅读与孩子的生活经验发生联系，他们就能更全面地理解图书的内容，从而进一步拓展源于阅读的经验。

①为复述提供支持

不少家长都会在阅读之后，让孩子复述故事内容。但对于孩子来说复述是有难度的。只有在反复阅读熟悉内容的基础上，孩子才有可能复述。家长应为孩子连贯完整的复述提供支持，以降低复述的难度。比如，提供关键词或画面，帮助孩子回忆与联想。有时候孩子不擅长用语言复述，可以支持孩子用绘画、表演等喜欢的方式表达自己对图书内容的理解。

②开展真实体验

阅读内容或多或少都源于生活，孩子积累的生活经验也影响着他们对阅读的理解。一方面，家长应在平时多带孩子接触外面的世界，获得真实的生活体验，孩子在阅读时就能联想到生活中相关的经验，既帮助自己理解图书内容，又有助于和家长深入讨论。另一方面，家长也可以在阅读前后，依据图书内容带孩子进行针对性的生活体验。当再读这本书时，孩子脑海中自然能浮现出相关画面。

参考文献

[1] 周兢. 点亮人生：3—6岁儿童早期阅读与教育 [M]. 深圳：海天出版社，2017.

[2] 陈苗苗. 1000天阅读效应2：3—6岁各项能力发展特点及选书用书攻略 [M]. 北京：中国妇女出版社，2021.

[3] 松居直. 幸福的种子 [M]. 刘涤昭，译. 南昌：二十一世纪出版社，2013.

（执笔：田露雯）

第 11 课

如何培养孩子的学习品质

课程简介

教学对象

3—6 岁儿童家长及其他照护者

教学目标

1. 了解学习品质的概念、结构、价值和影响因素。

2. 掌握培养孩子学习品质的一般策略。

3. 重视培养孩子的学习品质。

教学时长

90 分钟

课程框架

[实例导入]

一、学习品质的概述

（一）学习品质的概念

（二）学习品质的结构

  1. 好奇心和学习兴趣

  2. 积极主动

  3. 认真专注

  4. 不怕困难

  5. 敢于探索和尝试

  6. 乐于想象和创造

（三）学习品质的价值

  1. 学习品质的内在价值

  2. 学习品质是学习的基础

  3. 良性发展循环圈的起点

二、学习品质的影响因素

（一）遗传因素

（二）家庭因素

（三）幼儿园因素

三、培养学习品质的策略

（一）以身作则 榜样示范

  1. 关注良好的学习品质

  2. 发展个人的兴趣爱好

（二）科学教养 适宜支持

  1. 创设良好的家庭环境，鼓励孩子自主选择

  2. 做好"退后一步"的支持，赋能孩子自主发展

（三）正确评价　强化效果

    1. 运用学习品质进行评价

    2. 减少对结果的评价

    3. 慎用外在奖赏

（四）利用游戏　促进发展

    1. 游戏对于孩子的意义

    2. 在游戏中培养学习品质

    3. 亲子游戏推荐

参考文献

课程内容

🧍[实例导入]

3 岁的满满看到水沟壁上有一颗螺蛳。他先用树枝把螺蛳刮落，再试着用树枝把螺蛳捞上来，可是反复尝试了好多次都没有成功，但他没有放弃。5 岁的光光看见了，也试着用树枝捞螺蛳，试了几次也没有成功。光光看到满满的树枝比自己的长，便对他说："我跟你换一下树枝，我就能把它捞上来。"满满对比了两人的树枝，摇摇头。"你的树枝比我的长，长的树枝才能把它弄出来。"光光着急地解释。满满虽然不舍，但还是进行了交换。两人拿着树枝又开始努力地捞螺蛳。

此时，满满的妈妈走过来说："满满，不要玩这个了，这有什么好玩的。妈妈给你拿了水枪，快点来玩水枪。"说着就拉起满满。满满看了看小水沟，便接过水枪玩起来。光光见状也被吸引，扔下树枝去玩水枪了。

类似上述实例中的场景在日常生活中经常发生。当孩子蹲下来专注地观察小蚂蚁搬食物时，家长会为了赶时间而不停地催促；当孩子对马路上挖掘机的工作充满好奇时，家长却不愿停下脚步陪孩子观察。实例中的满满妈妈，用一句负面评价"这有什么好玩的"，便否定了孩子的兴趣和热情，打断了孩子的探究过程。殊不知两个孩子尝试如何用树枝捞螺蛳的过程，蕴含了极其丰富的学习内容，是培养良好学习品质的好机会。

一、学习品质的概述

（一）学习品质的概念

学习品质，是个体在学习过程中表现出的相对稳定的学习倾向、风格、态度、习惯等，是幼儿在学习实践过程中的整体心理特征的总和，包括学习态度、学习习惯、学习方法、学习能力、学习行为等诸多要素。

幼儿期是学习品质养成的最佳时期。学习品质不是指幼儿所要获得的那些具体的知识、技能本身，而是指幼儿自己怎样去获得各种知识、技能。在上述的实例中，重要的不是满满和光光是否能用树枝将螺蛳捞上来，而是他们在这个过程中如何有热情、有计划地面对这一挑战；重要的不是掌握用树枝捞螺蛳的技能，而是他们如何思考、如何面对失败、如何为了解决问题而进行自我调节等。忽视幼儿学习品质的培养，单纯追求掌握知识技能的做法是短视而有害的。

（二）学习品质的结构

教育部颁布的《3—6 岁儿童学习与发展指南》明确提出："重视儿童的学习品质"，认为学习品质"是终身学习与发展所必需的宝贵品质"。它对学习品质的结构做了明确的说明，将其划分为两个维度：积极态度和良好行为倾向，具体包括好奇心和学习兴趣、积极主动、认真专注、不怕困难、敢于探索和尝试、乐于想象和创造等良好学习品质要素。但并不是说好的学习品质就只有这些，很多研究者也会将反思、解释、计划等作为学习品质的要素。

1. 好奇心和学习兴趣

好奇是人的一种本能，而兴趣更多的是受后天环境的熏陶、培养的结果。幼儿的好奇心和学习兴趣通常指幼儿有寻求新信息的兴趣，对新知识很敏锐，渴望学习等。幼儿表现出对新的人、事、物有进一步学习、探索的兴趣，对新东西的倾向程度也能反映他的好奇心和学习兴趣的程度。幼儿喜欢这里摸摸，那里看看，这个尝尝，那个咬咬，运用多种感官与"新"东西进行互动和交流，收集编码信息，创造属于个体独一无二的经验。

幼儿面对自然事物的态度，也是幼儿好奇心和兴趣的表现形式之一。实例中的满满对树枝、小水沟、螺蛳产生的兴趣，引发他与树枝、水、螺蛳进行互动，就是在这样的互动过程中，他认识了周围的世界、认识了自我与环境的关系等，并对发现或获得新知识感到满足，逐渐表现出个人的兴趣和爱好。

提问也是幼儿好奇心和学习兴趣的重要表现形式。有的幼儿经常提问，有的幼儿较少提问。有的提"是什么"的问题，有的提"为什么"的问题，有的提"怎么样""怎么办"之类的问题。有的幼儿提问质量比较高，表明其思维参与程度比较高。有的幼儿只会提出问题，习惯于从别人那里获得答案，而有的幼儿提完问题后，还会自己探索答案，甚至通过查阅图书、对比等各种方式来验证自己的答案。

2. 积极主动

主动性，是指幼儿在面对任务时表现出来的积极程度。每个人天生具备学习的主动性，正如皮亚杰认为，学习根深蒂固地存在于人的生物本能之中，就像天赋观念被编写进遗传密码一样。作为家长，要保护、珍视儿童的这一主动性。

幼儿学习积极主动的重要表现之一是面对任务的态度。例如，幼儿是否愿意接受任务，是否愿意参加各种学习活动，在学习新东西时是否主动投入等。当幼儿面对的是自己喜欢的、愿意接受的任务时，总能表现出较大的积极性；当幼儿面对的不是非常喜欢的，但是必须完成的任务时，如：收拾、整理玩具等，或者面对具有一些难度、有一定挑战性的活动时，如：唱歌比赛、幼儿主持等，幼儿的参与性和投入度就更能反映出幼儿的主动程度。

另一个考察幼儿学习主动性的角度是他们的目标意识，包括设立目标、形成计划、实施计划的能力。例如，幼儿为了能够晚饭后准时与小伙伴一起骑平衡车、练习跳绳，会提前让妈妈准备晚饭，吃饭的速度也比往常更快一些。可以说，目标是幼儿积极主动的核心要素，他们有计划意识，能够制订计划并根据计划行动，既是幼儿学习积极主动的表现，也是幼儿有良好习惯的表现。

3. 认真专注

专注，是指在一定的时间内，个体的心理充分指向并集中于当时应当指向和集中的对象上的注意状态。当幼儿专注于某一事物时，通常会有明显的外部表现，如：凝视、倾听、持续地去做任务等。比如实例中的满满和光光反复地尝试用树枝捞螺蛳，整个过程持续了较长的时间，这就是认真专注的表现。

关于幼儿的认真专注，除了可以考察认真专注的时间长短外，还可以考察认真专注的程度。例如，是否需要成人提醒、督促；活动过程中是否有不专心的行为表现，如：东张西望、做小动作等。还要注意区分幼儿当时的活动类型。对于幼儿痴迷的活动，如：看动画片、打电子游戏，幼儿自然会相当专注。考察幼儿的积极专注程度，是要考察其在那些需要付出努力、需要专注才能完成的活动中的表现。

4. 不怕困难

不怕困难，通常指幼儿面对具有挑战性的任务时，能够坚持下去，忍受挫折，克服困难并获得积极效果。实例中的满满和光光在捞螺蛳的过程中，多次失败仍没有放弃，而是继续尝试其他方法，这就是不怕困难。

当然，"不怕"非常明确地指向态度、行为倾向，但如果幼儿完全不具备克服困难的知识、方法或能力，那么"不怕"就是盲目的，也是无用的。例如，一名刚刚搬完新家的孩子，因为在小区里没有认识的朋友而感到沮丧。如果家长只是不断地说"别怕""勇敢地去交个新朋友吧"之类的话，那么这样的鼓励和支持就是空洞的，也不利于孩子养成不怕困难的学习品质。因此，不怕困难的学习品质要与培养幼儿的关键能力相结合。

5. 敢于探索和尝试

幼儿具备初步探究能力，能对事物和现象进行比较，发现其相同与不同，能根据观察结果提出问题，并大胆猜测答案，能通过简单的调查收集信息，能用图画或其他符号进行记录。例如，幼儿会观察发现花园里的不同颜色和大小的太阳花；他看到一朵花蕾比较大，会猜测明天早上它会不会开放；看到妈妈每天早上用喷壶给花朵浇水，也学着用洒水壶给花园里的花浇水；把喜欢的花园画进自己的涂鸦作品跟家人分享。

这些能力为幼儿敢于探索和尝试的学习品质奠定了能力基础。幼儿天生喜欢探索，在支持性的环境中就会变得越来越敢于探索和尝试，并在探究中认识周围的事物和现象。比如，实例中的满满和光光，观察树枝长短，思考树枝不同的用途，并积极尝试用长短不同的树枝捞螺蛳。

6. 乐于想象和创造

想象力，指的是幼儿通过思考、联想和构思来创造新想法、新形象或新场景的能力。创造力，则是指幼儿通过创新思维和独立思考，将想象力转化为实际行动和实际成果的能力。想象力和创造力都是幼儿发展思维、表达自我和解决问题的关键能力。

幼儿具备丰富的想象力和创造力，因为他们对万事万物没有一个固定的认知。例如，在幼儿眼中，树枝既可以是捞螺蛳的"勺子"，又可以是战斗的

"宝剑"；既可以是手中的"画笔"，又可以是飞上天空的"火箭"。通过想象，孩子能够用语言、动作、绘画、表演等方式创造出独特的事物，从中收获进步和成功，提高自信心。同时，孩子在创造过程中，不断尝试新的事物和方法，变得越来越积极、主动和享受想象与创造，由此掌握更多的学习能力。

（三）学习品质的价值

学习品质在幼儿期开始出现和发展，渗透于语言、社会、科学、艺术等领域的学习与发展中，对幼儿现在与将来的学习都具有重要影响。良好的学习品质不仅有利于幼儿的入学准备，也能够使幼儿获得更好的社会适应能力，促进幼儿社会交往能力的发展。

1. 学习品质的内在价值

当幼儿沉浸在探索周围世界的情境中，愉悦感、满足感包裹着他幼小的身心，这种积极的体验是其学习与发展的内在动力，带给他不断探寻、不断与世界交流、不断构建自我的经验，是未来进一步主动学习的起点，也是终身学习的基础。这是学习品质最重要、最本质的价值，它对幼儿的影响是贯穿整个未来的。

2. 学习品质是学习的基础

有研究表明，学习品质有助于提升幼儿的认知技能和学习能力。幼儿的好奇心有助于增强其记忆力、理解力。学习兴趣能使幼儿积极主动、心情愉快地去进行学习。幼儿具有更强学习动机、投入度、自我调节能力、解决问题的灵活性，则更有可能取得更高的学业成就。

3. 良性发展循环圈的起点

学习品质会让幼儿拥有更多的知识、技能和能力，对其社会性和情感发展也有积极重要的影响。通过外界给予的积极评价，促进其更积极主动地投入学习，形成一个良性成长和发展的循环圈。

二、学习品质的影响因素

（一）遗传因素

由于遗传的原因，每个幼儿都会表现出不同的气质类型、学习风格等。气质类型一般分为多血质、胆汁质、黏液质、抑郁质。相比胆汁质，黏液质的幼儿在专注和坚持性上表现得更为出色。学习风格也会影响幼儿的学习品质。幼儿天生具有运用视觉、听觉或身体处理信息的倾向。有的擅长通过"听"来进行学习，有的更擅长通过"看"来进行学习，也有的喜欢边活动边学习。

虽然这些因素与生俱来，但并非固定不变。在尊重孩子个体差异的同时，家长可以通过有目的地提供机会培养孩子的学习品质。比如，有些孩子生性胆小，不愿意尝试新鲜事物，如果家长能够鼓励他多探索，他可能会在一定程度上转变这一风格。

（二）家庭因素

多项研究表明，家庭学习环境、夫妻关系、夫妻参与和亲子互动的质量、家庭教养方式等因素，对培养孩子的学习品质至关重要。

当孩子身处温馨和谐的家庭氛围，拥有良好的亲子关系，被科学民主的家庭教养方式养育时，其爱与归属的需求可以被满足，他拥有足够的安全感、依恋感，就会表现出更强的坚持性、好奇心，能积极主动地、充满热情地探索外部世界，同时也比较愿意接受父母的指导，学习父母较好的学习态度、方法和策略，从而发展出比较好的学习品质。

反之，当孩子得不到父母的悉心养育，或父母关系紧张、存在冲突，他们会过度依赖父母，感觉不安全、紧张或者害怕，大脑资源会优先被调用在处理情绪上，而不是探索与学习相关的活动，其主动性、投入度和坚持性会比较差，学习策略也表现得不够灵活。

（三）幼儿园因素

幼儿园是影响幼儿学习品质发展的一个重要因素，包括幼儿与老师的关系，幼儿园环境、课程和教学方法等。如果老师特别温和、细心，积极建立有共同愿景的充满关爱的班集体，让幼儿有归属感和认同感，那么幼儿会积极参与活动和学习。反之，老师冷漠、严厉，缺乏尊重和耐心，则会让幼儿觉得不安全，怕自己出错，降低参与活动的积极性。

幼儿园环境也具有教育功能。老师在布置班级环境时，要设置具有引导性且促进幼儿专心活动的空间环境，建立有秩序的活动规则，开展幼儿可以主动参与的游戏活动等，并且在教学活动和生活中提供适宜的、具体的示范。

同时，幼儿园课程符合国家标准，课程目标指向学习品质的培养，课程内容包含促进学习品质的活动，课程实施关注幼儿学习品质的发展，这些也都是培养孩子优良学习品质的基本保证。

三、培养学习品质的策略

虽然有多种因素会影响幼儿的学习品质，但是家庭的影响显然是最显著的。

（一）以身作则　榜样示范

1. 关注良好的学习品质

《3—6岁儿童学习与发展指南》指出："忽视幼儿学习品质的培养，单纯追求知识技能学习的做法是短视而且有害的。"例如，家长要求孩子背诵乘法口诀，这种"被动灌输"式学习忽视幼儿原有的知识经验，对孩子来说意义甚微，不仅挫伤其学习积极性和主动性，而且容易形成学习无能感等消极学习品质。因此，家长要树立"学习品质培养优先"的理念，对学习品质的关注要高于学习内容。相对于掌握知识的数量和速度来讲，培养孩子的积极态度、积极情感、方式方法和自主性与创造性等学习品质更为重要。

当家长关注并表现出积极的学习品质，孩子就会模仿这一行为，从而养成积极的学习品质。如果家长饶有兴致地观察地上的"蚂蚁搬家"，或对落叶的颜色变化发出感慨，求知若渴地阅读书籍，孩子就会看到家长的好奇、耐心和热情。如果家长持久专注地工作，积极和灵活地应对所有困难完成任务，孩子就会看到家长的专注和投入、不怕困难，也会发展出类似行为和品质。这些良好的学习品质，会渗透入孩子在语言、社会、科学、艺术等各领域的具体学习活动中。

2. 发展个人的兴趣爱好

家长有益的兴趣爱好对孩子学习品质的养成产生积极影响。如果家长拥有某一方面的兴趣或爱好，往往无形之中会呈现出坚持、专注、积极投入这些良好的学习品质，给孩子树立良好的榜样。值得注意的是，家长不可给孩子贴上

"他只对某某事物感兴趣"或者"他对某某事物不感兴趣"的标签，而应积极发掘孩子的兴趣点，并以此为依托来强化和支持孩子学习品质的发展。

家长完成一些任务时，把自己的感受大声说出来，例如，"虽然手有点累，但我完成了作品，如果这里多涂一些绿色，森林就会更茂密了"，这种"成长型"的心智模式，即相信一个人的能力不是天生和固定的，是可以通过学习塑造和成长的，能够激发孩子自主探索和学习的热情，并积极享受付出努力和完成任务带来的满足感，从而发展出自己的兴趣爱好。

[案例] 家有巧手

家里的电器出现故障的时候，欣欣的外婆总是会自己动手维修。在她的影响下，有一次电扇坏了，欣欣就把电扇拆开，研究出现故障的原因，并尝试进行修理，因此得到了家长们的鼓励和赞扬。欣欣变得越来越喜欢动手探索，在小学阶段就喜欢动手制作各种科技小制作，如升降机、浇花器等等，获得了小小发明家等荣誉。正是因为外婆潜移默化的影响，欣欣的学习品质有了很大提升。

（二）科学教养　适宜支持

研究表明，使用"权威型"教养方式的家庭中的孩子更具有浓厚的学习兴趣和内在动机。权威型家长会给孩子提供更为宽松、自主、多元的环境和选择，尊重孩子自身的意愿，不会将自己的主观愿望强加给孩子，尊重孩子的权利、想法和愿望。

1. 创设良好的家庭环境，鼓励孩子自主选择

家长应努力创设良好的家庭环境，让孩子在快乐宽松、民主宽容、充满爱心的家庭氛围中健康成长，保证孩子自主选择的机会和权利，保护、欣赏孩子独特的想法，支持和鼓励孩子的探索行为。例如，鼓励孩子大胆提问和想象，认真对待他的问题，引导他猜测问题的答案。有条件的家庭，可以针对孩子的问题做一些简单、有趣的小实验。

孩子在想象、探索和创造中，家长要接纳和欣赏孩子的奇思妙想，理解孩子是在"做"的过程中学习的。即使孩子做得不好，甚至失败，家长也不要指责，要用积极的语言、行为进行鼓励，而不是干扰他的好奇心、兴趣和热情，

或打压他主动参与的愿望和积极性。

2. 做好"退后一步"的支持，赋能孩子自主发展

孩子天生就具有好奇、兴趣、探究、想象等学习品质。这些品质如果得到恰当、适宜的支持，就会加强；反之，则可能会削弱。家长应为孩子创设各类环境、提供积累各种经验的机会和"退后一步"的支持。"退后一步"并非放任不管，而是细致地观察孩子在这项任务和活动中的表现，进而决定是否提供支持以及提供怎样的支持。

[案例]搭恐龙

雷雷正在用积木搭一只大恐龙。他很快搭好了恐龙庞大的身体和尾巴，但怎么搭恐龙的大舌头难住了他。看着不成形的作品，他急得哇哇大哭。妈妈见状说："不要哭了，让爸爸搭一个厉害的给你！"

爸爸走过来，先肯定和赞美雷雷"恐龙的身体和尾巴搭得这么好"，接着询问他遇到什么困难。雷雷从爸爸的话语里感受到力量，开始动脑筋说："舌头的位置和大小跟这只恐龙不配！"爸爸继续引导："那你往后退几步，看看恐龙的脑袋，从哪个位置搭舌头最合适？"然后拿了几块积木让雷雷比大小，确定要选用的积木类型和数量。雷雷在爸爸的支持下，很快完成了作品。

家长要避免包办代劳，或者过早、过多地指导和干预，这样会剥夺孩子体验挫折、反思与尝试，以及在波折中获得成就感的机会。当然由于孩子各方面能力尚有不足，在完成有挑战性的学习任务时，可为孩子提供适宜的帮助和支持。需要特别提醒的是，家长的目的不是仅仅让孩子取得成果，而是引导孩子持续学习，并最终让孩子从这一过程中获得成就感和满足感。

（三）正确评价　强化效果

1. 运用学习品质进行评价

很多家长一说到评价，可能就想到夸赞孩子，如"画得真好""唱得不错"等。其实，家长更应该评价孩子在学习过程中表现出来的学习品质。如："你刚才画画的时候很专心""你刚才遇到困难的时候没有放弃一直坚持"。当孩子在练琴的时候，不要只说"这首曲子弹得不错"，而应该说"爸爸看到你刚才弹钢琴时非常认真和专注，真棒！"。当孩子创造性地解决问题，不要简单地

说"孩子，你真聪明"，而应该说"孩子，当你遇到困难的时候，没有放弃，一直在坚持，妈妈觉得你真棒！"。当家长用学习品质正向评价的时候，就能够进一步强化孩子学习品质养成。

2. 减少对结果的评价

有的家长过度关注孩子的学习结果，而忽视孩子在学习过程中表现出来的学习品质。比如，有的家长看到孩子的字写得歪歪扭扭的，便开始数落孩子，对孩子在书写过程中的认真专注、遇到困难不放弃的优秀品质却视而不见。

3. 慎用外在奖赏

研究表明，如果成人过度重视外部奖赏，就会破坏孩子内在动机的发展。因此，家长要慎用外部奖赏，要让孩子在学习过程中体验到成就感，才能激发孩子的内在动机。

什么样的学习任务是能够体验到成就感呢？根据心理学家维果茨基的"最近发展区"理论，合适的学习任务难度是孩子能够"跳一跳够得着"，太难或太简单的任务都无法激发孩子的内在动机，体验成就感。同时，当孩子在学习过程中遇到困难时，家长的鼓励和适时支持非常重要。

（四）利用游戏　促进发展

1. 游戏对于孩子的意义

对孩子而言，游戏是其生活和学习的重要方式。孩子在各类游戏的情景和角色扮演中，获得学习品质的发展。例如，传统的拼图、棋类游戏不仅仅能够开发孩子智力，还具有了解孩子思维方式、学习风格的意义，更具有培养孩子如何面对困难、如何自我调节，以及发展孩子专注力、坚持力等学习品质的价值。

2. 在游戏中培养学习品质

在游戏的初始阶段，孩子通常面临玩什么、怎么玩、在哪里玩、和谁玩这些问题，这正是培养孩子主动性、计划性的重要时机。在游戏的持续开展阶段，孩子如何与他人互动、如何面对问题、如何产生新想法等，也关系到学习品质的培养。在游戏的结束环节，孩子对玩具、场地的收拾、整理，对自己游戏行为的思考，对他人游戏行为的解释等，也是培养学习品质的重要方面。

在游戏活动中,家长应满足孩子的需求以及喜好,既要强调游戏应该是孩子自己的游戏,孩子在游戏中应是自主、自由的,也要强调孩子的游戏应该得到成人恰当的支持、引导。

3. 亲子游戏推荐

下面推荐几个促进孩子学习品质发展的游戏,家长可以陪孩子一起玩,鼓励孩子独立完成。在游戏过程中,家长注意观察孩子的表现,适时予以引导。

[游戏]迷宫赶球

游戏目的:增强孩子的坚持性和自控力。

游戏玩法:

①用胶带在地上贴出一个迷宫,当中可以设置一定的机关、障碍。

②请孩子用细杆推着小球走出迷宫。

[游戏]为瓶盖找朋友

游戏目的:增强孩子克服困难、自我调节的能力。

游戏玩法:

①将大大小小的瓶子、罐子与盖子分开。

②请孩子进行大小配对,并拧上盖子。

[游戏]分豆子

游戏目的:增强孩子的专注力和坚持性。

游戏玩法:

①将红豆、绿豆、黄豆混合在一起。

②请孩子根据颜色进行分类,并放置在不同的小碗中。

[游戏]小猫钓鱼

游戏目的:增强孩子的自控力和坚持性。

游戏玩法:

①将彩纸剪成小鱼形状,把回形针别在小鱼上。

②用木棍和绳子做成"鱼竿",磁铁做成"鱼饵"。

③请孩子拿着鱼竿钓鱼,用磁铁吸住小鱼身上的回形针。

参考文献

[1] 索长清. 幼儿学习品质之概念辨析 [J]. 学前教育研究，2019（6）：35-44.

[2] 教育部基础教育司. 3—6 岁儿童学习与发展指南 [Z]. 2012.

[3] 鄢超云，魏婷.《3—6 岁儿童学习与发展指南》中的学习品质解读 [J]. 幼儿教育（教育科学），2013（18）：1-5.

[4] 范洁琼，李琳. 家庭环境与学前儿童学习品质：父亲与母亲的不同影响 [J]. 幼儿教育（教育科学），2022（18）：38-44.

[5] 兰晶，温恒福. 培养儿童积极学习品质的有效策略 [J]. 教育科学，2018，34（1）：49-53.

[6] 马里奥·希森. 热情投入的主动学习者——学前儿童的学习品质及其培养 [M]. 霍力岩，房阳洋，孙蔷蔷，译. 北京：教育科学出版社，2016.

[7] 艾莉森·高普尼克，安德鲁·梅尔佐夫，帕特里夏·库尔. 孩子如何学习 [M]. 林文韵，杨田田，译. 杭州：浙江人民出版社，2019.

[8] 艾莉森· 高普尼克. 园丁与木匠 [M]. 刘家杰，赵昱鲲，译. 杭州：浙江人民出版社，2019.

（执笔：赵娜）

第 12 课

如何培养孩子的
自理能力

课程简介

教学对象

3—6 岁儿童家长及其他照护者

教学目标

1. 了解孩子自理能力的具体内容、发展特点及其影响因素。

2. 掌握培养孩子自理意识与提升自理技能的有效策略。

3. 积极主动支持孩子自理能力发展。

教学时长

90 分钟

课程框架

[实例导入]

一、自理能力的概念与内容

（一）自理能力的概念

（二）自理能力的内容

二、自理能力的发展

（一）幼儿自理能力发展特点

（二）幼儿自理能力发展要求

    1. 着装

    2. 盥洗

    3. 餐饮

    4. 如厕

    5. 睡眠

    6. 整理

（三）自理能力发展影响因素

    1. 幼儿因素

    2. 家庭因素

三、自理能力的培养策略

（一）更新生活自理观念，统一家庭教养方式

（二）布置生活自理培养角，提供支持性家庭环境

    1. 创设有准备的物质条件

    2. 创设丰富的精神环境

（三）提高生活自理意识，激发生活自理动机

    1. "我自己来"

    2. "我可以的"

    3. "我是好孩子"

（四）结合儿童发展特征，提高生活自理技能

　　1. 示范讲解法

　　2. 游戏练习法

　　3. 儿歌故事法

　　4. 表扬鼓励法

参考文献

课程内容

👤 **[实例导入]**

3 岁的庆庆活泼可爱，可是每次吃饭都让全家人伤脑筋。他从来不好好坐下吃，要么边玩边吃，要么边看电视边吃。为了让他多吃一点，妈妈和奶奶跟在后面追着喂，吃完一顿饭要花很长时间。

3 岁左右的孩子开始产生了自我意识，让他们完成日常生活中简单的事，可以满足这个年龄段孩子独立的诉求，有助于其自理能力的发展，逐步提升其环境适应能力，进一步提高其自信心、责任感，为以后的身心健康发展奠定重要的基础。

一、自理能力的概念与内容

（一）自理能力的概念

自理能力，是个体能独立完成日常生活事项的能力，即自己料理个人生活、自己管理自己的能力，这是每个人能够独立在社会上最基本的能力。

自理不仅包含日常生活中对自我多样化生活需求的满足，也包含自身思想认识的提高和价值理念的进一步发展。对自理的理解应包括以下两层内涵：其一是在行为层面，要学会自己的事情自己做，学会自我管理和自我服务。其二是在意识层面，要有独立性，勇于承担起自己的责任，防止养成依赖他人的习惯。

（二）自理能力的内容

自理能力是幼儿在生活上走向独立的首要步骤，也是个人能够在社会中独立生存的主要标志。教育部颁布的《3—6 岁儿童学习与发展指南》指出：要帮助幼儿养成生活与卫生习惯，具有基本的生活自理能力。幼儿自理能力的内容以生活中必备的基本技能为核心，具体指向幼儿在一日生活中能自己照顾自己、完成力所能及的事情，其生活技能主要包括着装、盥洗、餐饮、如厕、睡眠、整理六个方面（见表 1）。

表 1　幼儿生活技能分类表

生活技能	具体内容
着装	掌握基本的穿、脱、叠、放衣鞋的技能，培养独立着装的能力和习惯。
盥洗	学习并掌握洗手、洗脸的顺序和方法，自觉遵守盥洗的规则。
餐饮	了解基本的食物和营养知识，掌握基本的进餐技能和用餐、饮水习惯。餐后有序整理、擦嘴及漱口。
如厕	逐步培养按需、按时大小便的习惯，尝试进行自我清洁和整理。
睡眠	保持正确的睡眠姿势和睡眠习惯，独立入睡。
整理	整理自己的物品，有序分类摆放。

二、自理能力的发展

（一）幼儿自理能力发展特点

随着年龄的增长和身心的发育，幼儿逐步获得了生活技能技巧，并且在完成速度和质量方面日益提高。

美国高瞻计划课程专家安·爱泼斯坦从自理能力高低、自理意识强弱以及是否从自我服务发展到照顾他人这三个维度，将幼儿自理能力发展分成初级、中级和高级三种水平（见表 2）。

表 2　幼儿自理能力水平分级

初级	中级	高级
1. 在所有或大多数的个人生活自理技能上都需要帮助（例如，等待成人帮忙穿衣服）。 2. 尚未或者很少显示出对于生活自理的兴趣。	1. 能够自己完成一些生活自理的任务或内容，在需要时寻求帮助（例如，自己穿上衣，但是在穿鞋子时寻求帮助）。 2. 观察和模仿其他儿童的生活自理行为。	1. 能够完成大多数的生活自理内容（例如，自己穿外套、穿鞋子、戴帽子、戴手套，不需要或者很少需要帮助）；耐心学习以掌握新的生活自理技能。 2. 帮助其他同伴进行生活自理。

幼儿自理能力的发展遵循依赖他人—自我服务—为他人服务的发展路径。

3 岁以下的幼儿更多表现为依赖成人，在成人的帮助下学会初步自我服务。

4 岁以后的幼儿初步学会了自我服务技能，体验到自我价值，从生理和心理上具备了为他人服务的条件，以及为他人服务的热情和能力；喜欢参与成人的劳动，在家里会扫地、擦桌子、整理自己的物品，在幼儿园承担值日、动物喂养和自然角种植等劳动；初步理解一些为他人服务的社会意义，从承担个人责任逐渐跨越到承担社会责任。

（二）幼儿自理能力发展要求

由于生活环境、自我服务意识等因素，3—6岁幼儿的自理能力表现出明显的个体差异。

根据幼儿动作技能、心理发展等特点，结合《3—6岁儿童学习与发展指南》等文件精神，下文将幼儿生活技能的具体要求进行归纳。

1. 着装

帮助幼儿掌握基本的穿、脱、叠、放衣鞋的技能，培养幼儿独立着装的能力和习惯，知道保持自身衣物整洁和根据天气冷暖添减衣物。幼儿"着装"技能目标见表3。

表3 幼儿"着装"技能目标参照表

"着装"技能项目	分年龄技能目标		
	3—4岁	4—5岁	5—6岁
穿脱衣服	在别人帮助下能穿脱衣服，学习自己穿脱套头衫和裤子。	能自己穿脱衣服，分清衣服、裤子的正反面。	能根据冷热自主增减衣服。
穿脱鞋袜	在别人帮助下能穿鞋袜，能自己脱鞋子、粘鞋扣。	能够熟练穿脱鞋袜，基本正确区分鞋子的左右脚。	会自己系鞋带。

2. 盥洗

盥洗不仅能使幼儿的皮肤保持清洁，增强抵抗力，养成爱清洁、讲卫生的好习惯，还是培养幼儿自身清洁习惯和生活自理能力的一个重要方面。幼儿"盥洗"技能目标见表4。

表4　幼儿"盥洗"技能目标参照表

"盥洗"技能项目	分年龄技能目标	
	3—4 岁	4—6 岁
盥洗前	知道手脏要洗手,洗手前在成人的帮助下挽袖子。	洗手前会挽袖子。
盥洗时	在提醒下,饭前便后能洗手。	饭前便后能主动洗手,方法正确、节约用水。
盥洗后	自己用毛巾擦干。	自己用毛巾擦干,洗手后会撸袖子。

3. 餐饮

幼儿餐饮方面的发展要求有很多,包括了解基本的食物和营养知识,掌握基本的进餐技能,能够安静用餐以免气流携带食物吞咽致呛,充分咀嚼,适量饮食等。幼儿"餐饮"技能目标见表5。

表5　幼儿"餐饮"技能目标参照表

"餐饮"技能项目	分年龄技能目标		
	3—4 岁	4—5 岁	5—6 岁
进餐	能熟练地用勺子吃饭,独立进餐。	能用筷子吃饭。做到细嚼慢咽,不掉饭粒与菜肴。	能熟练使用筷子。
餐后	餐后有序整理餐具,会用鼓漱的方法漱口。	餐后清理桌面,坚持用正确的方法漱口。	餐后有序整理桌面和地面,收拾食物残渣,做到餐后擦嘴和漱口。
饮水	能正确使用口杯,在成人指导下,学习根据身体需要适量喝水。	知道按时喝水,遇到特殊情况能及时喝水。	能独立、适量地喝水,能根据自身情况及时喝水。

4. 如厕

对幼儿进行如厕能力的培养,可以促进其智力、情感和克服困难能力的发展,培养其独立性。幼儿"如厕"技能目标见表6。

表6 幼儿"如厕"技能目标参照表

"如厕"技能项目	分年龄技能目标		
	3—4岁	4—5岁	5—6岁
如厕前	能够正确表达大小便意愿，根据需要及时如厕。	能够按需自主如厕。	能够按需自主如厕。
如厕时	能够及时脱下内外裤，正确使用坐便器或蹲坑。	穿多层裤子时，能够一层一层提好内裤、外裤。	大小便后能整理好衣服，把内衣塞进裤腰里。
如厕后	便后有擦屁股的意识，愿意尝试自己擦屁股。	能够便后擦干净屁股。	能够便后擦干净屁股。

5. 睡眠

睡眠对于幼儿的生长发育极为重要，其发展要求包括按时入睡，睡得好，按时起床；要有正确姿势，双腿弯曲，向右侧卧睡；用鼻子呼吸；冬天要掖好被子，不露肩、不蒙头睡觉；不睡沙发床等；自己整理床铺、被褥；按顺序穿脱衣服、鞋袜，衣服脱下后叠放在固定的地方等。幼儿"睡眠"技能目标见表7。

表7 幼儿"睡眠"技能目标参照表

"睡眠"技能项目	分年龄技能目标		
	3—4岁	4—5岁	5—6岁
睡眠习惯	在提醒下，按时睡觉和起床，并能坚持午睡。	每天按时睡觉和起床，并能坚持午睡。	养成每天按时睡觉和起床的习惯。
睡眠姿势	能自己盖好被子，不蒙头，在成人的陪伴下安静入睡。	能独立安静入睡，睡姿正确，用鼻子呼吸。	能独立安静入睡，睡姿正确，用鼻子呼吸。
内务整理	尝试自己叠衣服。	能调整衣服正反，叠好后放到固定位置。	整理床铺、叠小被子。

6. 整理

幼儿在整理物品过程中，不但可以提升动手能力，还可以促进注意力发展，同时在物品分类、排序、配对中，帮助幼儿发展数学思维与能力，让幼儿更有条理。幼儿"整理"技能目标见表 8。

表 8　幼儿"整理"技能目标参照表

"整理"技能项目	分年龄技能目标		
	3—4 岁	4—5 岁	5—6 岁
物品整理	能将玩具和图书放回原处。	能整理自己的物品。	能按类别整理好自己的物品。

（三）自理能力发展影响因素

1. 幼儿因素

（1）心理发展特点

①意愿、动机与自信心

随着自主意识的发展，基于好奇、好动等因素，3 岁左右的幼儿对于生活自理的态度大多是积极主动的，但是缺乏持续性，在习惯养成中也容易出现倦怠情形。但当幼儿经历了从依赖他人到能够生活自理，逐步体会到了自己的成长，获得自我效能感时，其生活自理的意愿和动机也会逐步提高。

②坚持、努力与注意力

3—4 岁幼儿逐步摆脱以自我为中心的情绪，在成人的帮助下具备了初步的自理能力，其行为受情绪影响较大且易冲动，动作协调性较差。

4—5 岁幼儿行为的有意性不断增强，能够倾听并接受成人指令，努力完成力所能及的任务，同时情绪更加稳定，规则意识萌芽，动作发展更加完善。

5—6 岁幼儿个性初具雏形，初步形成了比较稳定的心理特征，开始能够控制自己，做事不再盲目地随波逐流，有了自己对人与事的看法和态度。

（2）精细动作发展特点

幼儿自理能力依托于精细动作的发展。精细动作，指的是由小肌肉群组成的一系列动作，主要是手的活动，包括幼儿手眼协调、手腕转动、手指伸展、指尖捏、指点按等局部小动作。手部功能的发育发展具有一定的规律特点，其发展顺序为由大动作到小动作、由粗动作到精细动作、由尺侧动作到桡侧动作、由简单低级动作到复杂高难度动作。

①单手动作方面

幼儿精细动作的发展从最早的抓握动作开始，到逐渐使用各种工具来完成任务、绘画动作的发展、书写动作的发展，最后到双手动作的发展。使用工具的精细动作需要具备手眼协调能力，其动作包括使用生活工具（如：筷子和勺子）和使用书写工具（如：画笔和铅笔）。

②双手动作方面

大多数的生活自理动作需要双手共同参与才能完成，这就需要双手协调能力。双手的协调动作又分为对称的双手动作（即动作需要双手同时以相似模式参与，如拍手）和不对称的双手动作（动作需要双手承担不同的角色，在支撑或稳定物体时，一只手的作用比较被动，而另一只手负责操作，如穿珠子）。大多数的生活自理动作属于不对称的双手动作，遵循幼儿的发展从对称到不对称的原则。随着幼儿优势手的确定，基本可掌握双手不对称协调动作。

2.家庭因素

家长的教养态度影响孩子自理能力的发展。家长采取权威型的教养态度，充分尊重孩子的意见，鼓励孩子探索，并予以支持帮助，容忍孩子做事的不完美，孩子的自理能力发展就比较好。家长采取放纵型的教养态度，对孩子溺爱，事事包办代替，不知不觉中剥夺孩子的动手机会，孩子也慢慢失去自己做事的兴趣，习惯于依赖大人，孩子的自理能力发展就比较差。

三、自理能力的培养策略

孩子自理能力的培养是一个持续的、循序渐进的过程，需要家长的指导与支持。

（一）更新生活自理观念，统一家庭教养方式

自理能力发展，不仅可以让孩子掌握独立完成自己的事情的基本生存技能，还可以促进孩子的独立性、自制性、坚持性等非智力因素的发展。根据埃里克森的理论，3—6岁孩子正处于发展主动感、避免内疚感的阶段，家长应该

相信孩子，鼓励孩子做生活中力所能及的事情，增强孩子的自信心。

家长一是要更新陈旧的、缺乏科学性的教养观念，提高对培养孩子自理能力重要性的认识。二是要给孩子进行生活自理行为练习的时间和机会，当孩子做得不够好的时候，要耐心指导，而不是抱怨和包办代替。三是要主动和幼儿园老师沟通，让老师了解孩子在家的自理情况，积极配合完成幼儿园提出的孩子自理能力方面的教养任务，做到家园教养一致。另外还需注意，家庭成员之间要采用统一的教养方式，保持一致的教养理念和目标。

（二）布置生活自理培养角，提供支持性家庭环境

1. 创设有准备的物质条件

（1）为孩子提供适宜的物理环境

家长要尽量从孩子的角度去考虑，积极创设适合孩子发展的生活环境。例如，洗手池、接水处的高度要符合孩子的身高要求，肥皂的大小、毛巾的尺寸、喝水的水杯大小要方便孩子使用，为孩子营造一个整洁有序的环境。孩子之所以会关注物品的摆放位置，是因为此时正是其空间知觉迅速发展的时期，开始逐渐对物体的大小、形状以及上下、前后、左右、远近形成准确的空间概念，并能通过自身的运动来确定物体的空间位置关系。物品归位、整理时涉及空间、秩序等因素，因此家长要尽量做到家中每样物品的摆放整齐且有固定的位置，以方便孩子拿取和归位，养成良好的生活习惯。

（2）为孩子提供专属的收纳设施

家中要给孩子配备可供收纳的玩具柜、书柜、衣柜、鞋柜等，鼓励孩子自己整理自己的物品，还要提供辅助物品。例如，在整理衣服区域放置小桌子或者凳子供孩子使用，方便孩子取高处的物品。对家中的玩具柜、衣柜等，可以用图案做分类标识，方便孩子将自己物品归置好。

2. 创设丰富的精神环境

美国著名心理学家班杜拉提出的社会学习理论指出，儿童善于通过观察和模仿榜样进行学习。观察和模仿是幼儿时期最主要的学习方式。

（1）家长示范，规范自身生活行为

每个家庭成员都要有明确的家务劳动岗位，家长以身作则，尤其是父亲，

要积极主动完成自己岗位的任务，同时可以引导孩子参与其中。例如，家长做菜的时候，可以让孩子剥豆子；准备用餐的时候，可以请孩子摆碗筷；周末家庭大扫除的时候，可以让孩子当小助手。

（2）同伴模范，激发孩子学习兴趣

在多孩家庭或者有条件拜访其他家庭的情况下，可以请孩子观察大孩子的生活活动，如穿衣服、穿鞋子等，当看到哥哥姐姐们能够做这么多事，幼儿容易产生强烈的"我要做"的心理。与此同时，大孩子也能够发自内心地产生自豪感和成就感，认为自己是能干的，能够做弟弟妹妹生活上与学习上的榜样。这不仅激发了孩子学习简单的穿衣、穿鞋等生活自理技能的兴趣，还可以借此引导孩子开始尝试其动作要领，为孩子创设同伴间相互学习的机会，充分发挥"大带小"的作用。

（三）提高生活自理意识，激发生活自理动机

1. "我自己来"

根据埃里克森的八阶段理论，3—6岁孩子处于主动对内疚的冲突时期。在这一时期，如果孩子表现出来的主动探究行为受到成人鼓励，就会形成主动性，能够为他将来成为一个有责任感、有创造力的人奠定基础。如果孩子的独创行为和想象力受到打击，那么他就会逐渐失去生活的自信心，逐渐更倾向于生活在别人为他安排好的狭窄圈子里，从而缺乏自己开创幸福生活的主动性。

随着经验的获得和累积，孩子的独立生活能力逐渐加强，并且在心理上渴望参加各种活动，想要主动地与世界产生联系，有强烈的"我自己来"的要求。因此，家长可以紧紧把握孩子生长发育的关键期，运用多种活动方式激发其自我服务的兴趣，培养其自我服务的能力。家长在培养孩子的自理行为时，应注重其自理兴趣和自理意识等内在意识的激发。因为内在意识决定着其主观能动性的发挥程度，只有当孩子自身具备主动精神时，他才能够全身心投入到学习与生活之中。家长应杜绝用不恰当的金钱或者物质奖励的形式破坏孩子对活动本身的兴趣和热情，不要让孩子养成做什么事情都向成人提条件的习惯。

2. "我可以的"

自信心是人格最本质的因素，其最主要的内涵是自我接受、悦纳自我、

有自我价值感。孩子在生活中做自己力所能及的事，如：独立进餐、如厕、饮水等，就会在心理上获得成就感，认识到自己是有能力的人。家长的鼓励和表扬能够让孩子肯定自我，体验到成功的愉悦情绪而增强自信心。

孩子的心理承受能力差，还不会调节自己情绪。当孩子做不好或是失败时，会沮丧，甚至对自己没有信心，从而拒绝再次尝试。这时候，家长的鼓励和耐心的指导非常重要。当孩子取得点滴进步时，家长可以用一个拥抱、一个亲吻、一句赞许的话来鼓励；当孩子做得还不太熟练时，可以适时地帮一帮，协助他成功。例如，当孩子没有整理好玩具时，家长可以用游戏的口吻引导他："小汽车回到自己家了吗？""积木妈妈没有看到她的宝宝回家要着急了。"这样的做法往往会起到事半功倍的效果。

3 "我是好孩子"

家长可以根据孩子的发展水平，确定需要培养的项目，制定"我是好孩子"表格。（见表 9）

表 9 我是好孩子（示例）

项目	星期一	星期二	星期三	星期四	星期五	星期六	星期日
能自己独立进餐，正确使用餐具							
饭前便后主动洗手，饭后漱口、擦嘴							
独立大小便，便后主动冲水							
能安静入睡，不需要成人陪伴							
会穿脱衣物鞋袜，会叠被子							
能整理用过的玩具、学习用品和生活用品							

家长根据孩子的表现进行评价，并引导孩子自评，如打小星星或画哭脸、笑脸。得到小星星或笑脸多的孩子可以满足一个小愿望，激发孩子自我服务的热情和坚持性。表格的内容可随着孩子自理能力的提高而有所变化，不断增添新的评价项目，并针对每一阶段孩子的发展提出新的要求。

（四）结合儿童发展特征，提高生活自理技能

家长可以采取示范讲解法、游戏练习法、儿歌故事法、表扬鼓励法等方法，有效提升孩子的自理能力。

1. 示范讲解法

家长可以通过正面示范、步骤讲解、图画引导等方式，帮助孩子对生活自理技能和生活习惯产生正确认知，掌握技能动作要领。

在示范讲解的过程中，要结合语言讲解的方式，促使孩子形成相对完备的认知，同时家长通过动作示范，使孩子逐渐能够独立完成相关事宜。在这个过程中，可以加入有趣的游戏情境。比如，在孩子洗手时，创设"小螃蟹好朋友"的情境，家长一边示范一边念儿歌："两个好朋友，手碰手，你背背我，我背背你，来了一只小螃蟹、小螃蟹，举起两只大钳子、大钳子，螃蟹跟我点点头、点点头，我和螃蟹握握手、握握手。"通过情境化的方式进行正面示范，带领孩子学习七步洗手法的正确步骤和方法。同时，可以先将带有正确洗手步骤和洗手方法的螃蟹卡通贴图贴在卫生间的墙壁上，方便孩子看到，在无形中起到提醒作用。

2. 游戏练习法

游戏不仅是孩子的基本活动，也是生活教育的重要组成部分。家长可以以游戏为载体，利用角色扮演、情景表演等活动，对孩子进行自理能力教育。在家中的玩具角，家长可提供一些操作性游戏材料，例如，无纺布做成的带有扣子的衣服，为孩子提供充足的穿脱衣服练习机会。还可以开展孩子生活自理主题方面的角色扮演游戏，如"给娃娃穿新衣""娃娃真挑食""给小动物喂食"等，用拟人化手法构思游戏情节，不断巩固孩子的生活技能。

下面推荐几个适合在家庭中开展的亲子游戏，家长可以和孩子一起尝试一下。

[游戏]小小搭配师（3—4 岁）

游戏目的：尝试自己搭配衣服；学习叠衣物的办法，尝试自己叠衣物。

游戏准备：衣物、鞋子。

游戏玩法：

鼓励孩子自己从衣柜里选出几套衣服，摆在床上搭配一下。请爸爸妈妈当评委，结合自己的想法和爸爸妈妈的建议选定明天要穿的衣物。其他的衣服自己叠好后再整齐摆放回去。

游戏建议：

游戏开始前，家长和孩子提前查一下明天的天气预报，引导孩子根据天气来选择衣物，还可以培养孩子每天查看天气预报的好习惯。

[游戏]系扣子（4—5 岁）

游戏目的：学习系扣子的方法，尝试自己系扣子；体验劳动的快乐，锻炼手指的精细动作。

游戏准备：布、扣子、针线、剪刀。

游戏玩法：

先将布一端缝上扣子，一端剪开扣眼，然后让孩子练习系扣子。家长也可以选择多彩的布条和纽扣，或者利用一些废旧的衣物让孩子练习系扣子。

游戏建议：

家长可以给孩子设置一个任务情境，例如，给自己心爱的娃娃穿上一件有纽扣的衣服，给娃娃换新衣。这样的小游戏不仅锻炼了孩子系纽扣的能力，促进了孩子手指精细动作的发展，而且还能持续激发孩子系纽扣的动力。

[游戏]系鞋带（5—6 岁）

游戏目的：学习系鞋带的方法，尝试自己系鞋带；体验劳动的快乐，锻炼手指的精细动作。

游戏准备：纸巾盒、彩笔、剪刀、鞋带。

游戏玩法：

首先，家长把纸巾盒涂成彩色，做成鞋子的形状；然后，让孩子自主选择相应颜色的鞋带系上去。

游戏建议：

为了增加乐趣，家长可以设置游戏情境，给孩子的玩偶们买几双需要系鞋带的鞋子，供孩子给玩偶玩换装游戏，同时锻炼孩子系鞋带等精细动作。

3. 儿歌故事法

图画书中生动形象、充满趣味性的画面和图片，更能帮助孩子掌握自理技能。例如，孩子在阅读《我要拉粑粑》后，会对拉粑粑形成粗浅认识。家长可依据图书内容进行提炼，帮助孩子回顾拉粑粑的具体步骤和注意事项，然后逐渐加入儿歌的元素，"肚子鼓鼓像皮球，屁屁有点臭；我想拉便便，快进盥洗室；裤子拉下来，蹲在便池上；握紧小拳头，加油使使劲；嗯啊，嗯啊，粑粑出来啦"，以不断整合孩子零散的生活经验，使其系统化、科学化。

儿歌因为具有内容浅显、篇幅简短、语言生动活泼等特点，深受孩子们的喜爱。家长可以利用儿歌强化孩子的生活自理行为。例如，为提高孩子的穿衣技能，家长可以运用儿歌形式进行讲解："捉领子，盖房子，小老鼠，钻洞子，吱溜吱溜钻不通。"

下面推荐一些朗朗上口的儿歌，内容都是有关培养孩子自理技能的，家长可以结合实际的生活场景，教孩子一边读儿歌，一边动手练习。（见表10）

表10 亲子儿歌推荐

生活场景	目标	儿歌
喝水	1. 用正确的方法握杯子。 2. 学习用杯子喝水，愿意喝水。	一手勾勾小耳朵， 一手扶着小肚子。 杯子碰上小嘴巴， 张开小嘴咕咕咕。
洗手	1. 知道餐前便后要洗手。 2. 能在教师的帮助下，将小手洗干净。	小手小手淋淋湿， 小手小手搓一搓， 小手小手冲一冲， 小手小手擦一擦， 小手小手真干净。

续表

生活场景	目标	儿歌
吃饭	1. 学着拿勺，尝试自己吃饭。 2. 愿意吃各种食物。	小肚子，咕噜噜， 香香的饭菜上桌了。 一手扶住小小碗， 一口饭一口菜， 啊呜啊呜吃光啦。
擦嘴	1. 知道餐后要擦干净小嘴。 2. 掌握擦小嘴的方法。	小毛巾，手上拿， 亲亲嘴巴亲亲脸。 来回擦，来回擦， 小嘴乐得哈哈哈。
穿脱鞋子	1. 学习穿鞋子和脱鞋子。 2. 体验自己穿脱鞋子的成就感。	穿鞋： 小脚伸进鞋洞洞， 小手提起鞋后跟， 襻儿粘粘好， 鞋子穿好喽。 脱鞋： 襻儿拉拉开， 捏住鞋后跟， 用力往下拉， 鞋子脱掉喽。
拉裤子	1. 学习在如厕后拉起外裤。 2. 具有自我服务的意识。	两手拉裤腰， 用力往上提。 先拉小内裤， 再拉小外裤。 内外裤子都拉好， 快快乐乐游戏去。

4. 表扬鼓励法

家长采用表扬鼓励法，可以激发孩子学习新技能的积极性。

（1）表扬要及时

当下及时的表扬能让孩子感受到被表扬的喜悦感，并且会让孩子记住自己为什么被表扬，从而记住所做的事情，之后类似的事情就会做得更好。

（2）表扬要具体

表扬的切入点是行为，所以表扬时要具体，有细节、有数据。在孩子完成一件事情之后，家长可以详细地告诉孩子整件事情中，他的态度、努力、坚持、创意等，哪阶段表现出优良的品质，准确具体地向孩子描述他的行为，让孩子知道自己的行为好在哪里，哪些是值得肯定的，是可以得到表扬的，从而更好地建立自我认知。比如，"宝贝，这个拼图那么难，你没有放弃，一直在动脑筋把拼图片拼好，你真是个爱动脑筋、不怕困难的孩子"。家长要避免笼统的表扬。比如，"你真棒、你真聪明"等。

（3）不随意进行物质奖励

很多家长为了让孩子有好的表现，习惯于用承诺给予奖励的方式来激励孩子，或者在孩子表现好的时候，直接用物质进行奖励。这种做法并不宜倡导。因为过多的物质奖励会引发负面作用，而精神层面的表扬更能直达孩子的内心。

（4）表扬时要有互动

表扬时可以和孩子进行一些交流，如：注视、拉手、抚摸、击掌等，这样的互动有助于建立心灵的联结，让孩子更深刻地感受到自己的进步。

参考文献

[1] 梁志，卢乐山.中国学前教育百科全书 [M].沈阳：沈阳出版社，1995.

[2] 周承志，郭玉英.培养幼儿生活自理能力的实验研究 [J].教育科学研究，1991（6）：15-20+45.

[3] 柳倩，周念丽，张晔.学前儿童健康学习与发展核心经验 [M].南京：南京师范大学出版社，2016.

[4] 朱红英.3—6岁幼儿精细动作发展的促进策略研究 [D].长春：东北师范大学，2011.

[5] 吴红霞.幼儿自我服务意识与能力提升探究 [J].课程教育研究，2016（3）：244-245.

[6] 王馨.托班婴幼儿生活自理能力养成的行动研究 [D].鞍山：鞍山师范学院，2022.

[7] 刘娜.幼儿本位视域下的亲子游戏研究 [D].大连：辽宁师范大学，2017.

（执笔：杨媛媛）

第 13 课
如何培养孩子的兴趣

课程简介

教学对象

3—6 岁儿童家长及其他照护者

教学目标

1. 认识幼儿的兴趣特点、类型和价值。

2. 学会培养孩子兴趣的基本策略。

3. 解决认识误区和困惑，正确有效地进行兴趣支持和培养。

教学时长

90 分钟

课程框架

1. 撒网式报班

2. 跟风式报班

3. 功利式报班

（二）特殊兴趣的激发和培养

1. 尊重孩子的成长秩序，在"最近发展区"进行判断和选择

2. 捕捉孩子的兴趣表现，借助专业方式进行拓展和提升

3. 积极应对各种挑战，多维度地进行支持和推进

参考文献

课程内容

[实例导入]

冰冰的一些表现，让妈妈很头疼：新买的玩具刚开始爱不释手，过段时间就置之不理了；对任何事物都不感兴趣，这个也不喜欢，那个也不要；学了一年的钢琴，就哭闹着不想弹了。冰冰妈妈有些困惑，对孩子的这类行为，家长到底是放弃还是坚持？面对五花八门的培训班，要不要去上？不上，怕错失了孩子兴趣培养的重要阶段；上吧，又不知道该怎么判断和选择。

关于孩子的兴趣培养，很多家长都会碰到实例中这样的情况。有的家长确定不了孩子到底对什么感兴趣，孩子的"善变"总让人摸不着头脑。当孩子对原本喜欢的事物不再感兴趣或者觉得什么都没意思时，该怎么激发或保持孩子的兴趣呢？兴趣的培养难道一定要借助各种培训班吗？怎样在尊重孩子自身兴趣的基础上进一步地引导和培养孩子呢？

一、兴趣概述

（一）兴趣的含义和价值

1. 什么是兴趣

兴趣，是一个人经常趋向于认识、掌握某种事物或某种活动，并且有积极的情绪色彩的心理倾向。兴趣是在需要的基础上产生和发展的，一个人只有对某种客观事物产生了需要，才有可能对这个事物产生兴趣。兴趣不是抽象的，而是具体的、有方向的，是朝向某种特定事物或活动的。

2. 兴趣的价值

兴趣可以使人在充满乐趣的状态下，主动、高效地从事某种活动。当孩子对一件事情感兴趣，会积极主动、不厌其烦地去做这件事，而且特别认真专注。杜威是历史上较为系统阐述"兴趣"的教育家之一，他认为：儿童现有的能力要达到预期的教育目标，需要通过居间的事物，这个居间的事物就是兴趣。兴趣直接影响孩子对外在事物的选择，并为孩子在这一过程中的参与提供持续动力。《3—6 岁儿童学习与发展指南》中也指出："幼儿是积极主动的学习者，要充分尊重和保护其好奇心和学习兴趣。"可见，兴趣是最好的老师，是学习活动的助推器，是积极探索事物的动力。

（二）兴趣的类型

1. 直接兴趣和间接兴趣

按兴趣的来源，兴趣可以分为直接兴趣和间接兴趣。

（1）直接兴趣

直接兴趣关注事物本身或者活动的过程；不管结果怎样，不管别人如何评价，做起来自己觉得很开心。比如，孩子对某些玩具、游戏、自然现象感兴趣时，他喜欢的是玩具、游戏本身带来的快乐，而不太关注结果。

（2）间接兴趣

间接兴趣关注事物象征或者活动的结果；为了特定的意义或者结果而乐意投入其中，意义或结果撤除，兴趣就难以维持。

以幼儿园的"值日生"活动为例。小班的孩子是单纯喜欢值日生本身的一些行为，比如放杯子、洗小盘子这些动作或者环节，这是直接兴趣。而中大班的孩子喜欢这项活动，是因为做值日生带来的荣誉感，或者具有了为大家服务的使命感、热爱劳动的情感，这是间接兴趣。

幼儿的兴趣绝大多数是直接兴趣，特别是托小班或之前的孩子，即对当前的事物或者活动过程感兴趣。

到了中大班，孩子开始会对比较遥远的事物或者活动的结果发生间接兴趣。比如，为了得到某一个奖品去参加一个活动，为了能在某件事情上取得一定的成果（比如，在大家面前完整流利地讲故事）而努力练习。

2. 物质兴趣和精神兴趣

按兴趣的内容，兴趣可以分为物质兴趣和精神兴趣。

（1）物质兴趣

物质兴趣，是由物质的需要引起的兴趣，表现为对衣食住行等物质的兴趣。物质兴趣最早出现。对于幼儿来说，吃喝是最原始、最基本的物质兴趣。

（2）精神兴趣

精神兴趣，是由精神需要引起的兴趣，表现为对认识的兴趣或对文艺、体育、美术及社会生活的兴趣。随着生活环境的变化，特别是在家庭教育和幼儿园教育的影响下，幼儿出现了看书、听故事、唱歌、画画等精神层面的兴趣。

总之，幼儿的兴趣是从生理兴趣发展到精神兴趣，由直接兴趣发展到间接兴趣的，是一个由低级向高级、由肤浅到深刻的渐进过程。

3. 基本兴趣和特殊兴趣

从家长引导和培养的角度，兴趣还可以分为基本兴趣和特殊兴趣。

（1）基本兴趣

基本兴趣，是指基础性的兴趣，如：阅读的兴趣、探究的兴趣、学习的兴趣等。

（2）特殊兴趣

特殊兴趣，是指一些比较个性化的兴趣，如：绘画、舞蹈、乐器、运动等。它与孩子自身的特长和潜能相关。

（三）兴趣的发展阶段

兴趣并不是马上形成的，大致会经过三个发展阶段。

1. 有趣阶段

幼儿被物体外在的新奇形象或新颖对象吸引产生持久注意，产生直接兴趣。这一阶段幼儿的兴趣基本上和感官有关，比如，欢快的音乐、跳动的玩具、色彩鲜艳的物品等，所以又被称为"感官兴趣"。这个阶段的兴趣具有易变性、肤浅性等特点。比如，孩子正玩着毛绒球，当看到别的小朋友手上丁零当啷的摇摇铃时，就想丢下毛绒球去玩摇摇铃。

2. 乐趣阶段

该阶段是在有趣阶段的基础上发展形成的，是对某一事物或活动产生的特殊爱好，把兴趣从感官推向了思维，由此产生了相对定向、更加持久的兴趣。所以这个阶段的孩子可以进行时间较长的探究、操作等游戏或者学习活动，比如，能持续、专注地进行阅读，会反复地拆装某一样物品，也会为了自己的兴趣付出努力，体验到成功后的快乐和自信。

3.志趣阶段

这是兴趣发展的较高级阶段。它与理想和未来目标相联系，甚至终身不变。在幼儿园阶段，有的中大班的孩子会因为自己的兴趣爱好，萌发以后成为一名舞蹈家、科学家、植物学家等初步的理想，但以后也会随着兴趣的变化发生改变。一般在青少年后才能形成相对稳定的兴趣爱好。

（四）幼儿兴趣的特点

幼儿的兴趣因其特殊的年龄和心理特点，与其他年龄段相比，特点非常明显。

1.不稳定性

由于幼儿的认知水平处于具体形象思维阶段，更容易因活动中外界事物的外部特征刺激产生，且随着活动结束而结束，持续、稳定的具有个性心理倾向的兴趣往往还没有形成。所以幼儿的兴趣会随着时间的推移而发生改变，前段时间还感兴趣的东西，过段时间就不感兴趣了。

鉴于这样的兴趣特点，家长不要急于给孩子的兴趣进行定论。比如，看到孩子对钢琴发出的声音、对弹奏的动作感兴趣，不要着急给孩子买钢琴、学钢琴，可以再等一等、看一看，在好奇心、新鲜感过去后，孩子是否还跟之前一样感兴趣。同时，要允许、接纳、支持孩子的兴趣发生改变。因为这是孩子不断尝试、寻找、建立兴趣的过程，他也在慢慢摸索自己感兴趣的事物。家长看到孩子兴趣的不稳定性，要接纳他的转变，从不稳定到稳定是一个长期的过程，这也是家长进行助力的重要阶段。

2.广泛性

幼儿的兴趣多在好奇的基础上产生。这个阶段的幼儿对任何新鲜的事物都感兴趣，对客观世界充满了好奇，所以出现了今天喜欢这个，明天喜欢那个这样广泛、杂乱的兴趣爱好情况。这正是幼儿感知世界万物的方式，接触越多，他的认知、理解、感受、体验才会更全面。幼儿的兴趣，可以是任何事物。所以在这个阶段，家长可以带着孩子去不同的场所、领域，多接触、多探索，丰富孩子对各类事物的感知和体验，引发幼儿广泛的兴趣爱好。

3. 可塑性

这个阶段的幼儿对事物的认知、判断非常有限，兴趣不稳定，需要家长的引导。只要用合适的方法，在日常生活中进行熏陶、拓展、激励，幼儿的兴趣在一定程度上是可塑和改变的。家长、老师、同伴等周围环境的支持、反馈、评价，在整个塑造过程中起到很大的作用。

4. 主动性

幼儿的兴趣与他们的好奇心保持一致，往往受周围生活中各种直观、有趣的现象制约。面对丰富多样的外界刺激，注意投向何方，最终还是由幼儿主观选择决定。所以，幼儿的意愿才是兴趣的主体。

总之，幼儿的兴趣是受事物特性、周围社会环境、个体需要和个体知识经验影响并在活动中产生的。幼儿兴趣的范围、指向性、稳定性还处于较低水平，正确的引导和培养就显得格外重要。

二、基本兴趣的引导和培养

家长要认识到基本兴趣的重要性。在幼儿阶段，最重要的是激发孩子乐于感受、敢于想象和创造、主动探知世界的兴趣，那么阅读兴趣、探究兴趣就是幼儿阶段最基本、最重要的兴趣。

基本兴趣和特殊兴趣两者之间并不是独立存在的，而是相互融合联系的。基本兴趣的发展过程中所产生、积淀的优秀的品质、良好的习惯、有效的方法等，是能伴随孩子一生的，并且能在特殊兴趣的发展中产生重要的促进和支持作用。这就是将兴趣转化成了一种能力。

（一）创设环境和机会，激发孩子的基本兴趣

环境中的任何事物都是孩子互动、感知、探究的对象。家长要为孩子提供亲近自然的机会，让孩子接触风雨、泥土、花草、动物等自然物，充分感受世界的新奇和美妙，激发其好奇心和探究欲望。

家长的阅读习惯会潜移默化地让孩子对书籍产生兴趣。除了纸质的书本、有趣的电子刊物，家长还要为孩子提供多样化的阅读材料，如：路标、店名、广告标语、玩具说明书等，都可作为阅读材料，让孩子随时随地展开阅读。

（二）耐心欣赏和等待，为孩子持续兴趣奠定基础

当孩子沉浸在某个活动时，家长不要随意打断，也不要因为孩子一时不会就急于帮忙。哪怕孩子只是在搭很简单的积木，或是把一本小书来来回回翻了十几遍，那都是他认真在琢磨的事情。家长可以在一旁等待、观察，在孩子需要时适时介入即可。频繁打断孩子的专注行为，只会影响孩子注意力的培养。同时，家长要容忍孩子因探究而弄脏、弄乱甚至破坏物品的行为，引导他活动后收拾整理好即可。在这个过程中，不仅能培养孩子专注的学习品质、独立的思维逻辑和行动逻辑，也能为其将来兴趣的保持打好基础。

（三）有效陪伴和支持，助力孩子的兴趣发展

家长可以用自己的好奇心和探究积极性感染和带动孩子，为孩子提供一些有趣的探究工具；认真对待孩子的问题，引导他们猜一猜、想一想；有条件时，和孩子一起做一些简易的调查或有趣的小实验。例如，做小实验验证影子的方向与太阳的位置关系。通过亲子共读、有声跟读、趣味识字、制定书单等方式，孩子可以多方面地感受到阅读的快乐，保持阅读的积极性。

[案例]青蛙王子

小班的笛笛很喜欢在户外活动，家长每个周末都带他去各个公园玩耍。笛笛经常在田野边、小溪边驻足，蹲下就是半天，还问各种小鱼、小虾、青蛙的问题。家长认为喜欢动物是每个孩子的天性，就有问有答。慢慢地，家长看到笛笛喜欢翻看一些动物书，会指着上面的动物问东问西，于是开始进行有意识的兴趣培养。经常带他去花鸟市场，认识很多生活中看不到的动物；给他买了蜥蜴、青蛙等两栖类动物，让他自己照顾；假期里带他去自然博物馆，了解动物的繁衍变化；亲子阅读时也会增加有关这方面知识的趣味问答。

到了大班，笛笛对动物特别是两栖类动物的了解非常广泛，自称"青蛙王子"，甚至说："我以后要做个专门研究动物的科学家。我还要去热带雨林，那里有很多没被发现的动物。"

这就是一个有心的家长在培养孩子基本兴趣上做出的榜样。他带给孩子的不是简单的一个"兴趣"课程，而是多样化的学习方式、共同探索自然时的乐趣、对未来理想的初步设想等。这是兴趣对孩子产生的作用，也是家长助力孩

子兴趣发展的结果。

三、特殊兴趣的选择和培养

（一）特殊兴趣选择中存在的现象

大部分家长在培养孩子特殊兴趣，即个性化兴趣的时候，会借助上兴趣班的方式。特别是近几年，家长为了不让孩子输在起跑线上，给孩子报了各种兴趣班，琴棋书画、思维、运动……从小学卷到幼儿园，孩子学得累，家长接送也辛苦。其中，出现了以下几种现象。

1. 撒网式报班

撒网式报班，就是大范围地报班或者频繁地更换兴趣班。因为家长不确定自己的孩子对什么感兴趣，或者在哪方面有相对较好的天赋，于是给孩子进行多种兴趣的培训。钢琴、英语、轮滑、舞蹈……多方面、多领域地进行试课、上课。这样做的初衷，是想在孩子兴趣不稳定的阶段多体验、多试错，在多个项目中筛选到孩子感兴趣的、合适的项目。

但这样的方式有一定的弊端，就是制造了很多"放弃"的经验。舞蹈不感兴趣了，放弃；打球太累了，放弃；练琴枯燥了，放弃……孩子就容易对"放弃"形成习惯。另外，在这样一种快速更换兴趣班的情况下，没有一段时间的坚持，孩子也不能准确地判断自己是否真的喜欢。所以撒网之前也不能盲目，得有选择、有目标、有方式地撒。

2. 跟风式报班

这几年的兴趣班类型一阵一阵地掀起不同的浪潮。前几年盛行轮滑，基本上每个广场空地上都能看到戴着头盔、绑着护膝的小朋友背着双手一圈一圈地溜着；钢琴潮方兴未艾，民乐又日益盛行，很多小朋友开始弹琵琶、古筝，吹笛子；英语培训机构层出不穷，为了抓住学前孩子语言学习的关键期，家长又热衷于让孩子学习英语……好像兴趣的生发不是来源于自身，而是整个社会的评价、走向。这种跟风式的报班，并不是从孩子自己的兴趣出发的。

3. 功利式报班

有些家长在给孩子报兴趣班时，有一定的功利性，有的希望孩子将来能有安身立命的一技之长；有的是为了实现家长自己小时候未能实现的理想；有的是为孩子进入所谓的名校做相应的准备。这样的兴趣选择更是脱离了培养孩子早期兴趣的初衷。孩子如果本身对这种兴趣班不感兴趣，即使整天随着家长辗转于各种培训班，也会采取敷衍了事的态度，反而破坏了孩子的专注力与自信心。另外，因为不是发自内心的感兴趣，缺乏足够的内驱力，孩子也难以坚持下去。

（二）特殊兴趣的激发和培养

在孩子整个特殊兴趣的发展过程中，家长并不是把孩子送进课堂就完事了，而是在培养兴趣前期、中期、后期逐步推动其发展。每个阶段的跨越，每一个问题的解决，每个成长的瞬间，都伴随着家长的智慧和行动。

1. 尊重孩子的成长秩序，在"最近发展区"进行判断和选择

面对市面上名目繁多的兴趣班，家长眼花缭乱，不知该如何选择。心理学家维果茨基提出了"最近发展区"概念。他把"儿童现有的独立解决问题的水平"和"通过成人或更有经验的同伴的帮助而能达到的潜在的发展水平"之间的区域定义为最近发展区。当孩子对该事物有一定的了解、引发的认知冲突在他的"最近发展区"内时，他就会积极努力地探究，从而由好奇心发展为兴趣。

家长需要了解不同年龄段孩子的"最近发展区"，并结合孩子自身的情况，有意识地去发现其兴趣并予以培养，而不是过高或者超前地进行，造成孩子在身体或者心理上的抵触甚至伤害。比如轮滑，一般建议四五周岁学习比较好，因为这个时候孩子已经掌握了全身性的主要运动。绘画方面，1 岁左右的孩子就会涂鸦，2—3 岁对颜色、形状特别感兴趣，4—5 岁能画出看到的具体的实际事物，5—6 岁则能画印象中认识的物体，观察力、想象力、表现力都很好，家长可以在不同阶段选择适宜的绘画形式。

2. 捕捉孩子的兴趣表现，借助专业方式进行拓展和提升

孩子的兴趣往往是在广泛的探索活动中产生和发展的。家长要多带孩子走走看看，多接触一些事物和活动，刺激他的好奇心，这是对某一个事物产生兴趣的前提。判断孩子是否有兴趣，可以看他是否有以下表现：喜欢较长时间地

把玩一件物品；较专注、投入地做一件事情甚至重复进行；喜欢问、说围绕某个现象或物体的话题等；最重要的是在过程中他的情绪是积极、主动和快乐的。

当下孩子产生的兴趣可能是短暂的，也可能是长久的。家长在陪伴的同时进行有意观察，并且在一定范围内进行引导和拓展。当家长自身的能力、策略跟不上孩子兴趣发展的速度时，可以借助专业的方式，进一步地捕捉和确认。

[案例]爱搭积木的男孩

从托班开始，男孩俊俊对搭建积木就表现出了一定的兴趣。比如，能安静地用磁力片搭建彩虹房子，并把它放在阳光照射进来的窗户下面；看见积木就迈不动脚步，一定要买一个回家，并第一时间拆开来玩；每次出门，口袋里都会揣着可以搭的小积木。

开始的时候，俊俊的父母并没有把"搭建积木"作为孩子的兴趣来看，觉得这是男孩的天性。但也从不打断他的任何一次搭建，空余的时候也会跟着他一起搭，甚至还一起研究如何看简单的构造图。

慢慢地，父母发现小班这个年龄段的积木已经不能满足俊俊的需求，而且自己的方法和能力已无法再引导他的建构水平进一步提升。于是，父母让俊俊去试玩了一个"建构"类的课程，他非常喜欢。下课了，他要么迫不及待地展示自己的作品，要么还要继续摸索不肯走。甚至早上6点钟他就起来，继续拼搭昨天的"飞机"。在这个课程中，俊俊的空间力、想象力、专注力、动手能力都有了提升。父母觉得自己的决定很明智。

所以，我们并不是单纯地反对孩子上兴趣班，重点是家长要在日常生活中捕捉到孩子的兴趣表现，并对培训机构的教育理念和方式进行充分了解后再决定。值得选择的课程或项目，应该不仅是孩子喜欢的、专业的、趣味的、符合本阶段年龄特点的，而且还是能通过材料、环境、游戏、互动等家庭相对缺乏的条件，在其原有的兴趣上进行补充和拓展的。

3.积极应对各种挑战，多维度地进行支持和推进

没有一种成长不需要持续的灌溉，学习也好，兴趣也好，都是一个循序渐进的过程。从好奇变成兴趣，将兴趣持续、稳定下去，中间会面临各种问题，对孩子、家长来说，都是严峻的挑战。某种程度上说，相比孩子，家长的理

念、策略、品质，更会影响孩子能否坚持到底。

（1）借助周围环境的正向力量，成就感是孩子兴趣持续的催化剂

在生活中，家长可以给孩子创设一个空间和机会。比如，在班级里、朋友间玩耍时，哪怕在自己小小的房间里，在轻松自在的氛围中，尊重孩子自主、自愿的前提下，进行一个小小的分享或展示。不一定多么的正规隆重，但要有一定的仪式感。特别是性格内向的孩子，相比闪亮的舞台、众多的观众，熟悉的同伴、老师、亲人的认同和鼓励，更能产生正向的力量，让他体会到成功的快乐。这个快乐是有深度且有力量的，会让孩子变得自信、自强，并更加喜欢甚至爱上自己的兴趣。

[案例]比在舞台上表演还要开心

大班的妮妮平时比较内向，很少在集体活动中主动表达或者展示自己。有一天，她的妈妈跟老师交流：妮妮新学了一支舞蹈，能不能在班里给小朋友表演一下，锻炼一下胆量。第二天，妮妮穿着漂亮的民族服装，尽管有些害羞，但还是完整地给大家跳了舞。小朋友都围着她，说："你跳得真好！""太厉害了！""这个舞蹈服好漂亮啊！"那一刻，她的眼神变得有光芒，笑容依然腼腆但泛着喜悦。回家后，她说："妈妈，我今天真的是太开心了！比我在舞台上表演还要开心！"妮妮为什么这么说？因为班级里都是熟悉的同伴，同伴的肯定更能让她自信自豪。后来，在找自己的独特之处时，她画了一个跳舞的自己，一个闪闪发光的自己！

（2）忠于兴趣，弱化目的，快乐是维持幼儿兴趣稳定的源泉

很多兴趣的培养，都少不了练习。特别是在参加比赛、表演、汇报、考级等成果展示时，长时间、集中性的练习往往会让孩子觉得枯燥、乏味，不仅体会不到其中的乐趣，还削弱了孩子原本对该项目的兴趣度。

[案例]我不想弹琴

5岁男孩乐乐很喜欢音乐。他已学了一年的钢琴，近期却出现了逆反心理，怎么都不肯练琴。原来是钢琴老师为了让他在钢琴比赛中有稳定的发挥，就加长了练琴的时间，对节奏、手型的细节要求变高了。这让乐乐有点抵触，少了以前练琴时的兴致和快乐。妈妈意识到了这个问题，她觉得学琴的目的是

让孩子感受音乐从指间流出的美好，如果因为比赛而破坏了这份美好，反而本末倒置了。于是她请钢琴老师按照以往的节奏练习，并且征询乐乐的意见："是否想参加比赛？这次不参加，下次也可以。如果想参加，我们就试一试，穿上新西装，让大家看看你有多帅气！"

兴趣可以成为展现自我的一部分，一定的练习也能让兴趣的技能得到提升，但并不是为了展现而过度地"练"兴趣。特别是在幼儿阶段，孩子的有意注意持续时间有限，兴趣度并不稳定，当遇到考级、比赛需要一次次重复练习时，孩子自然会出现畏难、抵触的情绪。如果采取鼓励、休整、要求满足、共同练习等一系列措施后，还不能帮助孩子消化这些不良情绪，这时家长就要思考并权衡：当初选择这个项目的初衷是什么？兴趣和比赛哪个更重要？所以，忠于兴趣，弱化目的，源于兴趣本身的快乐才是维持孩子兴趣的源泉和动力。

（3）把握"临界点"，层层推进，坚持是兴趣养成的最终途径

孩子上兴趣班时普遍有这样的情况：一开始都热情饱满，但大多数人是三分钟热度之后就半途而废，真正坚持下来的只有少部分人。

兴趣的发展过程中会出现一个关键期，也就是一种临界点：孩子开始在这个兴趣上"徘徊"。

当孩子出现"不想学、不愿学"这样一个临界点时，家长要积极倾听孩子内心真实的想法。3—6岁孩子正处于自我意识慢慢建立起来的时期，他依赖家长的同时也渴望独立自主和被倾听。可以让孩子说出来，为什么不想学了，是觉得太难太累，还是觉得无聊，或者是不喜欢老师、同伴交往之间出现了什么问题等。找到真实原因，才能解决实际问题。

如果是孩子的内在因素，家长要帮助孩子重新构建目标和信心。可以把大目标分成若干小的前进部分，将目标可视化，看得见、摸得着。比如，一起制作一个图文结合的目标计划书，每一个小目标的实现都可以带来喜悦。另外，榜样的激励、他人的认可、微小的进步、家长的陪伴、温柔的坚持、成功的体验，都能帮助孩子重建目标和信心。

如果是外在因素，家长可以和孩子沟通是否需要家长适当的介入。如果最终孩子还是决定放弃，那么，家长需要接纳并支持他。至少孩子尝试过，他所拥有过的体验，对他的一生都是有用的。

　　家长一旦把握住了临界点，接下去的事情就是坚持。没有任何一件事情能够随随便便成功。在这个过程中，要注意松弛有度、难易适当；激励引导，奖惩并举；理性面对，坚定有力；潜移默化，一并前行……坚持的过程，不仅仅是让孩子的兴趣进一步稳定和发展，更是要让孩子懂得坚持的力量有多重要。

　　总之，孩子的兴趣发展，有其独特的过程和特点。孩子的基本兴趣与特殊兴趣是相辅相成的，家长对孩子的兴趣培养要考虑到其全面性，促进孩子整体生命的发展，而不是把孩子参与的某一领域活动视为这一方面的兴趣发展。同时尊重孩子在兴趣中的主体地位，支持其自主探究、自由体验，助其生发强烈的内驱力。在兴趣培养的整个过程中，更离不开家长的有效陪伴、智慧引导和爱的支持！

参考文献

[1] 陈帼眉. 学前心理学 [M]. 北京：高等教育出版社，2000.

[2] 李季湄，冯晓霞.《3—6 岁儿童学习与发展指南》解读 [M]. 北京：人民教育出版社，2013.

[3] 蒋慧. 幼儿兴趣的理论思考：概念厘清与价值分析 [J]. 广西师范大学（哲学社会科学版），2013，49（5）：145-149.

（执笔：丁红霞）

第 14 课
如何培养孩子间的手足情

课程简介

教学对象

3—6 岁儿童家长及其他照护者

教学目标

1. 了解手足情的概念及常识。

2. 厘清手足冲突的误区，构建和谐家庭氛围。

3. 掌握培养手足情的策略。

教学时长

90 分钟

课程框架

[实例导入]

一、手足情概述

（一）手足情的概念

（二）手足情的特征

1. 平等互惠性

2. 补充性

（三）手足情的重要意义

二、手足情形成的影响因素

（一）同胞因素

1. 同胞性别

2. 同胞年龄

3. 气质差异

（二）家庭因素

1. 亲子关系

2. 婚姻关系

3. 教养方式

4. 差别对待

三、关于同胞冲突

（一）同胞冲突的概念

（二）同胞冲突的类型

（三）同胞冲突的原因

1. 父母缺乏多子女的养育经验

2. 父母在处理同胞冲突时的差别对待

3. 教养的分工与合作出现问题

四、手足情的培养策略

（一）积极预判，提前做好准备

    1. 帮助大孩建立足够的安全感

    2. 协调好家庭养育分工

（二）均衡陪伴，关注手足间的心理变化

    1. 设立与孩子的"特殊时光"

    2. 减少比较，呵护孩子的自尊心

（三）面对冲突，将解决权交给孩子

    1. 不做孩子冲突的"仲裁者"

    2. 不让孩子成为不情愿的"分享者"

（四）了解孩子，掌握教育大孩与二孩的基本原则

    1. "自愿原则"与大孩教育

    2. "自立原则"与二孩教育

参考文献

课程内容

[实例导入]

一对夫妇想要二胎时，问老大的意见，他表示坚决不要弟弟或妹妹。妈妈怀二胎期间，上幼儿园的哥哥变得特别爱发脾气，一有不满足他的地方，就情绪不稳定。他还总是缠着妈妈抱抱，要妈妈讲很长很长的故事。二宝出生了，老大觉得妈妈被抢走了，总是找机会寻求妈妈的关注，甚至希望妈妈只陪自己。妈妈忙着两头照顾，身心疲惫。随着二宝逐渐长大，两个孩子之间争执不断。老大抱怨爸爸妈妈不公平，老二则争强好胜，冲突无处不在，家庭氛围有些紧张。

当与二孩父母谈论如何处理两个孩子之间的冲突时，许多父母都发出"太难了"的感慨。随着"三孩生育政策"的实施，身边越来越多的独生子女家庭演变成多子女家庭，同胞关系正逐渐成为一种普遍的家庭关系。

20世纪中期，美国心理学家卡普兰最早提出"危机理论"。他认为，同胞出生是家庭长子女面临的压力事件，自己与父母之间的亲密关系随着弟弟妹妹的到来受到严重威胁。头胎子女会在这种情境下长期处于心理困扰中，损害其身心健康发展。如果父母不及时关注，可能会引发一系列问题。

因此，关注同胞关系，培养手足之情，是多子女家庭的重要课题。

一、手足情概述

（一）手足情的概念

手足情，亦称手足之情，比喻兄弟姐妹间的感情。在中国传统文化中，手足即同胞关系。同胞，即同父母所生，也称作兄弟姐妹、手足。

同胞关系是指两个或两个以上兄弟姐妹从意识到对方存在的那一刻起，通过身体的、言语的或非言语的交流，来分享彼此有关的知识、观点、态度、信念和感受的所有互动，是个体一生中维持最长久的人际关系，既有合作支持，也有竞争冲突。

（二）手足情的特征

同胞之间的互动特征体现在平等互惠性和补充性两方面。

1. 平等互惠性

平等互惠性，是指同胞之间在模仿学习和互动过程中产生的一系列感情共鸣。如：弟弟遇到不会搭建的积木会主动找哥哥帮忙；看到喜欢的零食，弟弟会分给哥哥一起享用；姐姐和妹妹一起扮演城堡里的公主等。这类互动，满足了个体的情感体验，以及相互分享、相互帮助的情感需要。

2. 补充性

补充性，强调同胞关系对亲子关系的补充，指的是年长同胞帮助父母照顾年幼同胞，使其形成依恋、获得教育和习得语言，并在这一过程中形成同胞关系中的相对地位。如：弟弟会模仿哥哥在外出时有礼貌地打招呼，展现出哥哥协同弟弟成长的力量，从而树立哥哥在同胞关系中的威信。

（三）手足情的重要意义

积极的同胞关系不仅能够帮助幼儿缓冲外界不利环境和因素带来的影响，增强个体应对外界风险的能力，还能促进幼儿社会性的发展。同胞之间的亲密互动，有助于促进幼儿的情绪理解能力和亲社会能力的发展，有助于减少个体的抑郁、焦虑等内化问题和冲突犯罪等外化问题。而消极的同胞关系，是影响个体社会性发展的不利因素，可能会给幼儿造成各种内化的心理问题或外显的行为问题。

综上所述，同胞关系对个体认知、能力、情绪情感和社会行为等方面的发展有着不可估量的影响。积极、良性的手足情是一种温暖的同胞关系，是一种亲密互动的同胞关系，是一种具有健康稳定的情绪情感基础的同胞关系，是一种遇到冲突时能积极表达、及时化解矛盾的同胞关系。

二、手足情形成的影响因素

（一）同胞因素

1. 同胞性别

当家庭中的两个或几个孩子为男性时，他们在家庭地位上的竞争会相对突出；而女孩间的竞争与冲突则相对更多地集中在生活条件和亲子情感上；相对来说，家庭中男孩与女孩之间的竞争是最弱的，性别的差异会减少他们与对方的"比较"与"嫉妒"，使他们更容易和睦相处。

2.同胞年龄

同胞之间的年龄间隔越小，越容易产生冲突与攻击，但也会因积极互动而关系亲密；年龄相差甚远的同胞关系，其亲密度则相对较低。

3.气质差异

气质类型是影响个体情绪反应和行为的重要因素。同胞间的气质差异越大，越容易产生同胞冲突。

（二）家庭因素

1.亲子关系

家庭系统理论模型指出，亲子关系与同胞关系同为家庭中的子系统，两者相互影响、相互作用。亲子互动能正向预测同胞关系属性。积极的亲子互动更有助于形成和建立温暖和谐的同胞关系，而消极的亲子关系则较易引发同胞之间的敌意。

2.婚姻关系

父母高质量的婚姻关系有利于同胞亲密关系的发展，形成温暖而亲密的手足情。而婚姻关系质量低的父母则容易传递出冷漠、疏远的情绪价值，表现出较为消极的言语攻击、身体攻击等行为模式，这些有可能成为幼儿内化后外显的行为问题，增加同胞间的敌意与冲突。

3.教养方式

父母的教养方式会影响同胞关系的建立。一般认为，积极、民主的教养方式能促进同伴关系朝着亲密、温暖的方向发展，纵容型的教养方式则较易危及同胞关系的建立与发展。反之，同胞关系的建立与发展也会对父母的教养方式产生反作用，同胞冲突可能会引发父母的负面情绪，进而对父母的教养提出挑战，引发父母的反思。

4. 差别对待

父母在同胞之间表现出的差别对待，或者说不公平的行为，较易导致同胞间产生更多的竞争与冲突，表现为对食物、服装、玩具等外在物质的争抢，亦或是对父母关爱的争夺。如：妈妈陪弟弟时间更多时，哥哥表现出学习兴致不高、作业完成不积极等消极行为，以此来吸引妈妈更长时间的关注。

三、关于同胞冲突

父母面临最困难的任务之一，就是应对孩子之间的冲突。

有一种观点认为：同胞冲突不仅破坏了同胞之间的亲密关系与和谐的家庭氛围，而且对个体的发展具有重大的消极影响，导致个体产生更多的睡眠问题、入学后行为障碍、反社会行为、不良同伴交往等。

另一种观点则认为：在与同胞的冲突中，个体有机会表达和捍卫自己的立场，考虑对方的感受或观点，并通过谈判解决争端。在这个过程中，个体可以学习指导行为的社会和道德规则，这对儿童的发展和社会化具有重要意义。

（一）同胞冲突的概念

同胞冲突，是指在一个家庭中，具有共同父母的两个或多个人，在行为、目标或活动上所表达出的不相容，通常表现为争吵和敌对情绪以及相互间的攻击行为。

（二）同胞冲突的类型

从表现形式进行区分，同胞冲突可分为言语冲突、身体冲突和心理虐待。其中，言语冲突包括争吵、斗嘴、辱骂等；身体冲突包括挑逗、打架、攻击等；心理虐待包括恐吓、威胁、排挤、冷战等。

从结果和对个体的影响进行区分，同胞冲突可分为建设性冲突和破坏性冲突。其中，建设性冲突包括控制情绪、持续的社会互动，以及通过协商和推理去公平地解决问题，这些可以很好地锻炼儿童的沟通能力。而破坏性冲突，包括关系恶化、互动中断等。

（三）同胞冲突的原因

1. 父母缺乏多子女的养育经验

当今多子女的父母大多是独生子女一代，他们从小在自己父母的呵护下成长，独享着父母的爱与丰富的物质条件，较缺乏多子女养育的经验。

（1）对孩子行为背后的原因理解不足

作为独生子女的父母在自己的成长过程中，需求基本能被及时满足，因此，当面对几个孩子因为争夺某样东西而起冲突的时候，他们较难理解孩子行为背后的原因。比如，有的父母很难理解为何从小"想什么就有什么"的老大，会在意弟弟妹妹的一件小玩具。

（2）缺乏有效沟通的技巧

有效沟通是基于情感基础的理解和接纳。只有接纳孩子的情绪，懂得换位思考，才能理解孩子行为的真实想法。有些父母缺乏耐心，武断地评判谁对谁错，追求在短时间内平息冲突。有的用语言威胁，有的用零食诱惑。

（3）树立的教育目标与现实割裂

父母对几个孩子各有不同的希望和期待，而这种教育目标是因孩子的长幼排序不同而设立的，与每个孩子的现实情况存在差距。

2. 父母在处理同胞冲突时的差别对待

有的父母通常会吆喝大的，护着小的，对中间的容易忽视，没能照顾到每个孩子各自的需要。父母所表现出的对孩子的不公平行为，容易导致同胞间产生更多的竞争，引起更多的冲突。

3. 教养的分工与合作出现问题

养育多孩的家庭，更需要祖辈参与带养孙辈。祖辈成为重要的教育力量。但祖辈和年轻父母在教养理念、教养方式上存在一定的差异，容易在养育孩子的过程中产生摩擦。例如，如何合理增减衣服确保孩子不生病，是否要求孩子自己吃饭，孩子犯错是否及时纠正等，年轻父母常常与祖辈有分歧。

养育多个孩子，需要年轻父母投入更多的时间与精力，"力不从心""有心无力""身心俱疲"，成为年轻父母的心理体验。父亲角色的缺失更是加剧了母亲"透支育儿"的困境，不能很好地照顾到每一个孩子，不能满足每一个孩子的心理需要，也会导致孩子之间的冲突。孩子发生冲突之后，父母不能及时教育引导，也容易影响温暖、互助、相互关爱的同胞关系的建立。

四、手足情的培养策略

手足情的建立与发展，受到父母双方教育水平、教育观念及方式、亲子沟通、夫妻婚姻质量等因素的影响。

（一）积极预判，提前做好准备

[案例]期待弟弟妹妹

小羽 5 岁的时候，妈妈怀孕了。妈妈常会让小羽摸摸她的肚子，告诉他："这是你的弟弟或妹妹，你们以后可以一起玩，这样，你就不会总觉得孤单了。"爸爸妈妈给未来的小宝宝准备衣服、小床的时候，也会让小羽一起帮着挑选；还让小羽帮着给小宝宝取个他喜欢的小名……这让小羽对即将到来的小宝宝充满期待，觉得有个弟弟或妹妹真是一件很棒的事。

养育一个孩子和同时养育多个孩子会有很多不同。当家里多了一个新的生命，并非只是多了一个"人"，而是多了许多新的"关系"。家庭关系不再只是简单的夫妻关系和亲子关系，还出现了同胞关系。因此，面对新的教养环境，父母必须建立全新的教养模式，提前做好养育多孩的准备。这种准备，不仅包括一些物质上的准备，更重要的是，家庭成员都应做好相应的心理准备。

1. 帮助大孩建立足够的安全感

父母应了解家中大孩面对即将到来的弟弟妹妹的复杂心理，作为家中原本唯一的小孩，他们享受着父母的"独宠"，当弟弟妹妹到来时，他们容易产生"爱被分享"的感觉。此时，父母应在理解大孩的基础上，通过日常言行让他感受到，弟弟妹妹的到来，并不会剥夺父母对他的爱，从而消除他的担忧，以接纳和期待的心态迎接弟弟妹妹的到来。比如，可以如上述案例中小羽妈妈所做的那样，让大孩和弟弟或妹妹先做一个情感及心理上的联结，让他帮着挑选一些生活用品、取个小名，让他感受到弟弟或妹妹是他的手足，是这个相亲相爱大家庭的一分子，从而对弟弟或妹妹的到来产生期待及积极情感。

2.协调好家庭养育分工

除了让家中大孩获得充分的安全感外，家庭中的其他成员也应为新生命的到来做好准备。当母亲可能要将更多时间和精力花在喂养新生命的时候，父亲应更多地投入家庭，更多地陪伴大孩，更多地给予母亲关爱与支持。同时，如果祖辈精力允许，并有帮忙带养的意愿，也可请他们一起帮忙照料。但要提醒一点，全家需事先协调好分工，在一些养育问题上达成共识，共同创设幸福、友爱、互助、包容的家庭环境。

（二）均衡陪伴，关注手足间的心理变化

［案例］越长越小

琪琪今年6岁。自从妹妹珏珏出生以来，琪琪常常会咬自己的指甲，一紧张还容易尿床。早上起床时，琪琪原本都会自己利索地穿好衣服，但现在她总是喊妈妈："妈妈，快来帮我穿衣服！我要冻感冒了！我不会！"妈妈又要看着小的，又要顾着大的，真是焦头烂额，忍不住说琪琪："你这孩子，真是越长越小了！"

类似琪琪这样的案例，在生活中并不少见。琪琪出现的这种现象被称为"行为倒退"，也就是心理学所说的"返婴行为"。它是指已经过了婴儿期的孩子，做出一些与年龄不相符的举动，表现出行为倒退或过于依赖父母等。孩子的"行为倒退"，其实是在向父母发射"求关注"的信号。当大孩看到父母更多地将关注点放在"因为年纪小而不能自理，需要照顾"的小宝身上时，很容易产生失落的情绪，进而认为，如果自己也变得那么小，变得什么都不会，爸爸妈妈也会来关心、关注自己。在这种心理动机的影响下，就容易表现出"行为倒退"。因此，家长不能简单地认为这是孩子"不懂事""不听话"，而应积极关注并识别孩子的"求助信号"，做出正向回应。

1.设立与孩子的"特殊时光"

孩子发出"求关注"信号，往往是因为感到自己被冷落，感到父母没有像喜欢弟弟妹妹那样喜欢自己。所以，家长的正确应对方式是"看到孩子"，并让孩子感到自己"被爱着"。

除了给每个孩子安排一些单独相处的时间，家长还可以给孩子制造这样一种感觉："有些事情，爸爸妈妈只和我一起做，我们一起享受其中的乐趣。"当孩子感受到这一点，他就会对自己的"独特价值"更有信心，也更能感受到来自父母独一无二的爱。比如，可以在晚上和大孩设立一个只属于彼此的"阅读时间"，在这段时间里，和孩子一起共读图书，共说故事，共同享有独属于对方的时光。

2.减少比较，呵护孩子的自尊心

在多子女家庭中，家长免不了"同一屋檐下的比较"，我们也常会听到"你看，姐姐吃饭吃得多快！""你看，妹妹叫人叫得多甜！"这样的对比，对家长来说，可能是无心之言，也可能是想让孩子见贤思齐，向姐姐妹妹好的地方"看齐"，继续努力。但这对孩子来说，却常常会让他们有"被比下去"的感觉，让他们觉得爸爸妈妈更爱他的兄弟姐妹而不是他，从而产生失落感，甚而引发对兄弟姐妹的"敌意"。因而，在家庭中，应尽量减少兄弟姐妹间的比较，看到每个孩子不同的优点、闪光点，肯定每个孩子的独特价值。

（三）面对冲突，将解决权交给孩子

[案例]委屈的姐姐

7岁的晨晨在搭积木，一座"城堡"即将竣工。这时，3岁的夕夕跑过来，把"城堡"推散了架。眼看着花了1个多小时堆的"城堡"七零八落，晨晨又难过又伤心，忍不住推了夕夕一把。夕夕没站稳，摔倒在地大哭起来。妈妈听到哭声走过来，对晨晨说："你们两个又开始闹了！你做姐姐的，也不知道让着弟弟一点。"这让晨晨觉得很委屈。

在多子女家庭中，竞争与共处是兄弟姐妹间的基本关系。他们在竞争中共处，在共处中竞争，而在共处与竞争中，冲突也在所难免。因此，家长要善于处理孩子之间的纠纷。面对孩子的冲突时，不要将处理方式简化为"大的让小的""谁哭谁有理""谁告状谁占先机"，而是可以先帮助孩子平复情绪，然后让孩子把刚才的"冲突"事件说出来，最后引导孩子自己想办法解决问题，把解决问题的权利更多地交给孩子自己。

发生同胞冲突的时候，无论是年龄较小的孩子，还是年龄较大的孩子，都希望得到公平、公正的对待，希望家长能体察到他内心委屈、伤心的情绪。因此，家长要在处理好孩子情绪的前提下，引导孩子运用自身的智慧"重归于好"。

1. 不做孩子冲突的"仲裁者"

当孩子处于激烈冲突时，他们往往都会认为自己是"受害者"，家长此时参与仲裁，往往很难让两个孩子都心服口服。且家长经常充当"仲裁者"，会让孩子忽视自身的能力，把解决问题的权利交给家长。久而久之，一些孩子还会养成"告状"的习惯，这并不利于孩子的社会性发展。

当面对孩子间的冲突时，家长可以把解决问题的权利"让渡"给孩子，让他们自己协商处理。比如，上述案例中的妈妈可以在夕夕、晨晨情绪都比较稳定，不再那么生气的时候，先听听两个孩子怎么说；在了解事情的原委后，再和晨晨说："妈妈知道，你的'城堡'塌了你很伤心。那你想一想，怎么和弟弟协商一下，在你搭积木、画画、弹琴的时候，不来打扰你？你们是不是可以一起做一些小标识？一起做一些约定？"这样，引导两个孩子一起思考怎样避免类似冲突的发生，让孩子从冲突中学习交往。

2. 不让孩子成为不情愿的"分享者"

当家中只有一个孩子时，这个孩子往往是玩具、空间、父母之爱的"独享者"。而当有一天，这个"独享者"要和别人分享这些他原本的"所有物"时，他一定是不太情愿的。特别是当爸爸妈妈说出"你让着点弟弟""你这个玩具给妹妹玩会儿怎么了"这类话时，孩子的内心更会感到不公与失落，这也常常是孩子间冲突的起源。从表面上看，他们似乎是在争抢好玩的、好吃的，实际上，他们是在争抢爸爸妈妈的爱，是在守护自己的"所有物"。

所以家长要了解孩子的这种心理，引导他"与其谦让，不如轮流分享"。比如，可以引导孩子设置"我的玩具箱""我们的玩具箱"，让孩子在"我的玩具箱"中放置两三样他最喜欢的，只想一个人玩的玩具；而其余的玩具则可以放在"我们的玩具箱"，这些玩具是可以和兄弟姐妹一起玩，一起轮流分享的。这样，孩子既有了自己的"独有"，又有了和兄弟姐妹的"共享"，有利于孩子边界意识的培养与安全感的获得，也从源头上消除了许多兄弟姐妹间的冲突。

（四）了解孩子，掌握教育大孩与二孩的基本原则

[案例]小老师

6 岁的小语和 3 岁的小文一起玩玩具。妈妈对小语说："玩完玩具，你教小文怎么把玩具放回原位好吗？"小语高兴地接受了这个任务，很耐心地教妹妹：大的积木放在下面，这样小的才能一个一个放上去。他还会示范给妹妹看。小文学着哥哥的样子，先放大积木，再放小积木，一边放还一边说："哥哥说，这是大积木……这是小积木……"小语看着放得整整齐齐的玩具，心里特有成就感——自己也是个小老师了！

在多子女家庭中，家长有时可以"退居二线"，让孩子影响孩子，让孩子教育孩子。孩子是彼此间最好的玩伴，也可以成为彼此的"小老师"，大家相互学习、相互帮助，共同成长。作为家长，可以稍稍了解一些家中大孩和二孩的心理特点，以便更好地对他们进行不同的教育。

一般来说，大孩容易产生从"独享"到"分享"的落差感，他会觉得自己不得不"割舍"与"忍让"，有时也会怀疑"爸妈是不是更爱弟弟妹妹，不爱我了？""我是不是一个多余的人？"。因此，家长对大孩既要有一如既往的心理关怀，也要让他能真切地体会到，父母的爱并没有因为弟弟妹妹的到来而消失。

二孩因为是家庭中的后来者，一方面，容易集宠爱于一身，不自觉地养成被动等待照顾的习惯；另一方面，他又会经常受到来自父母与哥哥姐姐的教导，这容易让他感到"人微言轻"，处处受限。所以家长也要理解二孩的这种矛盾心理，在培养他独立意识的同时，尊重他的想法。

1."自愿原则"与大孩教育

对于家中的大孩，家长可以引导他多和弟弟妹妹玩，并在一起玩的过程中，让大孩当弟弟妹妹的"小老师"，提供一些力所能及的简单帮助，让大孩在这样的"帮助"中收获成就感、价值感、愉悦感。但同时，家长也要遵循"自愿原则"，即不要强迫大孩树立"哥哥姐姐的榜样作用"，不要强迫大孩"分享与照顾"，特别是当大孩正在专心做自己的事，或者有自己的"心事"

时，家长要表示理解，要允许大孩作为独立个体，有属于自己的空间和时间。

2."自立原则"与二孩教育

对家中年龄较小的孩子来说，家长要培养他自己的事情自己做的自理能力和独立意识，不要养成凡事依赖他人的习惯。同时，要注意培养他的规则意识，让孩子知道，不能因为他小、他弱、他发动眼泪攻势，大家就都要让着他，他也是这个家庭平等的一员，家庭中的规则对他来说同样适用。家长也要注意，不要过度比较，以免较小的孩子成长在哥哥姐姐的"光环"之下，要以成长的视角让他看到，他在慢慢成长，也会慢慢地掌握很多知识和本领。

参考文献

[1] 何姗，卢玲，胡福贞.3—6岁幼儿同胞关系质量及其类型研究[J].成都师范学院学报，2022，38（7）：85-92.

[2] 任思琪，曹晓君，姜美茹，等.4—6岁头胎儿童家庭规则与同胞关系质量的相关分析[J].陕西学前师范学院学报，2022，38（8）：47-53+72.

[3] 刘田田.儿童早期同胞关系质量的特点、影响因素及其与学前儿童社会适应的关系[D].上海：上海师范大学，2021.

[4] 申欣悦.中班幼儿同胞关系与分享行为的关系研究[D].武汉：华中师范大学，2022.

[5] 张琼.二孩家庭教育存在的问题与对策研究[D].大连：辽宁师范大学，2018.

[6] 刘晓晓.二胎家庭中同胞接纳、家庭教养方式对5—6岁长子女行为问题的影响[D].聊城：聊城大学，2021.

[7] 史秋霞，王开庆.做好父母：家长主义浪潮下的教养困境——基于畅销杂志读者来信的文本分析[J].当代青年研究，2021（2）：13-19.

（执笔：陈霞芳　杨希）

第 15 课
如何培养孩子的
规则意识

课程简介

教学对象

3—6 岁儿童家长及其他照护者

教学目标

1. 了解孩子规则意识的发展及特点，明确规则意识培养的重要意义。
2. 学会培养孩子规则意识的策略。
3. 努力创设条件让孩子实践规则，促进其社会性发展。

教学时长

90 分钟

课程框架

课程内容

[实例导入]

游乐园关门时间到了，可木木还没玩够，不肯走，在公园门口和爸爸妈妈打起了"拉锯战"，撒泼耍赖，引得路人频频回头。

丰丰很喜欢画画，一个不注意，他已经在桌子上、墙上用水彩笔涂鸦了好些"大作"。奶奶一边批评他一边费劲地擦洗，他大哭大闹说奶奶破坏了他的作品。

早上，爸爸送小山去幼儿园。在电梯里，邻居好心帮忙按了按钮，结果小山突然暴怒，哭哭啼啼一定要自己按，还非要"回到刚才"自己按。

看电视的时间已经结束了，苗苗还不愿离开。外婆来关电视，她软磨硬泡："这集还没看完呢，我就再看一小会儿嘛……"外婆心软，只得放任她接着看。苗苗的这招儿屡试不爽，扯皮的事情越来越多。

很多家长碰到过实例中类似的"上火"时刻或尴尬瞬间。"没有规矩不成方圆"，从小给孩子"做规矩"，扣好人生的"第一粒扣子"，是家长的主要职责之一。面对初来世间、无拘无束的孩子，该如何帮助他们理解和习得规则，更好地融入集体生活，顺利地进行社会交往，过好自律自洽的人生？

一、规则和规则意识的概念

（一）什么是规则

本课所讨论的规则，是针对儿童的社会性发展而言，指为协调个体、自然、社会之间对内或对外的各类关系，以维护共同利益而共同制定或者一致认可的基本约定；是儿童在日常生活学习中必须遵守的合理合法的行为规范和准则。

规则涉及"人、事、物"等方面，包括基本的交往规则和社交礼仪，有序的物质环境、生活规律，在不同的情境下有相对应的行为，做事的顺序及程度等。

（二）什么是规则意识

规则意识，是指社会个体对规则的认知、认同、尊重和信仰，并自觉遵守规则的愿望和习惯，是现代公民必须具备的一种素质。从心理学角度来解释，规则意识是指发自内心的、以规则为自己行动准绳的意识。它包含三个层次：第一个层次是对规则的认知和理解；第二个层次是愿意遵守规则的愿望和习惯；第三个层次是让遵守规则成为自己内在的需要，让外在规则成为人的内在素质。从感受到动力，从规范向素质的转变，意味着规则不仅仅是一种外在强制，在某种意义上它还使人获得了真正的自由。

规则意识最初是主体对于生活规律、环境秩序的体验和感受；在主体与外界接触的社会实践中，外部要求与内在感受不断碰撞，主体做出调整和顺应；发展过程中深刻的情绪感受转变为认知，并内化为自觉的价值尺度和行为准则。

（三）幼儿规则意识的特点

规则意识是孩子成长过程中的重要方面，是个体社会化的结果之一。这种意识使孩子能够理解明白，同时也能表达出来，且行动上也会遵守规则。在学龄前，社会化对孩子的要求主要表现在生存的基本技能和生活的基本规则两方面，而后者就属于规则层面。规则意识会逐渐融入孩子生活，并且成为一种行为习惯，以行为规范的形式确立下来。当孩子把外部规范要求变成自觉的行为准则，便可认为其形成了规则意识。孩子在规则意识的指导下，明确了什么是"应该"，哪些是"不允许"；知道了什么时候该做什么，做事的顺序是怎样的，什么东西该放在哪里，和别人交往该怎么做，哪些事情是绝对不可以做的，等等。

二、幼儿规则意识的发展及现状

（一）幼儿规则意识的发展

1. 规则意识发展水平与其秩序感发展存在密切联系

"敏感期"是意大利教育家蒙台梭利的重要理论之一。它是指0—6岁的孩子在成长过程中，受到内在生命力的驱使，在某个时间段内，专心吸收环境中某一事物的特质并不断重复实践的过程。这些敏感性是一种洞察力和本能，它们为意识的形成打下了基础。

从出生后不久就开始的"秩序敏感期"可以看作规则意识的萌芽时期。"秩序感"一般是指物品摆放的空间和生活起居的时间和顺序，在这个时期，程序和秩序为孩子提供了一种安全感。这意味着孩子能够掌控自己环境的每一个细节，并由环境中精确和不变的规则来引导自己的成长。外在的有序有助于孩子形成内在的秩序感。

孩子从出生几个月一直到6岁，秩序的敏感期是呈螺旋状发展的。第一个阶段，为了秩序的破坏而苦恼，秩序一旦恢复就会安静下来；第二个阶段，为了维护秩序而说"不"，自我意识开始萌芽；第三个阶段，为了维护秩序而执拗，一切要重新来。孩子需要一个有秩序的环境，按照一定的规则和习惯整理环境，把环境秩序化，这说明孩子已经有内在的秩序，这个内在秩序反过来检测环境、修正环境，要求环境符合他的内在秩序。

孩子天生就有内在的秩序感，喜欢遵守规则。蒙台梭利说："真正的规则只有在自由的气氛中才能产生。"提供一个有秩序的环境，在自然放松的状态下，孩子就容易在行为中发展出规则意识，最终形成自律。

2. 规则意识发展水平与其道德意识发展水平密切相关

著名心理学家皮亚杰认为，一个人道德上的成熟主要表现在尊重准则和社会公正感这两个方面。孩子规则意识的发展水平具有显著的年龄差异，随着年龄的增长，他们对规则的理解能力相对也会提高。

皮亚杰认为，孩子的自我约束、自我学习有不同的发展阶段，包括他律阶段和自律阶段。他律是指孩子做与不做某件事受自身以外的价值标准所支配。小年龄段幼儿有服从权威的倾向性，表现出服从权威、避免惩罚的他律倾向性；但同时他们对规则意义完全不理解，经常出现违规行为。随着年龄的增长，孩子能够区分更多的社会规则事件，对规则概念的理解也随之进一步深化，能从价值观角度、从内心知道为什么不能这么做、为什么可以那么做，从主观认知方面开始对自己的行为进行约束，对规则的遵守和执行逐渐从他律转向自律，从而内化为自身行动。皮亚杰称之为"规则内化"。这个飞跃就是规则认知方面的成长。

（二）规则意识培养的重要意义

1. 发展规则意识为孩子全面和谐发展打好基础

《幼儿园教育指导纲要》明确提出："在共同的生活和活动中，以多种方式引导幼儿认识、体验并理解基本的社会行为规则，学习自律和尊重他人。"规则意识是发展其他能力的基础。起居饮食、生活自理离不开作息规则；学习知识、发展智力离不开课堂规则；同伴交往、游戏竞赛离不开社交规则……孩子的社会化过程就是在规则意识的推动下进行的。培养孩子的规则意识，有利于孩子形成良好的习惯，有利于孩子亲社会性行为的形成和保持，有利于孩子适应周围环境，被他人接受和认可，有利于形成社会认可的价值观。

2. 发展规则意识是孩子的内在需要

人的心理发展是呈螺旋式阶梯状的，每一个阶段的心理品质都不能被跳过和忽略。孩子天生具有强烈的秩序感，它能使人产生愉快、兴奋、舒畅的感觉，是个体生命的基本情感需要。有秩序的环境带给孩子安全感，在此基础上，孩子通过将外在环境与内在秩序配对，形成各种感觉归类，然后从感觉上升到对知觉的认识，形成了智能，自我的发展才能又上一个台阶。

（三）规则意识培养的现状与问题

日常生活中出现的孩子的规则意识问题，常见的有以下几种情况。

1. "孩子大了自然就懂"

放任不管型的家长常把"孩子长大了自然就懂"当作自己不作为的借口，或是将孩子常规教育的培养"承包"给教育机构和老师。这部分家长很少在家庭中对孩子提出要求，或者与教育机构的要求相去甚远。看似静待花开，实质上属于逃避教育责任。

引导孩子理解规则，安排活动让孩子实践规则，需要家长长期坚持。孩子成长存在敏感期，一旦错过，弥补起来就事倍功半了。

2. "做个听话的好宝宝"

高控严管型的家长对孩子的最高评价就是"听话"。这种不正确的观念、不合理的要求，在儿童早期很容易使孩子的自我评价僵化或极端化；而且这种不良影响会波及孩子以后的学习及对问题的处理方式，乃至影响其一生对自我的正确认识、积极评价与完整人格的形成。

蒙台梭利指出：真正能够自我控制的人，应该是一个能够按照自己的内在准则来调节自己行为的人。而"听话"的人，往往只是根据权威的准则来调节自己的行为，一旦失去权威的指导，也就失去了对自身行为的决断能力，因此也就很难根据情境要求做出恰当的行为。所以"听话"只是满足了成人的需求，方便了他们的管理。同样，不敢让孩子越雷池半步去试错，也限制了孩子对规则的体验，阻断了孩子的感受和认知发展。

3. "公说公有理，婆说婆有理"

家庭成员对于规则的认识不一致，会导致孩子难以认同，产生矛盾心理，或者"钻空子"逃避规则，陷入认知混乱。家长来自不同的原生家庭，过往经历也不尽相同，生活理念有所不同也很正常。教育风格可以各有千秋，但是规则应尽量做到统一。即使同一个成人，也要做到"一以贯之"。

对孩子提要求，不能随心所欲。随时随地提出的，类似于从口袋掏出的规则，被称为"口袋政策"。即使孩子因为幼小服从于大人的管制，也并不代表他内心理解和认同，这种"服从"对于规则意识的建立毫无助益。

4. 家长缺乏示范意识

幼儿具有极强的模仿能力，家长在生活中的每个细小行为，都有可能成为幼儿模仿的对象。模仿是幼儿学习的主要手段，家长给孩子树立的榜样是至关重要的，对孩子规则意识形成的影响不容忽视。当家长要求孩子文明用语，自己却开口就是脏话；要求孩子遵守时间，自己却迟到拖拉；要求孩子爱惜粮食，自己却做不到"光盘"……可想而知，孩子的规则意识会是怎样。

三、规则意识培养的策略与建议

（一）打造有序环境，满足孩子心理需求

1. 接纳孩子的"强迫行为"

强迫行为又名强迫动作，是指反复出现的刻板的仪式化动作。家长要敏锐注意孩子的发展阶段，理解该阶段的特点，用宽容接纳的态度面对孩子的"强

迫行为"，知道这些现象只是暂时的，是为了促进秩序感形成而产生的。切不可用粗暴的方式压制孩子的"毛病"，以免给孩子的心理造成创伤，扼杀自律的萌芽。

2. 打造有序的环境

让孩子能够明确知道每个空间的作用，每样物品的位置，每件事情的顺序，这能带给孩子归属感和安全感。邀请孩子一起参与家居布置和整理，也有助于发展孩子对环境的掌控感和成就感。还可以使用图表、标志的形式，将提示信息视觉化，帮助孩子将琐碎的事和物进行定位，比如，玩具柜标签、洗手步骤图、任务打卡表、时间储蓄罐等，使得孩子信任环境，维护环境。当然，身教重于言传，家长也要以身作则，成为秩序的维护者，尽量做到物归原处、规律作息。一旦孩子建立了良好的秩序，就会自主地维护它，而秩序与规则意识的养成是密不可分的。

（二）通过游戏活动，帮助孩子体验规则

皮亚杰说："儿童的游戏构成了一种最好的社会制度。"孩子对规则意义的理解必须通过探索实际生活与活动，才能逐渐认识规则的意义，并学会遵守规则、学会自我控制。已有研究发现，体验式活动、游戏活动对孩子规则意识的培养具有较为明显的效果。游戏是孩子生活的主要方式和内容，它既有外显的玩法和规则，也有过程中内隐的情境性和秩序感。这些既是游戏趣味的来源，也是规则意义的体现。

家长可以通过安排适合孩子年龄段的游戏活动，让孩子在实践参与中体会规则的意义，享受规则的乐趣；在活动结束后，和孩子一起回顾小结，进行规则强化。规则明确的卡牌桌游、体育游戏等，都是非常适合孩子的活动。

角色游戏是孩子对现实生活的再现以及模仿，是一种创造性活动。孩子在想象的角色、材料、情节中学会模仿、遵守社会的规则，懂得社交的技能，明白如何控制自己，学会维护自己正当的权利和要求，培养良好的行为规则。角色游戏可以帮助孩子演练不同生活情境中的规则。如：扮演病人的角色，就要排队等待、遵循医嘱；扮演图书馆里的角色，就要保持安静、有借有还；扮演学生的角色，就要按时到校、举手发言；扮演司机的角色，就要礼让行人、不闯

红灯……孩子在扮演中对生活情境进行一遍遍的回顾和练习，逐渐加深对规则的理解。

（三）设立必要规则，避免权力斗争

"国有国法，家有家规。"给孩子设定必要的规则是必须的，不是为了控制孩子，而是为了保护孩子及环境的安全，为了帮助孩子学习自我控制以及形成责任感，辨别社会无法接受的行为。规则的制定与实施，应围绕"有利于儿童发展"这个核心。

1. 制定规则遵循"三不原则"

规则要少而精。太多的"禁止"像一个牢笼，把孩子的心灵困于其中，难以生长。在制定规则时可以参考"三不原则"，即"不伤害自己、不伤害他人、不破坏环境"，以此为底线，结合生活中的具体事件来设定。

2岁以上的孩子就可以一起参与规则制定。蒙台梭利说："只有当孩子成为自己的主人并遵循一些生活规则时，他才能管制自己的行为，我们才认为他是一个守纪律的人。"

在规则情境出现时，家长就要对孩子及时设置规则。家长可以阶段性地和孩子一起做小结，在分析、归纳的过程中，孩子能逐渐明白在各种情况下应该遵守哪些规则，从具体的事件中感受和理解抽象的规则，同时也逐渐形成自己的处事方式及态度。

2. 家庭成员遵循一致性原则

一是家庭成员之间对于规则的认同和执行要保持一致，避免变成"权力斗争"。二是同一个人在不同情境下也要保持一致，不能因为今天心情好就"大开绿灯"，明天心情不好就全部禁止，也不能朝令夕改。否则，孩子同样会陷入"到底听谁的"怪圈中。保持规则的一致性，也能给孩子心理带来安全感。

[案例]会钻"空子"的笑笑

笑笑平时主要是外婆和爸爸照顾得多一些，两位都是对孩子教育比较上心且有想法的家长。但是笑笑妈妈注意到这样的情况：外婆单独管娃时都挺顺利，爸爸自己带笑笑也没什么问题。但这两人同时在家时，为了孩子教育上的一点

小事，不知怎么就会争执起来。通过观察发现，外婆和爸爸各有一套不完全相同的育儿理念，单独使用时效果都挺好，但是两人同时在场时，因为意见不合，没有做到"一致性"。这个"空子"马上就被笑笑敏锐地觉察了。所以她在无意识中就挑起了两个大人的矛盾，大人忙着争论，自然就没人限制她了。

（四）ACT设限技术

孩子规则意识的培养，需要发挥孩子在规则学习过程中的主体作用。想要让孩子主动遵守规则，那么这个决定最好是他自己做的。"主动"的前提是"自主"，就是自发地选择。因为是自己的选择，才有足够的动力去努力追求，有选择才会负责。让孩子自己做选择和决定，是将本就属于孩子的权利归还给他自己。

一方面，孩子在规则认知活动中具有主动性，通过活动中的体验，不断建构规则对于自身、对于自身与他人之间的意义；另一方面，孩子受到其经验的限制，需要家长在其规则建构中给予支持与引导。

ACT技术是儿童游戏治疗中给儿童行为设限的技术。该技术也适合在家庭日常生活中运用，具体步骤如下。

步骤一：A——认可孩子的感受、愿望和想法（Acknowledge the child's feeling, wishs and wants）。句式："××，我知道你（+反应情绪）……"说出孩子的情绪或想法，传达家长对他的理解。这样的表达能够降低感觉强度，让孩子感觉被接纳，从而愿意合作；同时也是告诉孩子，"所有的感觉愿望都是可以被接纳的，但不是所有行为都可以"。

步骤二：C——告知限制（Communication the limit）。句式："可是（+限制）……"具体、清楚、精确地说出你的限制，无须争论和冗长的解释。

步骤三：T——提出可接受的选择（Target acceptable alternatives）。句式："你可以（+替代方案）……"提供另外可行的选择，让孩子可以表达最初意愿的行为。如果可能的话，最好提供两个选项。

ACT设限完整句式："××，我知道你（+反应情绪）……可是（+限制）……你可以（+替代方案）……"比如，孩子想在墙上画画，刚举起拿着彩笔的手，这时妈妈看见了，说："小宝，我知道你想在墙上画画，可是墙上不可以画画，你可以选择画在这张纸上或者这个小本子上。"

在设限时，态度要保持"温和而坚定"，至少是冷静平稳的，不然效果会大打折扣。

如果用平静的态度重复ACT设限3次无效，则可以使用"终极设限"。句式："如果你选择继续（限制的行为），就是选择（禁止）。"比如这样说："如果你选择继续画在墙上，今天接下来的时间里就都不能再用画笔了；如果你选择不在墙上画，那就还可以继续使用画笔。"通常孩子都会选择对自己有利的后果。极少数的情况下，孩子连终极设限也不做选择。此时家长要明白"不选择也是一种选择"，这个时候可以介入："那么你就是选择让我来做决定。"然后可以采取一些强制手段，比如，收走孩子的画笔，或者带他离开这个场地。

设限的目的是增强孩子做选择的能力，让孩子使用内在资源练习自我控制、作出决定，而非依赖他人来停止行为或解决问题，减少权力斗争。

皮亚杰曾建议："如果可能的话，让儿童体验自己行为的后果。自然后果正是如此，它让儿童从他们的经验中学习。"卢梭也在《爱弥儿》中提出："儿童受到的惩罚应当是其过失带来的自然后果。基于此，当幼儿发生违反规则的行为并引起不可避免的后果时，就会得到不愉快的体验。"所以家长在态度上要保持温和、坚定、冷静，行动上要说到做到。一旦孩子做出选择，不能帮他撤销决定；如果孩子讨价还价，家长就要表达理解，但重复他的选择及其结果。

四、规则意识培养过程中常见的问题

（一）孩子不肯收拾玩具

家长咨询：我家孩子特别喜欢乱摊东西，玩具经常扔一地。我几乎每天都他收玩具的时候都说他，但是没有什么效果，家里照样乱七八糟。有天晚上，我态度很强硬地坚持要他收完才睡觉，告诉他："你已经3岁了，自己的事情要自己做！"他不配合，还大发脾气。后来我又试了几次，也没有效果。请问：我该怎样培养孩子收拾的习惯呢？

读懂孩子：首先，孩子受到环境和家长的影响是很大的，家庭环境整体的风格是怎样的，孩子就很容易认同和模仿。其次，责任感是在孩子拥有物权和主动权的前提下，在处理每一件关乎孩子自己的事情上建立起来的。言下之意就是东西是孩子的，事情是他自己选择的，我们才能说要他负责任。再次，孩子能力有限，可以只做力所能及的部分，但是父母应该为他示范一件事所有的环节，并告诉他，余下的环节等他长大一些要自己做。

父母智慧：首先父母可以将家庭环境做些规划，给孩子一块属于他自己的空间，帮助孩子把玩具和收纳的地方做上对应标记或拍照，便于小主人"送玩具宝宝回家"；通过讨论确定几件可以由孩子负责的小事，用"打卡提示板"之类的辅助工具进行管理；同时家庭成员也要尽量保持环境整洁，做到物归原处，起到表率作用。

（二）让人又爱又恨的"电子保姆"

家长咨询：孩子 3 岁了，很喜欢玩我们的手机。虽然手机上的确有些寓教于乐的软件和视频，能够让孩子增长知识、开发智力，但是我们也担心影响他的视力，怕他对手机上瘾。现在孩子就有点这个苗头，看视频、玩游戏很难停下来，强行拿走，他就着急、尖叫，甚至大发脾气。有时候为了息事宁人，只好再给他玩一会儿。我们也觉得长此以往对孩子成长不利，但现在该怎么办呢？

读懂孩子：有的家长把电视、手机、平板电脑等电子产品当作孩子的"电子保姆"。特别是手机，越来越成为人们生活中离不开的工具。手机上的资讯生动形象，功能五花八门，对孩子来说，这个充满趣味的"玩意儿"太有吸引力了！现实生活中很多情况都是需要等待的，有时还需要延时满足，但是孩子对时间的观念是模糊的，这造成了他们不太擅长等待。而手机给的都是即时反馈，而且鲜艳跳动的画面、悦耳有趣的声音，都是最能吸引无意注意的元素。

父母智慧：首先，父母自己要减少观看电子屏幕特别是手机的时间，多安排些现实生活中可以和孩子互动的活动，让孩子感受到除了光怪陆离的网络世界，现实中也有很多不可替代的趣味。其次，可以试试 ACT 设限技术。事先和孩子约定好手机使用的时长和频次，在开始时再强调一次约定，用定时器定好时间，当闹铃响起时看看孩子的表现。如果自觉地遵守约定，就及时进行正面强化，表扬孩子；如果还不能放下手机，就用温和坚定的态度进行设限："我知道你可能还没玩够，还想玩，但是今天玩手机的时间已经结束了，你可以等到明天接着玩，或者和我一起去楼下玩球。"

（三）经常惹麻烦的"小霸王"

家长咨询：孩子性格活泼外向，总是动作比嘴和脑子都快。比如，喜欢同伴的玩具，就直接上手抢过来，玩了很久也不肯还回去。去向他追讨，他就兴奋得撒丫子满场兜圈跑，完全意识不到自己的行为已经让别人不高兴。和小伙伴一产生矛盾，他就"先下手为强"。我们只能跟在他后面收拾烂摊子，给人家道歉。我们也通过故事、说理教育过他，可是收效甚微。该怎么办呢？

读懂孩子：孩子7岁以前心理发展还处于"自我中心阶段"，还不能从别人的视角看待和思考问题，不能够理解他人的感受和想法。不同气质类型的孩子确实会有不一样的行事风格。如果孩子属于"胆汁质"或"多血质"，就很有可能是个"小社牛"，大胆开朗，想到就做，但同时也容易造成交往中的矛盾；再加上孩子的语言能力还没有充分发展，不能将自己的想法准确地表达出来，而且在"全能自恋感"的驱使下，认为别人都应该懂自己，于是误会就这样产生了。

父母智慧：找机会和孩子聊一聊他和小伙伴产生矛盾的情境，帮助孩子看到整个事情的前因后果，做一个简单的复盘。这不仅可以练习口语表达能力，同时也可以帮助孩子找出满足"合理需求"及"社会规范"之间的平衡点。进行角色扮演，或者陪孩子玩情景游戏时加入产生冲突的元素，给孩子演练的机会，学会说"请""对不起""不好意思""能不能""我想要"等。使用代币激励正面行为，外出前设定目标行为，如：询问、等待、礼让、商量，孩子出现一次累计一个代币，达到一定数量可以兑换小愿望。

如果在活动中孩子出现违规行为，可以使用ACT技术及时设限，如："我知道你特别喜欢晓明的玩具，但是这个属于别人，你可以等一会儿再向他借来玩，或者用自己的零花钱买一个。"或者使用终极设限，如："如果你选择不还给别人，那么现在就回家；如果你选择还给别人，就还可以再玩一会儿。"

孩子规则意识的养成是个长期的过程，在这期间一定会出现反复和各种挑战。家长需要保持耐心和恒心，用良好的亲子关系和智慧的爱，陪伴孩子收获这笔受用一生的财富。

参考文献

[1] 孙瑞雪.捕捉儿童敏感期 [M].北京：中国妇女出版社，2009.

[2] 郑三元.规则的意义与儿童规则教育新思维 [J].湖南师范大学教育科学学报，2006（5）：45-47.

[3] 梁秋玲.论幼儿规则意识的培养策略 [J].剑南文学（经典教苑），2012（1）：286.

[4] 韩威.皮亚杰认知发展理论对幼儿规则意识培养的启示 [J].早期教育（教科研版），2015（21）：49-52.

[5] 王婕.如何培养幼儿的规则意识 [J].科技展望，2015，25（5）：280.

[6] 皮亚杰.儿童的道德判断 [M].傅统先，陆有铨，译.济南：山东教育出版社，1984.

（执笔.周杨）

第 16 课

如何对孩子进行性别教育

课程简介

教学对象

3—6 岁儿童家长及其他照护者

教学目标

1. 了解孩子的性别概念及其形成过程。

2. 认识性别教育的重要意义。

3. 学会家庭性别教育的策略。

教学时长

90 分钟

课程框架

[实例导入]

一、性别概念

（一）生理性别

（二）心理性别

（三）社会性别

二、性别概念形成过程

（一）性别恒常性

    1. 性别认同阶段

    2. 性别稳定阶段

    3. 性别恒常阶段

（二）性别角色及刻板印象

    1. 性别角色

    2. 性别角色刻板印象

（三）性别化行为

三、性别教育的重要意义

（一）性别教育为健康人格奠基

（二）性别教育是性教育的基础

（三）有利于孩子树立性别平等意识

四、家庭性别教育的策略

（一）树立正确的性别教育理念

（二）积极培养孩子的性别意识

（三）潜移默化地言传身教

（四）营造平等和谐的家庭氛围

（五）开展双性化教育

1. 重视"双性化"教育

2. 采取一致的抚养方式

3. 慎重挑选幼儿读物

4. 认真解答孩子的困惑

参考文献

课程内容

[实例导入]

情境1：娃娃家游戏中，女孩A扮演妈妈。她没有做饭，而是把椅子当车，驾车乱跑。小伙伴B提出抗议，说A不像妈妈，把家里搞得乱七八糟。

A：妈妈应该做什么？

B：妈妈不会开车到处乱跑。妈妈应该做饭，收拾屋子，扫地，给孩子讲故事。你看你家多脏，都没人来了。快别开车乱跑了。

情境2：男孩A和他的朋友B。

B：长大后我要造飞机。

A：长大后我要当妈妈。

B：不，你当不了妈妈，你只能当爸爸。

A：不，我要当妈妈。

B：不行，你不是女孩，你当不了妈妈。

A：能，我就能。

在孕育宝宝时，家长就充满了性别期待。孩子一出生，大家通常会第一时间问"是男孩还是女孩"。生活中，家长希望女孩是听话和逗人喜爱的，对她们比较宽容，并进行较多的保护，而对男孩则给予较严厉的约束和管制。这种不同的对待方式就是性别角色教育的开始。早期家庭教育在孩子的性别定向和性别角色行为的形成发展过程中起着非常重要的作用。孩子对性别角色的最初认识是从家庭开始的，家长对孩子进行性别角色教育有着义不容辞的责任。

一、性别概念

性别是受到先天遗传和社会环境双重作用的产物。一般认为，个体的性别可以划分为三个纬度，即生理性别、心理性别、社会性别。

（一）生理性别

生理性别，指男女两性在生理上的分化，由遗传基因决定，是与生俱来、自然形成的，具体表现为生理结构和生理机能两方面的差别。

（二）心理性别

心理性别，指一个人内心对自己性别的归类和认同，具有内隐性，关乎个体的心理健康和自我认同的程度。它一方面与基因调控相关，受遗传因素的影响；另一方面也与家庭教育和角色认定有关。一般认为，人类性别认定自 1—2 岁开始形成，3—5 岁时基本完成。因此，当孩子的性别认定模糊时，父母有责任帮助孩子对自身性别建立清晰的认知。

（三）社会性别

社会性别，指两性在社会文化的建构下形成的性别特征和差异，即社会文化形成的对男女差异的理解，以及社会文化中形成的属于男性或女性的群体特征和行为方式。它是以社会普遍认可或者以习俗道德等方式约定的，对生活于其中的男性和女性群体的特征和行为方式进行规范。社会性别在不同的社会或同一社会不同的时期，会有不同的内容和形式。

二、性别概念形成过程

3—6 岁是儿童性别角色建立和发展的重要阶段。儿童性别概念发展的过程中，主要包括三大方面，即：性别恒常性，性别角色与性别角色刻板印象，以及性别化行为。

（一）性别恒常性

根据儿童个体性别角色形成阶段的具体特征，可将个体性别角色的形成归结为三个不同的阶段，即性别认同阶段、性别稳定阶段和性别恒常阶段。

1. 性别认同阶段

性别认同，是指个体对自己和他人的生理性别的正确标定，换句话说，性别认同是一个人对自己是男是女的认识和接受，也就是个体对性别的理解。

2 岁半至 3 岁的孩子基本能正确判断性别，性别认同能力有了很大提高。大部分孩子都能准确地分辨男孩和女孩，知道男孩和女孩的一些区别，能够依据性别给玩具、物品和活动分类。比如，"口红是妈妈的""变形金刚送给爸爸"等。孩子的性别认知与其总体认知发展阶段是一致的，即可以根据感性的、外在的特性进行简单分类。比如，女人戴发卡、男人用剃须刀等。这一阶段的男孩女孩在性别认同的发展上不存在大的差异。

到了4—6岁，孩子已经达到了对性别同一性的完全认知，能够准确地分辨自己和他人的性别。从4岁开始，性别认同能力就已经达到成熟，获得准确的性别认同能力。

性别认同的发展对其性别行为有重要影响。能够进行性别认同的孩子，其性别行为显著多于不能进行性别认同的孩子。同样，性别认同发生早的孩子，对性别的认知强于性别认同发生晚的孩子。

2. 性别稳定阶段

在性别认同阶段，孩子虽然能确认自己与他人的性别，但并没有意识到这种性别特征会伴随个体的终生。当孩子能认识到性别特征的稳定性时，就获得了性别稳定性认识。

性别稳定性，是指孩子对自己性别角色特征的认识并不随着年龄、情境等因素的变化而改变。3岁时，孩子的性别稳定性开始发展。这一年龄段的孩子发现，一个人的性别在一生中是稳定不变的。他们能正确回答"当你是个婴儿时，你是男孩还是女孩""长大后，你是当妈妈还是当爸爸"一类的问题。从4岁到6岁，性别稳定性随着年龄的增长逐步发展。在6岁时，大部分孩子已具备性别稳定性。

性别稳定性的发展，依赖于孩子对其心理方面的特征和职业性特征的感知。比如，认识到女性细腻、男性勇敢，以及"爸爸会修电器""妈妈为我洗衣服"等心理行为和行为分工的特征。性别稳定性对孩子有重要的作用，孩子开始懂得选择同性别的成人作为自己行为的模仿对象。此外，这一阶段的孩子亦无性别优劣的观念。

3. 性别恒常阶段

性别恒常性，是指对一个人不管外表或经历发生什么变化而性别保持不变的认知。3—4岁，孩子的性别恒常性虽然已开始发展，但大部分孩子还不具备性别恒常性的认知，相关概念发展较慢。5—6岁，孩子的性别恒常性开始迅速发展，性别意识有了突飞猛进的进步，对性别有了更加深刻的理解，且这种能力开始趋于稳定。由此可见，4—5 岁是孩子性别恒常性发展的关键期，这个时期的性别恒常性出现了质的飞跃。达到性别恒常性的孩子，知道无论自己穿什么衣服、留什么样的发型，自己的性别都保持不变。孩子一般到六七岁才能获得性别恒常性认知。

性别恒常性区别于性别稳定性。后者依赖于孩子对其心理、活动、外表特征的感知。而前者主要依赖于孩子对其活动者身份的一致性、角色性特征的认识，所要求的认知水平要复杂得多，要把外在行为和感性特征差异很大的现象概括为一种不变的性别类型。比如，"留长发的也有男的"，"当国王、抽烟的也有女的"。因此，性别恒常性出现的时间相应较晚。

（二）性别角色及刻板印象

1.性别角色

性别角色，是在社会化过程中，个体通过模仿学习得到的一套与自己性别相应的行为规范。性别角色有男性化、女性化、双性化、未分化这四种类型。孩子的性别角色偏好可以预测其性别化行为。

2.性别角色刻板印象

性别角色刻板印象，是指人们对男性和女性在行为、人格特征等方面的固定的看法或信念，是人们对于某种性别角色特点固定的观念。比如，传统观念认为"男人应该坚强""女人应该温柔"，其实，男人也有温柔的一面，女人也有坚强的一面。

孩子在意识到自己的性别身份的同时，也在获得性别角色刻板印象。3 岁时有关玩具、外貌、职业和特质的性别刻板印象初步发展；4 岁时有所提高，但范围相对狭窄；5 岁开始，孩子已形成相对稳定的性别刻板印象。

（三）性别化行为

性别化行为，是指对与性别角色相联的活动表现出一定的性别态度偏好。孩子的性别化行为，主要是通过对玩伴和玩具选择的偏好表现出来的。孩子在建立性别恒常性之前或形成性别刻板印象之前，已经开始发展自己的行为偏好了。

三、性别教育的重要意义

（一）性别教育为健康人格奠基

幼儿期是孩子性别角色形成最初的重要阶段。幼儿性别教育的最终目的是帮助孩子形成健全的人格。健康人格的培育是幼儿期性别教育的品质保障，也是性别教育的最终价值目标。正确的性别教育是幼儿形成健康人格的重要因素。在幼儿性别教育过程中，应使其具有正确的自我性别认识，培养相应的性格特质。因此，对孩子从小进行科学的性别教育，不仅关系到其日后正常的社会交往，也是孩子形成健康的人格、拥有幸福美满的婚姻和家庭的基础，容不得任何忽视。

（二）性别教育是性教育的基础

幼儿性别教育是进行性教育的基础，是孩子对自身了解的启蒙。性教育既包括"性"的教育，如性生理、性心理、性道德等方面的教育，又包括"性别"教育，即男女性别差异和性别平等的教育。传统的性教育注重"性"的教育，而忽视了"性别"教育。把性别教育作为性教育的重要内容，不仅能帮助孩子从小建立明确的性别意识，培养他们鲜明的个性品质，更能将性教育引向人性、文化和社会的广阔空间，最终深化性教育的内涵。性教育应该是有性别的性教育；忽视性别的性教育，就是没有认识到许多性问题本质上就是性别问题，是性别问题在性上的表现。

（三）有利于孩子树立性别平等意识

男女性别由遗传决定，但他们表现出来的性别角色，却是从幼儿期在家长和其他成人影响、教育下的共同结果。合适的性别教育，可以帮助孩子理解和认识男女在生理上的差异，认同自己的生理性别，表现出与生理性别相匹配的行为方式，摒弃性别偏见和刻板印象，正确理解并尊重性别差异，平等对待异性，从小树立男女平等意识，避免发生性别歧视和性别不平等的问题。

四、家庭性别教育的策略

家庭教育对个体早期性别角色意识的形成具有重要影响，家长对幼儿性别角色的形成所产生的作用往往大于幼儿园的教育影响。因此，进行科学、合乎时代要求的家庭性别教育是非常必要的。

（一）树立正确的性别教育理念

对孩子进行性别教育，家长要树立科学的性别角色观念。

一方面，家长容易忽略年龄阶段的差异性，忽视孩子生理和心理的发展规律。在发展性别角色的关键时期，缺少对孩子的教育与引导。另一方面，受刻板印象的束缚，坚强勇敢、果断机智、温柔体贴等性格特征，习惯性地被贴上性别标签。将两性共有的品质人为地进行分类，容易形成过于提倡一方面而忽视另一方面的状况。

孩子作为一个生命体，具有主体价值。家长应学会摆脱性别角色刻板印象的束缚，反省是否在日常的语言与行为中存在性别僵化概念，并依据孩子自身的兴趣爱好和心理发展需求，结合年龄阶段特点，进行有针对性的性别角色教育和引导。

[案例]公主有力量

小菠萝特别喜欢公主裙，最喜欢看公主故事和动画片，每天都想打扮得美美的出门，还爱用妈妈的化妆品和穿妈妈的高跟鞋。妈妈非常担心小菠萝会不会变得柔柔弱弱的，过分注重外表和美貌，失去追求内在品质的愿望。

孩子喜欢角色扮演游戏，按照自己的意愿参与各种游戏，体验各种角色的思想与情感。公主漂亮、温柔、善良、有爱心，受人尊敬与喜爱，是理想的女性形象。对幼儿期孩子而言，幻想的公主游戏是其探索现实世界的有益尝试，可以使其学会如何使自己的行动与自己扮演的角色以及别的孩子相协调，推动社会能力的发展。扮演公主这样的想象性游戏，在孩子 6 岁左右达到高峰。孩子的想象力已高度协调，能迅速地从一种角色转换成另一种角色，从一种情境转化成另一种情境，一般不需要干预。只要让孩子接触各种体验想法，随着孩子逐渐长大，他就会表现出真实想法，或者慢慢消退这种热情，或者继续浪漫而又理智地生活。

家长要花时间去了解孩子的想法和兴趣。你喜欢的东西，孩子可能不喜欢；孩子喜欢的东西，可能你不一定认可。但是，家长不适宜简单粗暴地直接阻止孩子，即使这种个性与你迥然不同。

（二）积极培养孩子的性别意识

对孩子进行正确的性别教育是非常必要的，这非但关系到孩子日后正常的社会交往、恋爱、婚姻、家庭生活，还会影响其心理健康发展。性别意识是自我意识非常重要的组成部分。性别意识的培养有助于儿童找准社会定位，从而更好地融入社会生活。

性别教育的基础在于性别认同。家长要引导孩子意识到自己的性别特征，明白它的含义，并给予接纳和认可，更要帮助孩子意识到作为男孩或者女孩都是一件很棒、很快乐的事情。

家长要告诉孩子男女性别在生理上差异的事实，比如，一般男孩的力气和个头比较大，女孩则比较小，这是事实上的差异；但除了生理上存在某些差异外，在能力、品行等方面都不存在男女性别差异。如果是男孩，要让孩子能够认识到男女生理上的事实差异，不滋生男孩的优越感或者耻辱感，能够平等对待女孩。如果是女孩，要让她理解与男孩之间的生理差别，但不受制于这些差异。

在日常生活中，家长一方面需要积极做出相关的引导，另一方面可以通过明确而不同的父母角色行为，让孩子进行性别行为的认知与模仿，接纳生理性别的差异，尊重他人，消除性别歧视。

[游戏]爸爸日，妈妈日

游戏目的：通过扮演爸爸或妈妈的不同性别角色，模仿其行为，感受做爸爸或妈妈的心理过程。

游戏准备：娃娃、奶瓶、烹饪用具、妈妈的口红、爸爸的剃须刀等。

游戏玩法：

根据孩子性别，创设相应环境，引导孩子扮演成爸爸或者妈妈。女孩子可以模仿妈妈，给宝宝喂奶、整理房间、涂口红等。男孩子可以模仿爸爸，给宝宝换尿布、做饭、剃胡须等。

游戏建议：

孩子性别角色的行为发展是从模仿中开始的。孩子在游戏中模仿父母的行为方式，结合自己性别，在游戏中学习并实践男性与女性的行为与责任，这是孩子性别社会化的开始。特别要让孩子明白：除了妈妈生孩子、爸爸剃胡须等这类与生理原因直接相关的行为以外，其他事情，无论是爸爸还是妈妈都是可以承担的。父母需要为孩子准备适合其性别的游戏材料，为孩子提供性别发展所需要的物质环境。

（三）潜移默化地言传身教

家长应充分发挥自身的榜样作用，身教重于言传。言传能够让孩子认同自身的性别角色，并有意强化符合自身生理特征的性别信息；身教示范可以帮助孩子习得适宜的角色行为。比如，孩子可以从父亲的言行中，习得坚强、主动、勇敢等人格特质；可以从母亲的言行中，习得耐心、体贴、细致等品质。但是，言传和身教是一个统一体，不可分割，家长只有将言传和身教相结合，才能发挥家庭教育的强大效力。

[案例]编织师傅

小橙的妈妈喜欢编织。妈妈编织的时候，小橙就站在她身边玩编织的针和线。在幼儿园里，小橙总是能很快地完成手工，比如，用剪刀剪、用小手折等精细活动，她都能很好地完成。她还成为班级的编织师傅，能够用不同的线编出各种花样，还能用针缝呢！

[案例]学爸爸自己玩

吃过晚饭后，蓝蓝爸爸总是窝在沙发里刷手机。蓝蓝跑来和爸爸说："我们一起下楼玩吧。"爸爸说："你已经长大了，自己玩吧。"没想到蓝蓝点点头，向妈妈要来手机，迅速坐到爸爸旁边玩起了游戏。

第一个案例中，孩子在潜移默化中学到了妈妈的心灵手巧。第二个案例中，孩子在模仿爸爸玩手机的过程中，容易养成沉迷于手机游戏的坏习惯，同时耳濡目染地形成一种意识：爸爸（男性）在家就是玩手机游戏的。

（四）营造平等和谐的家庭氛围

父母之间要相互尊重，地位平等，努力创建一个两性平等、互助的家庭氛围，尽可能避免典型男性化和典型女性化倾向，为孩子模仿性别角色行为提供榜样。父亲除了做好工作，也要承担带养孩子和做家务的责任；母亲除了养育孩子，也要有自己的事业。这有利于孩子从父母身上学习优秀品质，同时帮助孩子准确地理解性别角色，并能直接感受到两性之间的差异。

父母双方绝不能在孩子面前进行性别角色优劣的较量，更不要寄希望于自己能完全替代对方给孩子性别影响和教育。父母双方要互相支持，尽力展现自己的性别优势，充分发挥两性的互补作用。

[案例]我想做男孩

茉莉的爸爸工作很忙，家里大大小小的家务都是妈妈一人在照顾。妈妈也总是抱怨自己太辛苦、不容易，希望茉莉不要把家里弄乱。茉莉在幼儿园做分享时，总是说："我想做男孩，男孩不用做家务。"

家庭生活中要注重发挥父亲的角色作用。父亲给孩子树立了男性的基本形象，男孩的性别角色行为及性别角色品质是通过对父亲的模仿完成的，女孩则是经过对比父母亲的行为来理解自己的性别角色。男孩经常将自己的父亲当作"楷模"来发展自身的男性特征，父亲的榜样作用为儿子所效仿和内化；同时，父亲的角色也可以帮助女儿学习同异性交往的规则。因此，父亲参与孩子早期教养，对孩子性别角色建立、行为的塑造及完成社会化都起到十分重要的作用。

幸福的家庭成长环境，不是母亲一味付出，父亲坐享其成；不是单方感动，而是双向奔赴。家务是一种"爱的劳动"，家人要懂得合作、信任、体谅。做家务对孩子有很多好处，能培养孩子的责任感、自理能力、动手能力等。如果父母把一家人共同做家务视为美好的事，能以愉悦的情绪带着孩子一起做，不用灌输任何理念，孩子自然而然就能感受到做家务带来的幸福感了。

父亲可以合理安排活动的内容和形式，弥补母亲在体能或精力方面的不足。比如，多陪伴孩子做一些户外探索、锻炼活动，带孩子去踏青、爬山、游泳、放风筝等，或者观摩一些体育赛事。在这些活动中锻炼孩子的勇气，塑造坚强、自信等性格特质。

（五）开展双性化教育

双性化人格，是一种兼有男女两性人格优点的综合性人格类型。双性化人格理论认为，现实生活中个体的性格特征是丰富的，男性和女性不是相对的两极，而是可以分割的相对的两个维度。个体同时具有传统的男性化特质和女性化特质，而不是单一的。双性化人格对环境有更强的敏感性和反应能力，社会适应能力、亲和力强，更受周围人群的欢迎和喜爱，是一种心理健康水平较高的人格模式。

1. 重视"双性化"教育

男女两性不是截然分开的。坚强勇敢、果断机智、温柔体贴、耐心细致、胆怯懦弱、争强好胜……这些性格特征不应贴上性别标签，它们是男女两性共有的。

在日常生活中，家长要摆脱性别刻板观念束缚，克服刻板性别角色意识，淡化成人世界固有的性别框架，使每一个孩子都有更广泛的发展空间和选择，个性得到充分发展。

[案例]男孩不能哭

小安和小伙伴在小区公园里一起游戏，不小心摔了一跤，痛得哇哇大哭起来。妈妈走上前去，严肃地说："小安，别哭了。你是男孩子，不能哭的。摔倒了，爬起来就好了。"小安听到妈妈的话，哭得更厉害了，边哭边喊："我不要妈妈，我不要妈妈！"

哭泣是人表达和宣泄情绪的一种方式，与性别没有必然联系。幼儿期的孩子，独立意识逐渐变强，但受到个人能力与语言发展的限制，他们无法准确表达自己的想法和需求，所以哭泣变成他们表达自我情绪的方式。爱不爱哭，并不是评价一个孩子是否具有男子气概的标准。在"男儿有泪不轻弹"的教育理念下成长起来的男孩，硬生生忍下去的眼泪，只会让内心的委屈更汹涌澎湃。被压抑的情绪，可能会为成年后的工作、生活埋下不可忽视的巨雷。

2. 采取一致的抚养方式

家长的抚养方式对孩子性别教育有很大的影响。因此，父母要采取一致的抚养方式，反之则会给孩子的性别稳定造成干扰。同时，随着"三孩生育政策"的实施，家长对不同孩子的抚养方式和教育理念也要一致。

[案例]哥哥的烦恼

一天，小虎忽然对妈妈说："我不想做男生了！"妈妈虽然很疑惑，但并没有表现出惊讶，而是用轻松自然的口吻说："好呀，那你要做女生吗？无论你做什么，妈妈继续做你的妈妈，妹妹继续做你的妹妹。"结果，小虎说："不，妹妹不能比我小，要比我大，做我的姐姐。"妈妈这才明白，小虎不想做的不是"男孩"，而是"哥哥"。于是，妈妈问："你为什么不想做哥哥呀？"小虎说："因为我是哥哥，外婆对我的要求总是比妹妹高。"原来，在"哥哥"的身份下，家人对小虎的要求不一样。比如，吃饭时，兄妹俩不好好吃，外婆会说："你是哥哥，是妹妹学习的榜样，要好好吃！"

父母抚养方式的一致性，有助于孩子清晰自己的性别角色，促进性别稳定性。同时，关注孩子不同的需求，促进孩子的个性化成长。孩子要先建立完整的自我，才能去建立社会中的角色与身份。

3. 慎重挑选幼儿读物

幼儿读物一方面丰富着孩子的视野，一方面也潜移默化地影响着孩子的性别教育。因此，家长要优化对幼儿读物的选择与运用，增强孩子对性别角色意识、性别行为等初步的思辨能力，从而引发、传递正确的性别价值观。

家长可以借助幼儿读物传递科学的性别观念，引导孩子明白，性别与玩具选择、游戏类型、性格特征等没有绝对对应关系，从而削弱性别的固有印象，突破性别刻板印象，让孩子形成正确的性别角色认知。

有些幼儿读物中的人物形象传递着一些性别偏见，比如，男孩应该像蝙蝠侠一样坚毅勇猛，像超人一样无所不能；女孩应该像芭比娃娃一样美丽可爱，像白雪公主一样善良纯洁。但这些优秀品质、行为并不是男孩或女孩独有的，而是男孩女孩可以共有的。

4. 认真解答孩子的困惑

通常孩子在两三岁就开始对性别产生好奇。当孩子提出性别疑问的时候，家长需要帮助他尽快意识到自己的性别，并形成正确的性别定向，这对于孩子今后的心理健康发展是非常有益的。

[案例]伟大的发现

小树从幼儿园回来，很兴奋地告诉妈妈："我知道男生为什么可以站着小便，而女生只能蹲着了，因为我们有小鸡鸡，而女生没有。"妈妈微笑着回应："是吗？你怎么发现的？"小树说："今天在幼儿园小便的时候，我看了看。"

"真为你高兴啊！"妈妈摸摸小树的头，"你的小鸡鸡可是你的好朋友哦。你要每天保持它干干净净，不要总用你的小脏手去摸。它也是属于你自己的一个小秘密，不可以让别人随意触摸；同时，你也不能触摸别的小朋友的，因为这样会让人不愉快。"小树认真地点点头，接着去玩玩具了。

上述案例中的小树开始进入了对身体的敏感期，对性别产生了最初的好奇。他在幼儿园里观察到男孩和女孩生殖器官的区别，当他兴奋地将自己的"伟大发现"告诉妈妈时，妈妈的回应彰显出教育的智慧。妈妈借机给予孩子健康、安全、科学的性教育，因势利导地让孩子拥有健康的性观念，建立最初的性道德标准。

[案例] 我从哪里来

小美非常认真地问："妈妈，我从哪里来？"妈妈一听，不禁有些慌乱："你问这个干什么啊？快自己玩去！"小美继续追问："妈妈，你快告诉我啊。我听小朋友说，她是从垃圾堆里捡来的。"妈妈很无奈地回答："呃……你是从石头里变出来的。"小美满脸疑惑。

有的家长在面对孩子"我从哪里来"的提问时，会随口编一个答案，如：从垃圾堆里捡来的，从石头缝里蹦出来的，从河里捞出来的，从树上摘下来的，用泥塑的，网络上下载的，充话费送的，等等。还有的家长因为羞怯，试图以发怒制止孩子的提问。家长如果处理不当，可能会给孩子带来伤害，挫伤孩子好动脑、好思考的积极性，或者让孩子感受到不被父母关爱。孩子表面上并未立刻表现出明显的偏差行为，却就此蒙上了不具确定性的成长隐患。

当孩子问出这个问题的时候，是他对生命认识的一个里程碑，家长一定要很好地抓住这个难得的机会，来建立和孩子之间的紧密联系。

3 岁之前，孩子问"我是从哪里来的"，家长可以回答"是从妈妈肚子里生出来的"。孩子一般不会再追问。因为两三岁的孩子问这个问题，与性无关，他只是想了解自己跟妈妈的联结感。

3 岁之后，孩子问"我是怎么进到你肚子里的"，家长可以回答"是爸爸的精子游进妈妈的肚子里"。随着孩子认知能力的提高，突然有一天，家长的回答不能满足他的需要，好奇心会促使他再次发问："那我是怎么到妈妈肚子里去的呢？"这个时候，家长可以告诉他精子和卵子结合的故事。

很多家长会想：精子和卵子结合，这样的知识告诉孩子会不会太早？其实，孩子此时想知道的是他是怎么到妈妈肚子里去的，他会有各种猜测。如果告诉他，是爸爸的精子进入妈妈的肚子的卵子里，他心里就会马上安稳了。他会明白，原来爸爸是跟我有关系的，不是家里那个多余的人。此时，家长会担心："进入"这个词，怎么能跟孩子说呢？实际上，孩子的认知水平还没有达到去追究"进入"到底意味着什么的阶段。他只是想知道，我并不是妈妈吃进肚子里的，而是爸爸的精子放进妈妈肚子里的卵子才有的。家长可以形象地告诉他："小精子就像小蝌蚪，它们在妈妈的肚子里进行游泳比赛，第一个游到的冠军，就成了你。"

此外，家长还可以采取以下这些举措。

（1）利用日常生活中的细节，分享知识

比如，吃鸡蛋的时候，孩子会担心"我们吃了这些鸡蛋，那小鸡怎么办"。孩子的言外之意是我们把未来的小鸡都吃掉，太残忍了。父母此时可以告诉他：不用担心，没有受精的鸡蛋不会变成小鸡。如果孩子追问什么是受精，那就坦然告诉他：只有像爸爸的精子进入妈妈的卵子，形成受精卵后，才能够变成新生命。

需要提醒父母的是，科普图书只是工具，能帮助孩子了解生命诞生的科学与真相，但对于生命和性的态度，却需要父母正确的引导。如果父母的态度是遮遮掩掩不愿提及的，就会让孩子觉得这个问题不该问，是家庭的禁忌。久而久之，孩子就会避开这个问题。这种做法的危险在于孩子会内化这种态度，即便在以后遇到困惑或受到侵害时，也不会向父母谈论或求助。

（2）引导孩子与父母建立连接，珍惜生命

家长可以告诉孩子，在妈妈怀孕的这10个月中，爸爸对妈妈有特别多的照顾和关心，爸爸妈妈都盼望小宝宝健康成长。孩子知道他的生命是和爸爸妈妈紧密联系在一起的，自己生命的诞生是奇妙、美好和值得珍视的，他就不会轻易放弃自己的生命，和父母的连接也会变得更加紧密。

性别教育是家庭教育中的一门必修课。父母是孩子最好的性别角色模仿对象，父母的行为，对待彼此的态度，就是孩子认识性别角色的来源。希望每一个孩子，都能健康、幸福地成长。"生理性别"不再是限制孩子发展的因素，而是能让孩子更自然地发现并欣赏作为一个"人"的更多元、丰富的可能性。给孩子更多样的性格发展可能，让孩子展露出自己最好的样子。

参考文献

[1] 石贤磊. 学前儿童性别角色教育特点研究 [J]. 教育理论与实践：中小学教育教学版，2016（7）：3.

[2] 徐佳，陈毅文，张玉婷. 4—9 岁儿童在智力、助人和玩具领域性别刻板印象发展 [J]. 中国临床心理学杂志，2022，30（5）：1039-1042.

[3] 孙崇勇，张文霞，李淑莲，等. 学前儿童性别概念认知与性别角色发展状况 [J]. 陕西学前师范学院学报，2019，35（4）：96-100+132.

[4] 范珍桃，方富熹. 学前儿童性别恒常性的发展 [J]. 心理学报，2006，38（1）：7.

[5] 王璐. 成人性别角色期待与幼儿性别角色形成的相关性分析——以贵阳市两所幼儿园为例 [D]. 贵阳：贵州师范大学，2016.

[6] 禹俊慧. 学前儿童性别刻板印象的发展及其对同伴选择的影响 [D]. 桂林：广西师范大学，2022.

[7] 李幼穗. 儿童社会性发展及其培养 [M]. 上海：华东师范大学出版社，2005.

[8] 赵玲玲，胥兴春. 学前儿童"双性化"教育研究综述 [J]. 乐山师范学院学报，2019，34（2）：6.

[9] 赵灼，孙崇勇. 幼儿性别角色双性化教育研究综述 [J]. 河南教育：幼教，2019（11）：6.

[10] 张宏. 3—6 岁儿童性别恒常性发展及性别教育研究 [D]. 石家庄：河北师范大学，2011.

[11] 程永佳，张莉. 3 岁~5 岁：幼儿性别意识发展的敏感期 [J]. 教育导刊（下半月），2011（4）：29-31.

[12] 陈皓. 父亲参与教养与 3—6 岁幼儿性别恒常性的相关研究 [D]. 石家庄：河北师范大学，2015.

[13] 周晔. 母亲多重角色对儿童性别意识形成的影响 [D]. 保定：河北大学，2008.

[14] 马宏玲. 幼儿性别意识培养初探 [J]. 天津市教科院学报，2017（5）：93-94.

[15] 张艳，徐东. 基于家庭视角的儿童双性化人格教育研究 [J]. 陕西学前师范学院学报，2016，32（1）：8-11.

[16] 周韵笑. 动画片对 3—6 岁儿童性别角色社会化的影响 [D]. 广州：广州大学，2012.

[17] 刘秀丽. 论科学的性别教育 [J]. 教育研究，2013，34（10）：127-133.

[18] 宫亚男. 学前儿童性别角色教育特点研究 [D]. 长春：东北师范大学，2008.

[19] 邓亚玲. 父亲参与视角下幼儿双性化人格的培养 [J]. 早期教育（教科研版），2016（6）：49-52.

（执笔：陈芳芳）

第 17 课

如何对孩子进行品德教育

课程简介

教学对象

3—6 岁儿童家长及其他照护者

教学目标

1. 了解品德的相关知识，认识品德教育的重要性。

2. 掌握开展品德教育的多样化策略。

3. 正确认识处理品德教育中的认知误区与困惑。

教学时长

90 分钟

课程框架

[实例导入]

一、品德的特性、结构与发展意义

（一）品德的含义与特性

    1. 品德的含义

    2. 品德的特性

（二）品德的心理成分

    1. 道德认识

    2. 道德情感

    3. 道德意志

    4. 道德行为

（三）品德发展的意义

    1. 为个体幸福完整奠基

    2. 为社会和谐发展奠基

二、品德的发生、发展条件与年龄特征

（一）品德的发生

（二）品德发展的条件

    1. 遗传与生理成熟为道德发展提供了可能性

    2. 环境与教育对道德发展起主导作用

    3. 实践活动是道德发展的源泉和路径

（三）品德发展的年龄特征

    1. 3—5 岁：情境性品德发展时期

    2. 5—7 岁：服从性道德行为发展期

三、品德教育的指导策略

（一）遵循品德发展特点，科学开展德育

1. 建立亲密关系，达成德育共识

2. 树立道德榜样，言传身教合一

3. 把握随机教育，丰富道德体验

4. 顺应孩子特点，开展个性化德育

（二）顺应多元化时代需求，拓展德育途径

1. 生活育人

2. 游戏育人

3. 交往育人

4. 文化育人

5. 文学作品育人

（三）把握道德结构层次，推动品德发展

1. 道德认知发展助推道德意识形成

2. 积极反馈助力道德情感构建

3. 生活教育保障道德行为实践

参考文献

课程内容

👤☰ **[实例导入]**

孩子们在一起玩的时候，经常会争抢玩具。这时候，有的家长会漠视，"让他们自己处理"；有的家长会忍不住上前给自己孩子助阵；也有的家长出于社交礼貌，会"指责"自己的孩子，要求孩子"你要大方、你要分享"。结果孩子们不但没有和解，反而不欢而散，甚至大人之间也产生了嫌隙。

家长普遍重视孩子的营养、健康、智力发展方面，忽视孩子的社会性培养，品德教育没有受到足够的重视，处于"说起来重要，做起来次要"的地位。在品德教育过程中，家长容易忽视孩子的主体性，缺乏对孩子情感需求的理解和有效支持；在品德教育方法上，以传统的抽象说教、灌输为主，缺乏情感互动和实践性，收效甚微。那么，应该怎样对孩子进行有效的品德教育呢？

一、品德的特性、结构与发展意义

（一）品德的含义与特性

1. 品德的含义

品德是道德品质的简称，是社会道德在个人身上的体现，是个体依据一定的道德行为准则所表现出来的稳固的倾向与特征，是道德价值和道德规范在个体身上内化的产物。

孩子的品德是在教育影响下，在自己学习、生活的实践中，通过道德认识和道德行为不断地矛盾统一而逐步发展起来的。

2. 品德的特性

品德具有稳定性和可变性。稳定性表现在其变化阶段的顺序性和系统性是稳定的，每一个阶段的变化过程和速度大体是稳定的。可变性表现在在不同的社会生活条件下，品德发展的速度、程度会产生一定的变化；相同的社会生活条件下，由于孩子品德发展原有水平和结构不同，存在明显的个体差异，因此需要因材施教。

（二）品德的心理成分

道德品质包括道德认识、道德情感、道德意志、道德行为四种基本心理成分。它们相互交织、相互作用。

1. 道德认识

道德认识，是指人们对道德规范和道德范畴及其意义的认识，反映道德思维水平，表现在道德知识、道德判断和道德评价上。道德认识的最终目的是指导道德行动。

2. 道德情感

道德情感，是指人们用一定的道德标准评价他人或自己言行时所产生的情感体验。当人的思想意图和行为举止符合一定的社会准则需要时，人们就感到道德上的满足，反之，则感到悔恨、不满意。

3. 道德意志

道德意志，是指人们按照道德原则进行道德抉择，克服困难，支配道德行为的心理过程，是调节道德行为的内部力量。道德意志品质表现为自觉性、果断性、自制力等。言行一致是道德意志发展的重要方面。

4. 道德行为

道德行为，是指在道德意识支配下采取的行动，是道德认识和其他心理成分的外部标识和具体表现。

品德整体结构的发展，是在掌握和运用道德知识、练习和重复道德行为的过程中完成的。提高道德行为水平，形成道德习惯，是个人完整品德结构发展中质变的核心。

（三）品德发展的意义

1. 为个体幸福完整奠基

《说文解字》说："德者，得也，外得于人，内得于己。"立德树人不只是对孩子的外在要求，更是每个人追求幸福美好生活的内在需求和根本动力。随着我国社会向多元化、开放性变迁，品德教育越来越重视个体的主体性、发展性，强调以人为本、立德为先。品德教育的实质就是孩子在家长的道德引领下，生成健全的道德智慧，建构美好的道德生活，享受人生的自由幸福。

2. 为社会和谐发展奠基

道德是规范人和人关系的需要，规则是维系社会的重要基础。"国无德不兴，人无德不立。"立德树人是教育的根本任务。落实立德树人，要做到"全员、全方位、全过程育人"，不仅要体现在学校教学之中，而且要延伸到家庭、社会和网络活动的方方面面。既要关注孩子个体的生命成长、个体尊严与价值意义，又要将孩子长期的个体发展与社会和国家的发展相结合。2022 年 1 月 1 日起实施的《中华人民共和国家庭教育促进法》第三条明确规定：家庭教育以立德树人为根本任务。

二、品德的发生、发展条件与年龄特征

（一）品德的发生

儿童品德是在与人不断交往的过程中逐渐形成和发展的。儿童品德的发生有三个环节：社会性的发生、自我意识的发生、品德的发生。儿童的社会化及自我意识的发生是儿童品德发生发展的基础。

一方面，成人在与儿童的交往中，不断地通过自己的言行和与儿童的交谈传递给儿童各种道德知识和信息，帮助儿童了解初步的社会道德规范和行为准则，并以表情、言语或动作对儿童的行为给予各种不同的强化。另一方面，儿童在与人的交往过程中、在与成人和同伴的各种关系中，逐渐意识到主体与客体，意识到自己的行为，逐步能够以成人的要求调节自己的行为，儿童品德由此逐渐出现和形成。

品德发生的首要特点是适应性。从出生起，孩子就开始学习人类的行为方式和道德规范，适应现实生活，努力使自己的行为与现实行为规则、道德规范相一致，并产生合乎这种道德规范的行为和愿望。这是孩子萌生初步的道德意识和行为的起点。

（二）品德发展的条件

1. 遗传与生理成熟为道德发展提供了可能性

认知能力是品德发展的基础，儿童对道德规范的学习和理解受认知水平的

制约，认知能力直接影响个体道德认识发展水平和道德意识的形成。

气质是遗传素质，是个体典型的稳定的心理特征。气质本身无好坏之分，但它在人的社会活动中会表现为个性特点，直接影响品德过程，特别是道德行为的强度、速度、灵活性、平衡性和指向性。气质为品德发展提供某种可能性，在后天的社会环境和教育影响下，逐渐被赋予一定的社会意义，成为品德特性。因此，气质是个性化德育的重要依据。

2. 环境与教育对道德发展起主导作用

家庭环境、家长教育观念及教养方式对儿童品德发展具有重要影响。家长的教育观念是影响孩子品德发展的首要条件。家庭环境与教育对儿童品德发展的影响以多因素的复杂方式来实现：一是家庭物质生活条件与儿童品德之间不存在显著的相关；二是家庭结构的影响，如父母与其他长辈的教育方式不正确或不一致，会消极地影响儿童的品德发展；三是破裂家庭与青少年犯罪正相关，主要原因是过分紧张的生活气氛和感情冲突使儿童失去了生活目标；四是家长的文化程度会影响他们对子女的自觉教育程度、是否根据子女的特点进行教育，甚至影响子女分析、思考和解决问题的方式，因而会对子女的品德发展有所影响。

3. 实践活动是道德发展的源泉和路径

道德本质上是实践的，它起源于社会生活，德育也要回归生活。实践活动是品德发展的源泉，也是品德发展的根本路径，道德人格的建构和道德品行的磨炼均落实于儿童的现实生活。

总而言之，品德的形成与发展，既非个体内在道德结构的自然成熟和展开，亦非单纯受外部环境的塑造，而是个体在与环境积极的相互作用过程中不断建构的结果。

（三）品德发展的年龄特征

品德发展的年龄特征是整个心理发展年龄特征的组成部分，是在儿童发展的不同年龄阶段中所形成的一般的、典型的、本质的阶段性特征。

1.3—5 岁：情境性品德发展时期

随着交往范围的扩大、认知和语言能力的提高，孩子的规则意识和判断能力也有所发展。但道德认识带有很大的具体性、情绪性和受暗示性，道德行为的动机往往受当前情景所制约，自觉性较弱。

2. 5—7岁：服从性道德行为发展期

道德行为标准开始从"我高兴就可以"转向"父母、老师说可以才可以"或"得到集体允许才可以"，初步形成概括、稳定的规则意识；开始建立"要轮流玩""不能伤害别人"等具体的道德观念。幼儿对道德行为的自我控制、自我评价能力仍然较弱，其道德行为很大程度受在场权威人物和人际关系影响。

三、品德教育的指导策略

幼儿德育是按照幼儿品德形成和发展的规律，把一定的社会思想、道德规范、行为准则转化为幼儿个体的思想意识和道德品质的过程，只有掌握和遵循幼儿品德发展的特点和规律，家庭德育才能取得良好的效果。

（一）遵循品德发展特点，科学开展德育

1. 建立亲密关系，达成德育共识

家长要遵循品德教育的一致性原则，抚养者达成共识、形成教育合力。

（1）给予孩子积极的情感支持

精神分析学派认为，道德发展是儿童早期经验的内化和早期情感体验的深刻反映，要重视个体的动机、感情和思想过程等内部因素。孩子获得满足的情况、与外界交往中的奖惩经验、对父母积极的爱和依恋感，都会影响其内化社会伦理规范的程度，从而影响道德的发展。从小在充满爱和温暖的环境下成长的孩子，才能爱自己、爱生命、爱自然，进而爱别人、爱祖国、爱社会。

（2）要重家教、树家风、科学教养

一是营造民主的家庭氛围，给予孩子充分的情感温暖与理解。在和睦家庭气氛下，孩子品德发展较好，民主性教养态度有利于子女的合作、独立和直爽等品质的形成。二是重视培养孩子的生活基本技能和行为习惯，这比富足的物质条件更能促进孩子身心健康成长。三是对孩子保持积极的养育态度及较高期望。四是提高自身道德修养，保持和善作风以施加积极且长期的身教影响，让

家庭环境成为品德发展的沃土。

（3）做教育型家长

家长既要避免为孩子做他们力所能及的事情，又要为孩子做他们力不能及的事情，使孩子既意识到自己是有能力的个体，有做决定、做选择的自由，又得到了充分的安全感。

2. 树立道德榜样，言传身教合一

家长要遵循品德教育的导向性原则，充分发挥"榜样示范"的教育作用。比如，吃饭做到光盘，不浪费粮食；对人温和有礼，乐意帮助朋友；发自内心地展现孝心，帮父母梳洗、为父母下厨、陪父母散步；每周带领孩子进行大扫除，美化家庭环境。通过生活实践活动，为孩子树立良好道德榜样的同时提高自身道德修养，一举两得。

3. 把握随机教育，丰富道德体验

家长要遵循品德教育的知行结合原则，在日常生活中对孩子进行不拘形式的渗透性的道德启蒙教育。识别教育时机，把生活点滴当作铸造孩子品德的原料，运用美德语言强化孩子的积极行为，调整孩子的不当行为。

[案例]日常生活中的品德教育

妈妈做的香喷喷的蛋糕出炉了，浩浩跑进房间叫奶奶一起来吃。妈妈竖起大拇指说："你会关心奶奶，能想着和家人分享好吃的东西，真是好孩子。"

小宇在小区荡秋千，来了一个小妹妹也想玩。小宇虽然还想玩，但一会儿后还是主动下来让给小妹妹。妈妈搂着小宇说："你荡秋千懂得谦让，妈妈真高兴。"

逗逗和来做客的小咪玩着玩着就抢起玩具，闹别扭了。妈妈耐心地对逗逗说："对客人怎么做，能表现出你的友好呢？"

具体的美德语言比笼统的"好孩子"要有力量得多，在孩子表现出诸如"爱心""正义""善良""勇敢""诚实""慷慨""体贴""整洁"等各种良好行为品质时，父母应指出这种行为的内在品质，让孩子知道我拥有或我可以拥有这种品德。这需要家长用心关注孩子，运用智慧来辨别教育时机。

4. 顺应孩子特点，开展个性化德育

家长要遵循品德教育的因材施教原则，充分了解孩子的特点，根据其气质类型因材施教，扬长避短。

比如，胆汁质的孩子好动、奔放，在社会活动中可以表现为热情，也可表现为爱冲撞、违反纪律；多血质的孩子可以表现出较好地适应各种环境、善于处理人际关系，也可表现为滑头、不诚实；黏液质的孩子可以表现为镇定、实干，也可表现为顽固、呆板；抑郁质的孩子可以表现为爱思考、体贴、细致，也可表现为小心眼、嫉妒心强。

可见，同样的气质可以形成良好的品德特征，也可以形成消极的品德特征，这取决于它被赋予的社会意义，具有可塑性。家长不要对某种气质类型的孩子带有偏见，可以根据社会和教育的要求，发展和培养积极的一面，克服消极的一面。

（二）顺应多元化时代需求，拓展德育途径

1. 生活育人

孩子的思维是感性的，感官刺激直接影响其思维变化。因此，在对孩子进行德育时，不能进行空洞的说教和行为准则灌输，而应让他体验高尚的德育生活，丰富道德认识和道德情感，养成正确的社会行为。

家长要将德育渗透到孩子的日常生活中，把道德行为渗透到衣食住行、言谈举止等生活的各个方面，在具体的行为中培养孩子诚实、勇敢、好问、友爱、珍惜、不怕困难、讲礼貌、守纪律等良好道德行为。如：保持早睡早起的作息时间；按时吃饭不挑食；玩好玩具要整理收拾；自己穿衣叠被；礼貌待客，见人打招呼；接受礼物时表示感谢；坐地铁不吃东西；家庭垃圾分类；随手关灯关水龙头；友善地和朋友一起玩……并逐步把这些行为延伸和迁移到其他场所。通过生活小事，在点点滴滴的德育中浸润孩子幼小的心田，完成从知到信、从信到行的转变，塑造孩子稳定的道德品质。

（1）自我服务和家务劳动

劳动是孩子的游戏，参与家务能让孩子珍惜劳动成果，增强家庭归属感，体验成功、愉悦和幸福，提高劳动思维和技能，增强合作意识。

适合孩子的劳动清单：

★ 洗手、洗脸，可以用毛巾擦手、擦脸。

★ 整理、归类玩具。

★ 挑选衣物进行搭配，叠衣服。

★ 学习系纽扣、鞋带等。

★ 剥豆子、剥鸡蛋，洗水果、蔬菜，打鸡蛋。

★ 摆放餐具，分发食物。

★ 扫地、拖地，用抹布清洁桌椅。

★ 参与烹饪，制作蛋糕、饼干、雪糕等。

（2）家庭生活仪式

仪式感有着"不同于日常生活"的趣味性，有助于建立独特的家庭文化。可以根据家庭成员的兴趣、需要，创建诸如"家庭美德日""亲子美食日""周末远足日""博物馆日""亲亲自然日""每日运动时刻""晚安妈妈半小时""爸爸故事日"等各种活动，为家庭生活打上独特的文化印记。

（3）社会活动

参加社区公益活动、外出游览、参观艺术展、观看体育赛事等，丰富的社会活动能让孩子增加生活阅历，热爱生活；激发孩子爱家乡、亲近自然的情感；给孩子提供大量观察社会、感受生活中蕴含的真善美的机会。

2. 游戏育人

游戏不仅规避了德育中易发生的单纯灌输性和隐性控制性，还能帮助孩子在自主探索中收获良好的道德品质。

（1）道德观念的形成

不同的游戏为孩子提供了大量生动素材。孩子在游戏中充分体验合作、冲突，形塑思维，促进道德情感的发展。游戏中的挫折、挑战都是孩子道德意志的养料。

（2）道德行为的养成

游戏给予孩子许多实践机会。在很多游戏中，规则都是一种无形的规范，让孩子逐渐去自我中心。在同伴互动游戏时，无论是游戏顺序、主导权，还是游戏资源，都应该依照合理的规则进行轮换和分配。在彼此的协作和尊重中，孩子能够感知到一种无形的规范力量伴随着他们的游戏，但是这种力量丝毫没有破坏游戏的乐趣，反而让游戏开展得更加融洽顺畅。游戏中的挫折往往会让孩子"越挫越勇"，突破一个又一个难关的经历就是孩子道德意志的养料。

所以，家长一定要多陪孩子"玩"，也要让孩子有很多的机会和同伴一起"玩"。例如，与孩子一起进行玩偶游戏。手偶剧非常受孩子的欢迎，可以用玩偶、手偶、指偶、纸袋做的脸谱等灵活地再现生活情景，或创编类似的故事情节来进行情景表演、互动对话，引领孩子体验道德情感，提高道德认知。以积极形象强化生活中的好行为，如："受欢迎的咪咪（友好）""勤劳的贝贝""有礼貌的大河马"；以反面形象激励孩子改正不良行为，如："不爱刷牙的小猪""爱说不的小公鸡""爱生气的小兔"。

3. 交往育人

关注人际交往，"走出去"和"请进来"保障孩子的交往机会。孩子道德品质的获得是一种社会性"习得"，而人际交往则是孩子社会性发展得以实现的基本保证，也是孩子从中直接得到社会经验与建立规则意识的前提。同伴关系在孩子的发展和社会适应中发挥着成人无法替代的重要作用。在与同伴的交往中，孩子可以直接获得行为方式和思想交流，在获得同伴的期待和强化后更易形成社会行为和态度。研究表明，同伴关系好的孩子会表现出更多的亲社会行为。

在交往中，孩子一定会遇到各种各样的问题，这些问题都是孩子的成长契机，正确的引导能让孩子获得很多有益的经验。

[案例] 抢玩具

妈妈：听说你今天抢了天天的玩具？告诉我是怎么回事？（认识问题）

杰杰：因为他玩了很久了。

妈妈：你抢了玩具，你觉得天天会有什么感受？（帮助孩子体会他人的感受）

杰杰：很生气，他又抢回去了。

妈妈：你有什么感觉？（帮助孩子识别自己的感受）

杰杰：生气，我都等了好久了。

妈妈：你能想一个你们俩都不生气，你又能玩到玩具的方法吗？

杰杰：我可以跟他说。

妈妈：他可能会怎么说？（考虑可能的后果）

杰杰：不行！

妈妈：那你还有另外的办法吗？（想出不同的办法）

杰杰：我可以先玩别的，等他不玩了我再玩。

妈妈：很好，你会耐心等待。还有不同的办法吗？

杰杰：我可以用另一个好玩的和他换。

妈妈：好主意，你能吸引他玩另一个玩具。

......

这个案例是一位家长鼓励孩子思考"我能解决问题"的亲子对话示范。家长帮助孩子通过思考得出结论，比马上采取行动阻止不当行为更有益。通过启发式的对话，孩子会认识到行为有因果关系、解决问题不止一种办法；考虑行为后果、判断想法好不好、决定自己该做什么。孩子会逐渐建立起交往的信心，在交往中争取共赢，学会处理典型的日常行为，克服冲动、麻木、好斗等不良交往行为。

4. 文化育人

文化的核心是价值观念，文化对人们的日常生活产生深刻的影响。家庭德育应注重文化熏陶，引领孩子探索中国文化根脉，从博大精深的文化中吸吮养分、汲取能量、积聚底蕴、坚定自信，以文化为"根"，做有根的教育。

（1）传统节日

传统节日为家庭德育提供了具有引导性和教育性的阅读资源、趣味仪式、游戏活动等，让孩子在轻松愉悦的环境中感受中华优秀传统文化的深厚意蕴，促使他对中华文化乃至中华民族的千年历史产生认同感。

传统节日可以和孩子一起做的事：

过大年：写福字、贴对联、喝腊八粥、扫尘、买年货、准备年夜饭、放鞭炮赶年兽、走亲访友拜大年，感知幸福团圆，感恩生活给予。

元宵节：听元宵民间故事，做汤圆、品汤圆，做花灯，逛夜市，猜灯谜。

端午节：阅读端午故事，听屈原民间传说，编五彩绳，做香包，插艾叶，包粽子，吃五黄，划龙舟。

中秋节：做月饼、吃月饼，听嫦娥的故事，赏月、画月，亲人团聚，给远方的亲人打电话、做贺卡，穿汉服，唱团圆歌。

重阳节：登山，赏菊，拜访长辈，去敬老院慰问老人。

（2）现代节日

现代丰富的节日也体现了时代特色与当代的人文精神，是生活的重要组成部分，也是对孩子进行文化浸润的重要养料。通过参与现代节日，孩子的生活视野得以拓宽，更在无形中被丰富的美德所浸润。

不同节日可以开展的活动：

妇女节：了解身边的女性，尤其是家里的女性在工作、生活中的贡献；学习一些杰出女性的事迹，增进对女性的尊重和关爱。

植树节：根据家庭条件，采用水培、盆栽等多种方式进行种植；参与当地组织的植树活动，种下对生命的期待，感知自然的神奇与对人类的意义。

劳动节：关注身边人的职业，了解各行各业的工作，尊重人们的劳动；一起参加家务劳动和公益劳动。

儿童节：让孩子自主决定如何过节；在庆祝仪式中体验喜悦，感到自己被珍爱。

父亲节、母亲节：通过节日引导孩子关心、了解最亲近的家人，用自己的方式表达爱，增强爱的表达意愿和能力。

国庆节：观看"阅兵式"等相关视频，激发对解放军的崇敬之情，为祖国的强大感到自豪。

护士节、教师节等：对身边亲近的相关职业人群表达感恩、关爱之情，理解、尊重他们的付出。

5. 文学作品育人

文学作品的熏陶能开发智力，促进思维发展，提高审美情趣，传递文化力量，以孩子喜闻乐见的方式润物细无声地给予孩子道德启迪，使孩子在道德情感的激励下，以自觉和审美的方式接受真、善、美。

故事是开展幼儿德育启蒙的重要载体，经典的故事能传递积极、正向的价值观。在阅读过程中，家长可以和孩子讨论一些画面、情境："你觉得他现在是什么感觉？""为什么他会有那种感觉？""你和他感觉一样吗？""还有什么不同的事情会让你有同样的感觉？"重视孩子的感受、让孩子在阅读中积累道德体验。

民间故事作为民间文化的重要组成部分，蕴含着百姓一致认同的道德观念，通过丰富的人物形象、鲜明的道德行为对比给孩子带来直观、深刻的道德体验。例如，《金斧头、银斧头和铁斧头》传达出诚实守信的价值观；《囊萤映雪》体现刻苦求知的向善力量……《盘古开天》《大禹治水》《精卫填海》《司马光砸缸》等，无不承载着中华民族的传统美德与智慧。当地的民间传说更是培养孩子爱家乡、爱祖国情感的重要资源。家长可结合民间故事探访相关的名胜古迹，如：听完《白娘子》游览断桥，跟着《精忠报国》走进岳庙，听过《济公》参观"飞来峰"。

中国传统文化中还有很多蒙学经典，如：《三字经》《弟子规》《名贤集》《幼学琼林》《增广贤文》等，以简洁的文字传达深厚的思想品德观念，读起来朗朗上口。家长可以从中选择适合幼儿的内容，让孩子在诵读传统典籍的过程中，润物细无声地接受中华传统美德的熏陶。

（三）把握道德结构层次，推动品德发展

1.道德认知发展助推道德意识形成

（1）道德讨论法提高道德认知

与孩子就生活中、故事里道德上进退两难的问题进行讨论，引发道德认知冲突，激发孩子面对生活中的问题展开积极思索和探究，通过观点的交流和比较，促进道德发展。比如，读《七色花》故事时，和孩子讨论"如果你有一片花瓣，你最想做什么？""最后一片花瓣了，要不要给小男孩用？为什么？""你觉得哪片花瓣最值得？"也可以就生活事件进行讨论。比如赛跑时，吉吉忽然摔倒了，点点停下来去扶他，结果输了，乐乐得了冠军。你觉得谁棒？点点会是什么感觉？吉吉会有什么感受？你是点点或乐乐的话会怎么做？

（2）"道德测试"培养判断力

当孩子面临道德两难选择时，可以用以下的测试问题来帮助他做出更明智的决定，从而引导道德行为。

黄金规则（逆向思维）测试：如果这件事发生在我身上，我希望别人怎么对待我呢？

公平测试：对于受到我说的话（或行为）影响的人来说，这公平吗？谁会受到影响？受到怎样的影响？如果别人也那么做我喜欢吗？

结果测试：这么做会产生什么后果？我会不会因此难过（遗憾、后悔）？

公开测试：如果让大家都知道我做了什么，我有什么感受？

2. 积极反馈助力道德情感构建

道德情感是孩子选择道德行为的直接动力。儿童道德观念的形成有赖于成人对其行为的褒贬评价及其自身产生的道德感受与体验。因此，家长在社会生活中要及时而准确地对孩子的道德行为做出反馈、评价，多让孩子感受积极的道德情感，增强孩子明辨是非的能力。

家长对孩子的有效的言语评价可以达成表达价值观和传递规则的双重目的。主要有几种类型：一是提出规则，明确限制。如："玩滑梯要排队，不能推人。"二是做出评价，给予价值引导。如："你刚才把地上的书捡起来，珍惜物品，做得好！"三是鼓励或给出期望。如："你今天没有挑食，真棒！你能尝试越来越多的食物了，明天你一定也可以做到。"

日常言语评价要遵循两个原则：一要是非明确，言语简练。鉴于孩子的语言发展水平，最好用价值判断清晰的陈述句，如："一次只拿一本书。"二要以积极正向为主，少用负向评价。家长的评价是孩子行为的有效强化方式，用描述性的具体评价能更明确地让孩子知道如何做是对的。如："你帮忙摆好了碗筷，真是个小帮手！"还要引导孩子关注自己行为的内在感受，帮助孩子逐渐从他人标准的导向向自我标准的导向转变，渐渐摆脱对他人评价的依赖。如："你和朵朵一起分享了你做的饼干，分享的味道比一个人吃更美味吧？"

家长还要重视引导孩子进行自我评价。德育的目的是使孩子形成一定的道德信念支配下的自觉的道德行为习惯。自我调节是道德品质的重要因素，只有当孩子把社会、家长的标准要求内化为自己的标准，并利用这些标准进行自我评价、自我监督、自我调节时，孩子才能形成比较稳定的道德行为。

3. 生活教育保障道德行为实践

道德教育的根本目的是改善孩子的行为，促进其养成良好的道德行为习惯和道德品质。知行统一是道德品质形成的重要特征，一种道德行为多次重复出现，就成为行为习惯，进而形成稳定的道德品质。

生活即教育。生活实践是儿童品德发展的根本路径，家庭德育是以孩子的生活为中心的实践性德育。家长应坚持将孩子的一日生活及各项活动作为实施德育的主要情境。孩子只有在真实生活中亲身感受具体的道德情境，在行动中获得道德体验，才能产生道德情感，强化道德认知，积累道德经验，并在道德冲突中寻求内在的平衡。

参考文献

[1] 林崇德. 品德发展心理学 [M]. 西安：陕西师范大学出版总社，2014.

[2] 张茂聪，唐爱民. 儿童品德发展与道德教育 [M]. 济南：山东人民出版社，2012.

[3] 甘剑梅，刘黔敏. 学前儿童社会教育 [M]. 北京：高等教育出版社，2013.

[4] 琳达·凯夫林·波普夫，丹·波普夫，等. 家庭美德指南：激发孩子与我们最好的内在品质 [M]. 汤明洁，译. 北京：中国言实出版社，2009.

[5] 默娜·B. 舒尔，等. 如何培养孩子的社会能力 [M]. 张雪兰，译. 北京：北京联合出版公司，2018.

[6] 金伯莉·布雷恩. 你就是孩子最好的玩具 [M]. 夏欣苗，译. 海口：南方出版社，2020.

[7] 托马斯·利科纳. 培养品格：让孩子呈现最好的一面 [M]. 施李华，等译. 北京：中国社会科学出版社　线装书局，2005.

[8] 塞缪尔·斯迈尔斯. 品格的力量 [M]. 王冬冬，译. 北京：企业管理出版社，2013.

（执笔：金琛洁）

第 18 课

如何对孩子进行艺术启蒙

课程简介

教学对象

3—6 岁儿童家长及其他照护者

教学目标

1. 了解艺术教育对孩子成长的重要意义。

2. 掌握对孩子进行艺术启蒙的指导策略。

3. 愿意积极主动陪伴孩子一起玩艺术。

教学时长

90 分钟

课程框架

[实例导入]

一、艺术教育概述

（一）什么是幼儿的艺术教育

（二）艺术教育对孩子成长的意义

    1. 促进感知经验的积累和动作水平的提升

    2. 促进注意力和想象力的发展

    3. 促进情绪能力的发展

二、艺术启蒙的家庭指导策略

（一）给予孩子充分的爱与自由

（二）为孩子提供感受与欣赏的机会

    1. 欣赏自然界与生活中美的事物

    2. 欣赏多种多样的艺术形式和作品

（三）支持孩子的艺术表现与创造

    1. 鼓励孩子参加艺术活动

    2. 鼓励孩子发展艺术表现与创造

三、绘画启蒙的家庭指导策略

（一）绘画对幼儿发展的意义

    1. 绘画是幼儿掌握世界的一种方式

    2. 绘画与幼儿的认知发展相一致

    3. 绘画是幼儿情感表达与交流的工具

    4. 绘画是幼儿个性的表现

（二）幼儿绘画发展的指导策略

    1. 1.5—4 岁：涂鸦期

    2. 4—5 岁：象征期

    3. 5—7 岁：前图式期

四、音乐启蒙的家庭指导策略

（一）幼儿音乐发展特点

    1.理解旋律

    2.协调动作与节奏

    3.欣赏音乐

（二）幼儿音乐发展指导策略

    1.选择合适的音乐

    2.选择适宜的时间

    3.选择适宜的方式

    4.选择适宜的材料

参考文献

课程内容

[实例导入]

4岁的童童被要求照爸爸的示范画鱼，可童童在纸上画了许多弯弯曲曲的小线条。妈妈问："你为什么不照爸爸的画呀？你画的是什么呢？"童童说："爸爸画的是死鱼，我画的是鱼缸里那条活的鱼。"说完学着鱼儿游动的样子扭动身子，接着又用一个直挺挺的动作来模仿爸爸画的"死鱼"。

在孩子的眼里，鱼是有生命的，是具体的、生动的，于是他所画的鱼就是"一扭一扭"的，充满了生命力。而爸爸的鱼则是概念化的鱼，是没有生命的。艺术创作反映了孩子对世界独特的认识和体验。家长应如何对孩子进行艺术启蒙教育呢？

一、艺术教育概述

（一）什么是幼儿的艺术教育

艺术是人类感受美、表现美和创造美的重要形式，也是表达自己对周围世界的认识和情绪态度的独特方式。幼儿的艺术教育，是指充分创造条件和机会，在大自然和社会文化生活中萌发幼儿对美的感受和体验，丰富其想象力和创造力，引导幼儿学会用心灵去感受和发现美，用自己的方式去表现和创造美。

幼儿艺术活动的常见形式为音乐、绘画和舞蹈。音乐是以音色、音调、节奏等听觉为主的艺术感知与模仿；绘画以线条、色彩、构图等视觉表现为主；舞蹈则以动作的灵活协调和肢体韵律表达为主。本课重点讨论幼儿艺术启蒙的总体指导策略，以及幼儿音乐和幼儿绘画启蒙两个方面的指导策略。

（二）艺术教育对孩子成长的意义

艺术教育对幼儿的影响不仅在于艺术修养或熏陶，对其身心的全面发展也有着积极的影响。

1. 促进感知经验的积累和动作水平的提升

从感知发展的角度，音乐（如乐音、旋律），绘画（如线条、色彩），舞蹈（如感觉统合）等艺术活动都能够拓展、丰富幼儿的感知经验；从动作发展的角度，音乐（如口腔肌肉），绘画（如手腕与手指），舞蹈（如跳跃、协调）也能提升幼儿的精细动作水平、促进肢体的平衡与协调。

2. 促进注意力和想象力的发展

早期的认知提升有赖于幼儿的感知经验和动作水平的发展，并且在幼儿专注地投入艺术活动之中时，其注意与想象能力也在该过程中得到发展。

3. 促进情绪能力的发展

当幼儿有着丰富、多样的情绪感受，而言语却不足以表达时，艺术活动便成为一种直接、生动的情绪情感表达方式，这对于幼儿的情绪能力以及精神状态有着积极的调节作用。

二、艺术启蒙的家庭指导策略

每个孩子心里都有一颗美的种子。艺术领域学习的关键在于为孩子充分创造条件和机会，在大自然和社会文化生活中激发孩子对美的感受和体验，丰富其想象力和创造力，引导孩子学会用心灵去感受和发现美，用自己的方式去表现和创造美。

（一）给予孩子充分的爱与自由

艺术创作是个性成长的一种独特记录方式。如果孩子的个性是自由、快乐且无拘无束的，那么其作品也将是自由、灵动、无拘无束的。因此，倡导自由的艺术创作相当于给孩子提供了一个无忧无虑的童年。关于家庭教育中如何做好孩子的艺术启蒙，无论持何种观点，给予孩子爱与自由的空间都是必不可少的。家长对孩子的艺术表现应给予充分的理解和尊重，不要用自己的审美标准去评判，更不要为追求结果的"完美"而对孩子进行千篇一律的训练，以免扼杀其想象与创造的萌芽。

（二）为孩子提供感受与欣赏的机会

艺术创作是以各种体验为前提的，基础性体验随处可见，而敏感地抓住它们并充分利用它们，是幼儿和艺术家特有的本领。丰富孩子的各种体验是幼儿期艺术启蒙教育的重要任务。以下具体目标出自教育部发布的《3—6岁儿童学习与发展指南》。

1. 欣赏自然界与生活中美的事物

（1）幼儿欣赏自然的发展目标

3—4岁：喜欢观看花草树木、日月星辰等大自然中美的事物。容易被自然界中的鸟鸣、风声、雨声等好听的声音所吸引。

4—5岁：在欣赏自然界和生活环境中美的事物时，关注其色彩、形态等特征。喜欢倾听各种好听的声音，感知声音的高低、长短、强弱等变化。

5—6岁：乐于收集美的物品或向别人介绍所发现的美的事物。乐于模仿自然界和生活环境中有特点的声音，并产生相应的联想。

（2）和孩子一起发现、感受美的事物

创造机会，让孩子多接触大自然，发现和感受美丽的景色和好听的声音。经常带孩子参观园林、名胜古迹等人文景观，讲讲有关的历史故事、传说，与孩子一起讨论和交流。

（3）引导孩子认识美的事物的特征，学会表达和欣赏美

让孩子观察常见动植物以及其他物体，引导孩子用自己的语言、动作等描述它们美的方面，如：颜色、形状、形态等。让孩子倾听和分辨各种声响，引导孩子用自己的方式来表达他对音色、强弱、快慢的感受。支持孩子收集喜欢的物品，并和他一起欣赏。

2. 欣赏多种多样的艺术形式和作品

（1）幼儿艺术欣赏的发展目标

3—4岁：喜欢听音乐或观看舞蹈、戏剧等表演。乐于观看绘画、泥塑或其他艺术形式的作品。

4—5岁：能够专心地观看自己喜欢的文艺演出或艺术品，有模仿和参与的愿望。欣赏艺术作品时会产生相应的联想和情绪反应。

5—6岁：艺术欣赏时常常用表情、动作、语言等方式表达自己的理解。愿意和别人分享、交流自己喜爱的艺术作品和美感体验。

（2）创造条件让孩子接触多种艺术形式和作品

经常让孩子接触适宜的、各种形式的音乐作品，丰富其对音乐的感受和体验；和孩子一起用图画、手工制品等装饰和美化环境；带孩子观看或共同参与传统民间艺术和地方民俗文化活动，如：皮影戏、剪纸和捏面人等；有条件的情况下，带孩子去剧院、美术馆、博物馆等欣赏文艺表演和艺术作品。

（3）尊重孩子的兴趣和独特感受，理解他们欣赏时的行为

理解和尊重孩子在欣赏艺术作品时的手舞足蹈、即兴模仿等行为。当孩子主动介绍自己喜爱的舞蹈、戏曲、绘画或工艺品时，要耐心倾听并给予积极回应和鼓励。

（三）支持孩子的艺术表现与创造

1. 鼓励孩子参加艺术活动

（1）幼儿艺术活动的发展目标

3—4 岁：经常自哼自唱或模仿有趣的动作、表情和声调。经常涂涂画画、粘粘贴贴并乐在其中。

4—5 岁：经常唱唱跳跳，愿意参加歌唱、律动、舞蹈、表演等活动。经常用绘画、捏泥、手工制作等多种方式表现自己的所见所想。

5—6 岁：积极参与艺术活动，有自己比较喜欢的活动形式。能用多种工具、材料或不同的表现手法表达自己的感受和想象。艺术活动中能与他人相互配合，也能独立表现。

（2）创造机会和条件，支持孩子自发的艺术表现和创造

提供丰富的便于孩子取放的材料、工具或物品，支持孩子进行自主绘画、手工、歌唱、表演等艺术活动。经常和孩子一起唱歌、表演、绘画、制作，共同分享艺术活动的乐趣。

（3）营造安全的心理氛围，让孩子敢于并乐于表达表现

欣赏和回应孩子的哼哼唱唱、模仿表演等自发的艺术活动，赞赏其独特的表现方式。在孩子自主表达创作的过程中，不做过多干预或把自己的意愿强加给孩子，在孩子需要时再给予具体的帮助。

了解并倾听孩子艺术表现的想法或感受，领会并尊重孩子的创作意图，不

简单用"像不像""好不好"等成人标准来评价。

展示孩子的作品，鼓励孩子用自己的作品或艺术品布置环境。

2. 鼓励孩子发展艺术表现与创造

（1）幼儿艺术表现与创造的发展目标

3—4岁：能模仿学唱短小歌曲。能跟随熟悉的音乐做身体动作。能用声音、动作、姿态模拟自然界的事物和生活情景。能用简单的线条和色彩大体画出自己想画的人或事物。

4—5岁：能用自然的、音量适中的声音基本准确地唱歌。能通过即兴哼唱、即兴表演或给熟悉的歌曲编词来表达自己的心情。能用拍手、踏脚等身体动作或可敲击的物品敲打节拍和基本节奏。能运用绘画、手工制作等表现自己观察到或想象的事物。

5—6岁：能用基本准确的节奏和音调唱歌。能用律动或简单的舞蹈动作表现自己的情绪或自然界的情景。能自编自演故事，并为表演选择和搭配简单的服饰、道具或布景。能用自己制作的美术作品布置环境、美化生活。

（2）尊重孩子自发的表现和创造，并给予适当的指导

鼓励孩子在生活中细心观察、体验，为艺术活动积累经验与素材，如：观察不同树种的形态、色彩等。

提供丰富的材料，如：图书、照片、绘画或音乐作品等，让孩子自主选择，用其喜欢的方式去模仿或创作，家长不做过多要求。根据孩子的生活经验，与其共同确定艺术表达的主题，引导孩子围绕主题展开想象，进行艺术表现。

孩子绘画时，不宜提供范画，特别不应要求孩子完全按照范画来画。肯定孩子作品的优点，用表达自己感受的方式引导其提高。如："你的画用了这么多红颜色，感觉就像过年一样喜庆""你扮演的大灰狼声音真像，要是表情再凶一点就更好了"等。

三、绘画启蒙的家庭指导策略

（一）绘画对幼儿发展的意义

绘画是造型艺术中的一种。幼儿的绘画作品，无论内容还是形式，常常有成人意想不到的表现，这些表现使得幼儿绘画有着成人绘画无可比拟的魅力。

有些家长会用成人绘画的标准去衡量孩子画得"像不像""美不美",这是不合适的。那么,幼儿绘画有哪些独特之处呢?

1. 绘画是幼儿掌握世界的一种方式

幼儿在绘画活动中所显示的是一种对世界的感性把握。这种把握与他们的发展水平直接联系在一起,表现出思维的直觉性、具象符号性和情感性的特点。

就如本课开头的画鱼实例,在孩子的眼里,鱼是有生命的,是具体的、生动的,所以他画的是"一扭一扭"的、充满了生命力的鱼;而爸爸画的鱼则是概念化的,是没有生命的。正是这种生动的、感性的特点,才使得幼儿美术活动充满了活力与魅力。

2. 绘画与幼儿的认知发展相一致

绘画是幼儿心理活动的反映,是将"心中的意象"表达出来的过程。幼儿初始的涂鸦显得杂乱无章,这个阶段他们专注于工具的满足,后期才逐渐地开始能进行象征性的形象创造。幼儿感兴趣的对象由动作本身转为精神形象,这是很有意义的转变,说明他们已经从感知运动阶段发展到形象思维阶段了。其绘画发展与其认知发展水平有着密切的关系。

(1)0—2岁:感知运动阶段

孩子依靠自己的肌肉动作和感觉来应对外界事物,抓握、抚摸以及其他动觉和感觉活动有助于其思维的发展。该阶段孩子的绘画始于感觉,是在与环境的接触过程中,对观看、聆听、嗅、触等感觉经验做出的反应。

(2)2—4岁:象征思维阶段

孩子已经能用抽象的象征符号来表示客观事物,出现了延迟模仿、象征性游戏、绘画等行为模式。该阶段孩子的绘画发展经历如下过程:未分化涂鸦(无控制地涂抹,满足动觉经验)—经线涂鸦(重复性运动的控制,手眼的协调性加强)—圆形涂鸦(重复画圆,并用它来表现一切事物)—命名涂鸦(认识到绘画与外界之间存在的关系,受画面象征符号的启发而命名,显示初步的手、眼、脑的整体协调)。

（3）4—7岁：直觉的半逻辑思维阶段

孩子开始从表象思维向运算阶段发展，但其思维仍具有自我中心的特点，通俗地说就是还不能进行换位思考。该阶段孩子的绘画发展以自我为中心来观察世界，画面形象呈集合性组合，为表现自己的感觉，画面常常会夸大自己认为重要的，而忽略次要的部分。

3. 绘画是幼儿情感表达与交流的工具

绘画过程中，孩子充满了情感色彩。早在用笔、纸、颜料画画之前，孩子就对色彩、形状等有了明显的审美偏好，比如，相比于黑色，会更喜欢红色与橙色。当孩子在画纸上呈现自己的构思时，通常都是在情感迸发情况下进行的，他沉醉在自己的创作活动中，以积极的方式表达自己的情感。当孩子内心有重要的事情要表达，他在作画的时候往往非常激动，常伴随着唱歌、丰富的面部表情、肢体动作等。这种美术活动的价值在于，它为孩子紧张或其他某种情绪的宣泄以及身体能量的释放，提供了一个恰当的途径，有利于心理健康。

4. 绘画是幼儿个性的表现

孩子的绘画活动是一种自由自主的活动。从线条的特性、色彩的喜好、感兴趣的题材、活动的进行方法、注意集中的程度、坚持性等方面都可以观察到孩子个性的表现。比如，当孩子心情愉快、活泼时用色丰富，且倾向于明朗的黄、红、粉、绿等，而在忧郁、烦躁、不安时，用色则相对较少，且倾向于黑、紫、暗绿等色调。

（二）幼儿绘画发展的指导策略

绘画活动需要手、眼、脑的协调统合。孩子的绘画行为与他的认知水平以及手部动作发展有着密切的联系，其绘画发展一般经历涂鸦期、象征期和前图式期三个阶段。

1. 1.5—4岁：涂鸦期

（1）涂鸦期的绘画特点

涂鸦是孩子感知觉和动作有了一定的发展和协调之后，对环境做出的一种新探索，是一种无目的的手臂动作的练习。

4岁前的孩子处在涂鸦期，其绘画属于漫无目的的乱涂乱画，是缺少视觉控制的肌肉运动。他在涂画之前，没有预想、没有构思，不讲究造型、色彩和构图，而是把涂鸦作为一种游戏，享受涂鸦动作带来的那种有节奏的运动快感，反映在画面上是杂乱的线条。到了涂鸦后期，孩子绘画出现简单的目的，但不能成形，不注意色彩变化，常常使用单色笔，偶尔换另一种颜色。

3—4岁孩子出现命名涂鸦，虽然还不能画出具体的形象，但开始意识到所画的线条与实物或自己的经验之间的联系，已有明显的表达意图。也就是说，孩子把自己的生活经验与涂鸦动作联结在一起，并把自己画的线、圈等意义化，或象征某种事物而加以命名。他在涂鸦时，一边画一边自言自语，说明他所画的东西。总的来说，命名活动是在画出图形之后才出现的。涂鸦阶段末期，画面的图像渐渐分化，形成简单的象形图样，继而迈入下一个发展阶段。

（2）涂鸦期的绘画指导策略

涂鸦阶段，绘画创作的空间问题是最棘手的。由于孩子还没建立所谓的"对与错"概念，当他的创作冲动强烈需要释放时，很可能会在客厅的墙上或者门上随意涂鸦，这常常让家长感到头疼。但家长也要认识到，孩子越想涂鸦、创作的冲动越明显，就越需要宣泄。家长可以参考以下建议，指导涂鸦期的孩子进行绘画活动。

①提供一个可以让孩子安心涂鸦的地方

适合孩子创作的最佳场所是一个日光充足的角落，他不必担心弄脏桌子或者地板。如果在家中设置一个"创意角"，那会是非常有意思的设计，也会成为整个家庭共同参与创作的好地方。

②提供一个让孩子存放美术用品的固定空间

在这个固定空间里，纸、笔和颜料都要随手可得。比较适合孩子的有蜡笔、广告颜料、手指画颜料、黏土等，画笔的颜色不需要提供太多。

③陪伴和倾听

家长不要期待此时孩子能画什么，不要去打断他的创作，或者轻易给他的创作下定论；可以用提问的方式，鼓励孩子沿着自己的思路思考。

只有等孩子不仅在思维上，而且在绘画上，建立起自己与绘画内容之间的联系时，他才走出涂鸦阶段。

2.4—5岁：象征期

（1）象征期的绘画特点

由于前期的涂鸦练习，4岁左右的孩子已经能运用手腕和手指画画，也能进行有目的的绘画活动，孩子的绘画发展开始进入象征期。他能凭借主观直觉印象描绘出物体的粗略形象，象征物体的外形轮廓多半是不完全的、遗漏的，表现瞬间的、不明确的感情和意图。

通常在4—5岁，孩子开始在他的思维与外部世界间建立起联系，并开始描绘人物和事物。孩子看到的与他的画面呈现出来的事物有所不同。一个5岁的孩子在画爸爸时可能只画出头和脚，但这并不意味着他对人的了解仅限于此。孩子非常清楚地知道人有胳膊、手，甚至还有指甲，但是在作品中却只表现出对他而言最为重要的部分。这需要家长给他提示一些与爸爸相关的具体经验，比如，让爸爸把他抱过头顶，他感受到爸爸托举他的双手非常有力，下次画爸爸的时候，他就会加上双手了，因为双手对他而言变得非常重要了。

（2）象征期的绘画指导策略

①给予孩子足够的引导

良好的引导方式应该是给孩子足够的体验，让他按照自己的方式表现自己想要表现的东西。家庭能给予孩子的最佳创作环境是一个安全且充满爱的和谐氛围，孩子会受到身边事物和周围环境的鼓励，这是艺术创作的前提，并且艺术与生活密不可分。

②丰富孩子的体验

在此成长阶段，家长的引导必须包括让儿童通过亲身体验而变得更加敏感，建立更具有识别度的关系。同时幼儿对事物之间的空间关系的把握也很重要。只有通过增强对事物的敏感度才能获得更具有识别度的关系。

③保存好孩子的作品

家长要注意收存孩子的作品，特别是便于存放在文件夹里的绘画作品，既有益又有趣。可以标注创作日期，以及儿童对作品的描述。孩子童年时期的创造记录常常可以在其后期的发展中显现出重要的价值。

3.5—7 岁：前图式期

（1）前图式期的绘画特点

孩子不再满足于图像式思维与绘画之间那种纯粹的虚拟关系，开始进入用绘画的方法有目的、有意识地再现周围事物和表现自己经验的时期，也是幼儿绘画最充满活力的时期。他以自我为中心地观察现实生活，用绘画来传达各种概念，创造出许多自己的独特的绘画方法，在造型、色彩、构图方面较之象征期有明显的发展。

一般来说，到 7 岁时，孩子就能把他的思维与图像联系起来了。但在绘画的同时建立起一种秩序，对他来说无疑太难了。于是，他会按照物体在大脑中出现的顺序来作画。比如，孩子参观完动物园之后，想要画一个动物园，他仅仅列举出自己能想到的动物：长颈鹿、大象、狮子、猴子，还有人和汽车……显然，画面上不同的动物和事物之间没有特别的关系，它们分散在画面上。但是对于孩子而言，另一种关系显然已经建立起来，即动物园和他的作品之间的关系。

（2）前图式期的绘画指导策略

①遵循孩子的当下情况。这个阶段的儿童，能否画出可识别的物体和人物，取决于儿童是否想在画面与外界之间建立起一种联系。如果孩子还没有准备好进入外面的世界，千万不要强迫他，以免损害其表达意愿。家长能做的就是帮孩子建立越来越多的敏感关系，早一年还是晚一年不是最重要的，对孩子来说，最重要的是在自己的体验和发现中感受到乐趣与成就，而非挫败。

②丰富孩子的创作材料。艺术表达除了用笔绘画创作之外，还可以是用沙土堆城堡、用纸片拼贴画或者用泥巴来塑形，以及利用丰富多样的废弃物品创作（前提是确保材料的安全与清洁），这些都可以启发孩子的想象活动。不同质地、不同形状以及不同密度的材料越丰富，就越能给孩子带去灵感，越能满足孩子情感表达的需求。

③保持客观的观念态度。家长们需要了解的是，学前儿童绘画的发展阶段呈阶梯式特点，前后阶段具有一定程度的交叉重叠，即发展的后一阶段源于前一阶段，前一阶段又总是被整合到后一阶段，先形成的是最基础的，而且不同

孩子间还存在着个体差异，但无论差异多大，也不可能改变其发展的定向性和先后次序。

四、音乐启蒙的家庭指导策略

（一）幼儿音乐发展特点

1. 理解旋律

最开始婴幼儿在听到音乐时，会跟着音乐发出声音，或者做出相应的摇摆、站立、弹跳等动作。随着年龄慢慢增大，他们会根据音乐的变化发出不一样的声音或者做出不一样的动作。

2. 协调动作与节奏

能有节奏地唱歌，并乐意为音乐"编"舞，把音乐动作化、戏剧化，通常能将自己的身体动作与音乐节奏协调一致。

3. 欣赏音乐

孩子倾听故事和音乐的专注时间与注意质量逐步提高。5 岁孩子能分辨不同的旋律和音色，集体听音乐时的注意持续时间也逐渐延长。

（二）幼儿音乐发展指导策略

1. 选择合适的音乐

为孩子选择旋律平和优美的音乐为宜，不适合让孩子听节奏太快或过于忧郁的音乐。

2. 选择适宜的时间

在孩子玩耍时或睡前播放平和优美的音乐即可。建议家长们每天花 15 分钟左右的时间，陪着孩子主动听音乐，进行音乐听想游戏。

3. 选择适宜的方式

对孩子进行早期音乐教育，最简单的方式是让孩子对音高与节奏进行模仿，以及感受无约束的律动。家长可以直接唱歌或诵读童谣，让孩子模仿音调与节拍；也可创设适合的情境，与孩子一起配合旋律展开肢体律动游戏。

4. 选择适宜的材料

家长可以购买一些正版的音乐集锦，如：《国乐启蒙》（中国传统音乐集锦)、《爱和乐》(西方古典音乐集锦),或其他高质量的儿童音乐集。家长要注意了解相关曲目,那些节奏过快、过于悲伤的曲目尽量不给孩子听。

参考文献

[1] 孔起英.0—6岁小儿艺术教育[M].上海:上海科学技术出版社,2004.

[2] 李季湄,冯晓霞.《3—6岁儿童学习与发展指南》解读[M].北京:人民教育出版社,2013.

[3] 维克多·罗恩菲德.创造与心智成长[M].王德育,译.杭州:浙江人民美术出版社,2019.

[4] 维克多·罗恩菲德.你的孩子和他的艺术[M].孙吉虹,唐斌,译.杭州:浙江人民美术出版社,2018.

(执笔:龚凌竹)

3-6岁

儿童家庭教育指导标准化课程

第 19 课

如何科学使用电子产品

课程简介

教学对象

3—6 岁儿童家长及其他照护者

教学目标

1. 了解孩子使用电子产品的利弊。

2. 了解过度使用电子产品的原因。

3. 掌握科学使用电子产品的策略并灵活运用。

教学时长

90 分钟

课程框架

（二）为孩子树立正确的榜样

    1. 回应孩子关于网络的好奇

    2. 设定电子产品的使用规则

（三）合理约束和管理孩子使用电子产品的行为

    1. 合理约束使用时间

    2. 合理管理使用内容

    3. 合理管理使用行为与设备

（四）丰富家庭生活，摆脱对电子产品的沉迷

    1. 将"虚拟"与"现实"相连，融汇线上与线下

    2. 家长亲子陪伴，走入真实的自然与社会

参考文献

课程内容

👤 [**实例导入**]

情境 1: 东东拿到妈妈的手机,就开始点开视频,玩手机小游戏。妈妈一拿走手机,东东就哇哇大哭,发脾气。

情境 2: 西西不好好吃饭,爷爷为了让她多吃点,就打开电视机播放动画片。西西眼睛直勾勾地盯着电视机,爷爷喂多少,她就吃多少。

作为互联网时代的"原住民",如今的幼儿都早早接触和使用电视机、手机、平板电脑、电脑、儿童手表等电子产品,每天使用电子产品时长超过 1 小时甚至 2 小时的幼儿比例越来越高。幼儿使用电子产品,以观看动画片、短视频和玩游戏为主。电子产品到底会给孩子带来哪些影响?孩子爱玩电子产品,家长应该怎么办?

一、幼儿使用电子产品的影响

电子产品在幼儿中的使用率高,并且呈增长趋势。电子产品是教育和娱乐的工具,对幼儿生理及心理发展的影响是利还是弊,与使用方式有关。如果使用得当,电子产品就会成为孩子探索世界的工具;如果使用不当,幼儿接触电子屏幕的时间过长,在睡眠、注意力、情绪发展、视力发育等方面都可能出现问题。

(一)对生理方面的影响

1. 极易导致近视

幼儿由于眼部周围肌肉与睫状肌的发育尚不成熟,如果长期接触电子产品,眼睛超负荷工作,极易导致近视。尽管目前的一些电子产品已经应用新技术,以尽量减少辐射产生的视觉损伤,但仍会有高亮度强光。长期接触电子产品,幼儿的睫状肌长时间得不到松弛,处于高度紧张状态,就会导致睫状肌痉挛,形成近视。

2. 容易导致肥胖

在进行运动类视频游戏时，幼儿处于相对兴奋的状态，新陈代谢快，能量消耗与中等强度的体育锻炼相当，对体格发育能产生一定的积极影响。然而，需要幼儿处于"静止"状态的电子游戏占大多数，而且存在于网络环境中的大量食品广告也会潜移默化地影响幼儿的饮食结构，增加能量摄入，从而导致幼儿肥胖率上升。幼儿花费在电子产品上的时间越长，进行体育活动的时间就越少，对健康所产生的负面影响也会越大。

3. 影响脊椎、关节功能

在使用电子产品时，很多幼儿会俯趴在桌上，或窝在床上、沙发上，使得腰椎、颈椎负荷加重。另外，长时间进行鼠标、键盘等操作，也可能造成关节等身体部位血液循环速度降低，手腕部肌腱受损，进而影响关节功能。

因此，过度使用电子产品易对幼儿的生长发育产生不利影响。

（二）对语言能力发展的影响

1. 丰富的学习软件有利于语言能力的提升

电子产品附带大量学习相关软件，可以满足幼儿语言学习的基本需求。幼儿期是语言学习的最佳时期，合理运用电子媒体中的语言开发软件，可以增加幼儿的词汇量，提高幼儿的语言表达能力和语言运用能力。

2. 减少真实世界中的交流，阻碍语言能力发展

电子产品的语音软件多是电子语音，相较于真实世界的各种"声音"，此类声音缺少交互情境性，幼儿过多地被动接受此类机械电子语音，容易阻碍其语言能力的发展。同时，过多使用电子产品，也会剥夺幼儿与家人、朋友交流的时间。对幼儿语言能力的发展可能会产生一定的负面影响。

因此，电子产品对幼儿语言能力的发展究竟是起到积极的助益作用抑或消极的阻碍作用，关键在于家长对电子产品的合理选择与使用。

3. 科学利用电子产品，能提升阅读能力

有研究显示，每天只阅读电子书籍会对幼儿的阅读能力和阅读兴趣产生消极影响。然而，将电子书籍进行多元化编辑，如：加入声像、重点标示、动画

等，可以显著提高幼儿的阅读能力与阅读兴趣。一项针对日本4岁儿童的临床试验发现，每天使用有声读物或动画读物阅读的儿童，其阅读能力显著提升，并且可以至少维持1个月。此外，运动类视频游戏，能够通过提高幼儿的注意力，来帮助患有阅读障碍的幼儿提高阅读速度和准确度。据此推测，兴趣阅读或者多元化阅读，可以对阅读能力的提高产生积极影响。

因此，在对孩子进行阅读训练时，可以充分利用电子产品多媒体化的优势，注重与动画、声像等的结合，促进阅读效果的提升。

（三）对认知能力发展的影响

1. 对认知发展产生一定影响

幼儿在交往、游戏的过程中，逐步完善认知发展。形象、生动的电子世界可能会对儿童的认知发展产生一定影响。多数研究认为，电子游戏会对儿童认知功能产生积极影响，包括培养儿童的任务完成能力，提高空间感知能力，以及提高儿童记忆力和手眼协调能力、提高视觉空间智能。

2. 对注意力发展产生不良影响

动画、游戏画面的切换速度很快，长期观看会对幼儿的注意力转换造成负担，进而对其专注力与信息提取能力产生不良影响。幼儿在使用学习软件时，大多会被游戏、视频所吸引，从而分散了一定的注意力，导致对应学习的内容掌握得不扎实。

二、过度使用电子产品的原因

目前，较多孩子存在过度使用电子产品的现象，主要有以下原因。

（一）认识上有偏差

1. 减少育儿麻烦

有的家长为了减少孩子哭闹、黏人等行为，方便自己做事，把电视、手机等电子产品交给孩子，当作"电子保姆"；有的家长则把它当成"贿赂品"，诱哄孩子乖乖地吃饭、看书。

2. 满足孩子需要

不少家长认为电子产品提供的动画片、短视频内容生动、丰富，既能让孩子喜欢，又能让孩子获得知识，便将其作为家庭育儿的重要工具。

3. 从众心理

家长看到周边的父母都让孩子用电子产品，或者孩子看到别的小朋友有电子产品也吵着要，于是就跟着随大流。

（二）行为上失范

有的家长自身过度使用电子产品，时刻紧盯手机刷短视频、玩游戏。这使得孩子耳濡目染，也沉迷于电子产品，将其作为重要的休闲娱乐工具。

（三）管理上失当

有的家长在孩子使用电子产品的使用时间上缺乏约束，只顾着忙自己的事，让孩子一玩手机就是一两个小时。有的家长对内容缺乏把关筛选意识并疏于陪伴，让孩子浏览观看一些不适合其身心发展特点的内容。

三、科学使用电子产品的指导策略

学龄前孩子年龄较小，自制力弱，接触电子产品行为大多发生在家庭中，如何引导孩子科学使用电子产品，有赖于家长的指导和管理。

（一）树立正确使用电子产品的观念

[案例]各执己见

关于让不让 4 岁的娜娜用电子产品玩游戏、看动画片，爸爸妈妈各执己见。爸爸觉得玩一会儿也没关系，有些益智类小游戏好玩又能学知识，让孩子安安静静地自己看、自己玩，多好；妈妈却持反对意见，认为玩游戏、看动画片不但影响视力，还容易"上瘾"，就该从源头上禁止娜娜接触电子产品。

电子产品用还是不用？这往往是摆在许多家长面前的难题。其实，在引导孩子科学使用电子产品之前，家长应对电子产品有较为清晰的认知：电子产品既不是育儿的"万能神器"，也不是避之唯恐不及的"洪水猛兽"；电子产品既有娱乐功能，也可以成为学习工具。电子产品更似一把双刃剑，它可以对孩子造成伤害，也可以为孩子带来助益，关键在于对它的使用方式。

因此，对于电子产品的使用，家长既不要放任不管，也不要盲目排斥，应正确看待电子产品，学会科学运用。

1. 科学认识：电子产品并非"万能保姆"

一些家长往往会用电子产品解决一些育儿"难题"，比如，让孩子停止哭闹，让孩子不再黏着自己，为自己争取休息时间等，但这往往是治标不治本的暂时之策。家长不应让电子产品替代自己的育儿职能。特别是学龄前的孩子，正处于安全依恋的形成期，此时，最需要的是父母切切实实的陪伴。幼儿需要听到父母的声音，看到父母的表情，感受到父母的拥抱和温暖，这些都是电子产品无法给予的。对孩子来说，父母永远是电子产品所无法取代的"最佳陪伴者"。

2. 合理引导：发挥电子产品的独有优势

身处数字时代，当今的孩子很难完全成为电子产品的"绝缘体"。"堵不如疏"，家长可利用电子产品携带方便、互动性强等特点，主动为孩子选择适合其身心发展特点的线上内容。比如，针对学龄前孩子的发展特点，避免孩子用眼过度，可更多地使用电子产品中的"音频"功能，让孩子听一些诗歌、故事、科普小知识等。

另外，家长还可以教孩子学会用手机查看天气预报，乘坐公交、地铁等功能，培养其社会生存技能及从电子媒介中获取所需信息的能力。

（二）为孩子树立正确的榜样

[案例]元元家的画

元元的家里挂着一幅画，是5岁的她和爸爸妈妈一起画的。画里画着几个场景：吃饭的时候，爸爸妈妈不看手机；元元晚上睡前的半小时，是全家阅读时间，大家不看手机；全家一起出去玩的时候，大家不看手机……

对学龄前孩子来说，其行为模式的习得往往来源于观察和模仿，所以要避免孩子沉迷手机，最好的做法就是家长以身作则，用心陪伴。如果家长一方面对孩子使用电子产品持反对意见，一方面却又自己手机不离手，这必然会引起孩子的"不服",而且会让孩子感到家长陪伴的缺失,也就是所谓的"隐性失陪":家长与孩子虽然同处一个空间,却无法做到心灵的交流与沟通。

1. 回应孩子关于网络的好奇

在家中,家长不可避免地会使用一些电子产品,年幼的孩子往往会对此产生好奇。比如,他会问:"妈妈,你在电脑边干什么?""爸爸,你在手机里看什么?"当孩子提出此类问题时,家长应先体会孩子的心理需求:他是需要大人的陪伴,还是对网络世界感到好奇?然后,家长可以用积极、正向的方式回答孩子,如:"妈妈是在用电脑工作,你先自己玩会儿积木。等妈妈工作做好,再陪你一起玩。"这样,孩子就会了解电子产品的多元用途,认识到手机、电脑等电子产品并不仅仅只有娱乐功能,他也会知道家长面对着电脑是正在工作,而不是因为在"玩"而对他不予理睬。

2. 设定电子产品的使用规则

在家中,家长可以和孩子一起设定一些电子产品的使用规则。比如,可以设立"放下手机时间",在一个固定的时间段,家庭成员都放下手机等电子产品,全家人一起聊聊天或是共读图书;也可以设立"电子产品专区",家庭成员都在这一区域使用电子产品,并相互监督。

要注意的是,一旦设立规则,就不能轻易打破,家长应和孩子处于平等位置,自觉遵守,为孩子做好表率。共守规则的良好家庭氛围可以帮助孩子养成自制的好习惯,并逐渐将此习惯转化为在电子产品使用上的积极行为。

(三)合理约束和管理孩子使用电子产品的行为

[案例] 失控的子墨

6 岁的子墨捧着平板电脑不肯放,说好只看 15 分钟,可 35 分钟过去了,他还是对着平板电脑里的动画片哈哈大笑。妈妈提醒了几次,子墨置若罔闻。妈妈一怒之下夺过了平板电脑。子墨又气又伤心,躺在地上哇哇大哭,怎么都不肯起来。

在电子产品的使用中,需要家长运用一些积极性干预的策略,在使用时间和观看内容上,为孩子把好"方向观"。如:规定每天的电子产品使用时长;为孩子选择适宜观看的屏幕内容等。同时，家长应注意，"积极性干预"并不意味着简单、粗暴的干涉。强行收走电子产品、用父母权威强压等做法，只会引起孩子的排斥和敌对情绪。正确的做法是循序渐进，先表现出对孩子感受的理解，以温和、商量的语气和孩子沟通，提出使用电子产品的相关要求，再逐步和孩子约定使用电子产品的相关规则。

1. 合理约束使用时间

2023年6月，教育部发布《近视防控三十问答》，建议0—3岁幼儿禁用手机、电脑等视屏类电子产品，3—6岁幼儿也应尽量避免接触和使用。因此，如果孩子必须使用电子产品，家长应与其提前做好约定，与他解释长时间紧盯屏幕可能会造成的后果，然后和孩子约定使用电子产品的规则，并严格管理。

（1）为使用时间设限，巧用计时器

学龄前孩子较难理解抽象的时间概念，"几分钟"这样的说法对他们来说较为模糊，因此，家长最好用可视化、具象化的方式让孩子感知时间。比如，可以使用计时器，告诉孩子，当计时器铃声响起，就停止该电子产品的使用。由于孩子年龄尚小，开始时需要家长监督和提醒，维护规则的执行，再慢慢过渡到让孩子自主执行，养成在约定时间使用电子产品的习惯。

（2）自主管理，使用"时间银行"

孩子进入中、大班后，家长可与孩子约定一周使用电子产品的总时长，然后让孩子自主管理。比如，一周允许孩子使用电子产品总时长为2到3个小时，由孩子自己支配每天使用时间。

家长需注意的是，应为孩子设置每天电子产品使用时间的上限，即每次不超过20分钟，每天累计不超过1小时，在此范围内，可由孩子自行安排。如果使用时间提前用完，后续就无法使用。如果使用时长有结余，可以存到下周使用，积存到一定数量还可兑换奖励。通过这样的自我管理，赋予孩子更多自主使用电子产品的权利，引导孩子从"他律"转向"自律"。

2. 合理管理使用内容

网络上的内容良莠不齐，有的并不适合幼儿观看。加之幼儿辨别能力较弱，容易被电子媒介的一些内容所误导。因此，家长应做好幼儿电子产品使用内容的规划、管理、引导工作。

（1）选用专属电子设备

有条件的家庭，可以让孩子拥有专属的手机、平板电脑等电子产品，提供必要的、适合孩子观看和使用的数字信息内容，不安装多余的软件，规避孩子获取过量的、不适宜的网络信息内容。

（2）精选观看内容

家长可以结合孩子的兴趣点以及年龄段特点，借助电子产品获取优质学习资源，定制家庭电子媒介资源库，比如优质 APP、网站；下载选择适合孩子观看、阅读的纪录片、图书资源等，保障孩子有丰富且有质量的内容选择。

（3）陪伴孩子观看

在孩子使用电子产品观看动画片或短视频、直播时，家长应尽可能陪同孩子一起观看，避免孩子接触不良信息。同时，应引导孩子正确认识动画片中的一些"行为"，引导孩子学会辨别真实与想象。比如，当孩子看一些魔法故事时，家长应告诉孩子，动画片中会飞的扫帚、毛毯是人们想象出来的，现实生活中不能模仿，否则很容易受伤，为孩子把好电子产品内容使用的"安全关"。

3. 合理管理使用行为与设备

（1）选择适宜的电子产品

在必须使用电子产品时，最好选择屏幕大、分辨率高的电子产品，如：投影、电视或电脑。电子产品屏幕越大，孩子与其距离越远，对视力的伤害就越小。

（2）使用时保持正确姿势

提醒孩子在使用电子产品时，保持正确的坐姿，对于眼睛和屏幕之间的距离等提出明确的要求，不要让孩子躺着或者趴着使用电子产品。

（3）借助"控制使用距离"的软件

家长可以下载并使用"控制使用距离"的相关软件，这类软件能帮助孩子以正确姿势使用电子产品。当孩子离屏幕过近时，系统会提醒或自动关机，只有孩子距离屏幕的角度、距离适中时，电子产品才可使用。

（四）丰富家庭生活，摆脱对电子产品的沉迷

[案例]从线上到线下

6岁的可可在平板电脑上看了一集有意思的恐龙纪录片，认识了好多恐龙。爸爸见可可对恐龙很感兴趣，就引导他："可可那么喜欢恐龙，在屏幕上看一定很不过瘾吧！我们一起去恐龙博物馆看看吧！"

要让孩子摆脱对电子产品的沉迷，最重要的是转移孩子的注意力，将孩子的视线从"线上"拉回"线下"，从"虚拟"重回"现实"。家长可丰富孩子现实生活的体验，让孩子发现生活中有意思、有意义的事。当孩子将注意力转移到现实生活，能在现实生活中发现更多有趣事物时，自然会逐步摆脱对电子产品的依赖与沉迷。

1. 将"虚拟"与"现实"相连，融汇线上与线下

孩子想象力丰富，极易被电子产品中的虚拟世界所吸引，为此，家长可巧妙融合虚拟与现实，将孩子在使用电子产品时萌发的兴趣点，延伸至线下真实生活。比如，孩子对电子产品中的浇花、种花小游戏很感兴趣，家长就可引导孩子将这种兴趣点转移到线下，和孩子一起挑选种子，一起种花。又比如，孩子在视频节目里学到了如何整理物品的技巧，家长就可让孩子实际演练，让他学会在实际生活中整理玩具、房间。

将线上学到的知识运用到线下的实际生活中，既能让孩子摆脱对电子产品的依赖，也能让孩子感受到电子产品只是他学习的一种工具而非生活重心，还能让孩子将理论运用于实际，在真实的生活体验中学习、成长。

2. 家长亲子陪伴，走入真实的自然与社会

孩子对电子产品的沉迷常与父母的陪伴不足有关，因此，家长应多关注、陪伴孩子，带孩子多接触社会、自然，多参加形式多样的体验活动，丰富孩子的户外生活，挖掘孩子的兴趣喜好。比如，家长可和孩子一起设置"亲子打卡N件事"的月度、季度规划，请孩子画一画最想和爸爸妈妈一起做的N件事：一起买一次菜、一起爬一次山、一起去一次动物园等。全家人一起实现这些事，在有趣的家庭活动中享受"断电"的快乐。又或者，家长可以和孩子共同

商议，约定哪一天作为家庭日，设计一系列温暖小行动，如餐后散步，全家一起看电影，一家人一起做饭等。在充满仪式感的行动中，让孩子感受到真实生活的乐趣与美好。

参考文献

[1] 张琴. 我的事情我做主[J]. 幼儿教育，2017（3）：50.

[2] 刘思瑾. 你好，互联网 [M]. 哈尔滨：北方文学出版社，2022.

[3] 顾小清. 屏幕上的童年——数字媒体如何影响脑智发展[M]. 上海：华东师范大学出版社，2021.

[4] 王艳丽. 兰州市学前儿童家庭媒介素养教育现状的调查与分析 [D]. 兰州：西北师范大学，2015.

[5] 许凌. 大班幼儿使用智能手机的现状调查研究——以保定市四所幼儿园为例 [D]. 保定：河北大学，2021.

[6] 申容宇. 电子产品对学前儿童影响的研究现状及发展[J]. 中国教育技术装备，2021（11）：97-98.

[7] 谭永春、马丽、王茹楠. 蚌埠市学龄前儿童使用智能电子产品情况调查研究[J]. 蚌埠学院学报，2016，5（4）：139-144.

[8] 武小东. 家长对学前儿童媒介使用的指导情况及对策分析 [D]. 保定：河北大学，2021.

[9] 欧阳娟、陶军燕. 家庭视域下学龄前儿童电子产品使用现状、差异及改善策略研究[J]. 黑龙江教师发展学院学报，2023，42（6）：125-129.

（执笔：肖方方 杨希）

第 20 课

如何做好
幼小衔接

课程简介

教学对象

3—6 岁儿童家长及其他照护者

教学目标

1. 了解幼小衔接相关规定，理解其科学内涵。

2. 走出幼小衔接误区，积极主动开展科学幼小衔接。

3. 掌握做好幼小衔接的策略。

教学时长

90 分钟

课程框架

[实例导入]

一、何为"幼小衔接"

（一）基本概念及价值定位

    1. 基本概念

    2. "线"性事件

    3. 价值定位

（二）幼小衔接的几个误区

    1. 幼小衔接 = 幼小衔接班？

    2. 零起点 = 零准备？

    3. 重知识，轻品质

（三）为何要衔接

    1. 幼儿园、小学的区别

    2. 儿童心理发展的阶段性与连续性

二、长程衔接，夯实基础

（一）身心准备——培养一个健康的孩子

    1. 拥有健康的体魄

    2. 形成乐观积极的心理

（二）生活准备——培养一个独立的孩子

    1. 形成良好的行为习惯

    2. 培养自理能力

（三）社会准备——培养一个自信的孩子

    1. 建立自尊自信

    2. 学习与人交往

（四）学习准备——培养一个会学的孩子

    1. 保有好奇心——大自然是最好的老师

    2. 激发学习兴趣——让孩子爱上阅读

三、双向衔接，平稳过渡

（一）入学准备期

　　1. 学习准备——玩中学、生活中学

　　2. 心理准备——我要上小学啦

　　3. 环境准备——家有小学生

（二）入学适应期

　　1. 正向交流

　　2. 慢慢放手

参考文献

课程内容

👤 [实例导入]

大班下学期，家长经常互相交流："你们上幼小衔接班吗？""你们认识多少字了？""听说小学进度很快，拼音跟不上？"……

有人担心地向老师请教："孩子还不会做 20 以内的算术，他这方面是不是很弱呀？有什么班能报吗？""我家娃还不认识几个字，上小学怎么办呀？"……

孩子也开始定期请假："我周四要上英语班。""我周五要去上写字班。"忙碌成了大班孩子的常态……

随着社会发展和教育意识提升，家长对孩子的教育越来越重视。那么，孩子到底需不需要"幼小衔接"？"幼小衔接"是衔接什么？

一、何为"幼小衔接"

（一）基本概念及价值定位

1. 基本概念

幼小衔接，是指学校和家长为帮助幼儿更好地适应小学生活、学习环境而进行的一系列活动，是两个教育阶段平稳过渡的教育过程，也是幼儿在发展过程中面临的一个重要转折期。其内涵绝不是"知识准备""提前学习"这样狭义的理解，而是具有更广泛的内涵及价值。

从广义上来说，以入学节点为界限，幼小衔接由"入学准备"和"入学适应"两部分组成。2021 年 3 月，教育部发布的《幼儿园入学准备教育指导要点》中指出："入学准备"以促进幼儿身心全面准备为目标，围绕幼儿入学所需的关键素质，提出身心准备、生活准备、社会准备和学习准备四个方面的内容。同期发布的《小学入学适应教育指导要点》中指出："入学适应"以促进儿童身心全面适应为目标，围绕儿童进入小学所需的关键素质，提出身心适应、生活适应、社会适应和学习适应四个方面的内容。

2. "线"性事件

终身教育强调入学准备的连续性及影响效力。《幼儿园入学准备教育指导要点》强调：入学准备是一个循序渐进的过程，要渗透于幼儿园三年保育教育工作的全过程。整个学前教育都是衔接期，其间进行身体、情绪、认知、交往等各方面的准备，培养后一阶段系统化学习所必需的关键素质，致力于幼儿未来的发展。幼儿入园日，就是幼小衔接开启之时。因此，入学准备不是一个时间点或者一个阶段的事情，而是贯穿孩子学前三年的"线"性事件。

3. 价值定位

科学的幼小衔接能培养幼儿对小学生活的热爱和向往，帮助幼儿做好入学前的多方面准备，提高入学后的适应性。

优质的幼小衔接有利于儿童获得良好的早期发展，为儿童终身可持续发展奠定基础。

（二）幼小衔接的几个误区

1. 幼小衔接=幼小衔接班？

很多家长将这两个概念混为一谈，把"幼小衔接班"作为入学准备的标配。其实，"幼小衔接班"起源于一些小学因特殊原因而开设的学前班，后因考虑到其造成的负面影响，各地教育主管部门陆续禁止了小学开设学前班，从而让一些社会培训机构加入了开设幼小衔接班的行列。

举办"幼小衔接班"是一种市场行为，办班质量良莠不齐。有的办班机构为了迎合家长需求，在利益驱动下"贩卖焦虑"，进一步加深家长的恐慌，导向偏重短视的即时效应，注重幼儿的知识灌输。诸如"识 180 个生字、20 以内加减法、认识人民币、拼音认读、英语自然拼读"等，教给孩子的几乎都是小学阶段的课程内容，没有为孩子的入学适应做全方位的准备。

因此，家长应根据孩子的情况慎重选择"幼小衔接班"，更不能因为把孩子送入"幼小衔接班"，就放弃为孩子做好幼小衔接的责任。

2. 零起点=零准备？

一些幼儿园、教育机构简单地把"幼小衔接"等同于知识准备，造成"小学化"现象泛滥。教育部早在 2011 年就下发了《关于规范幼儿园保育教育工

作 防止和纠正"小学化"现象的通知》(以下简称《通知》),明确要求:严禁幼儿园提前教授汉语拼音、识字、计算、英语等小学课程的内容,提出小学"零起点"教学。但有些家长又走向另一个误区,让孩子"零准备"地入学,以至于进入全新的环境后,给孩子造成很大的压力与适应困难。其实《通知》是针对过度"知识准备"提出的,而非提倡"零准备"。

2016 年和 2019 年,教育部先后组织过两次"全国学前教育宣传月",主题分别是"幼小协同科学衔接"和"科学做好入学准备",将"幼小衔接"话题面向全国宣传,呼吁全社会尊重儿童身心发展规律和教育规律,科学施教,帮助儿童健康成长。

所以,"幼小衔接"不是"要不要"的问题,而是"怎么做"的问题。有些知识技能的准备要做到"零起点",但幼儿的兴趣、习惯、能力培养不能"零准备",尤其是求知欲、专注力、坚持性、独立性、责任心等学习品质的培养,从幼儿入幼儿园就应开始关注。

3. 重知识,轻品质

有的家长在孩子发展观上存在认知偏差,把"学习"的概念狭隘地等同于"掌握知识",忽视孩子的年龄特征,硬性灌输知识,使孩子对学习产生畏惧,感觉"上学"不是一件快乐的事。这种以牺牲孩子的快乐、自信、健康和多方面发展为代价,来追求学业成绩的教育方式,是短视的行为,培养出的很可能是"高分低能"的所谓的"学霸"。

"发展"这一概念强调儿童的兴趣、游戏和自然成长,幼儿参与的许多活动都包含学习过程,学习不再被认为是教师传输的产物,而是经验获得和对已有经验进行改造的过程,是主动建构的自我世界,其与真实情境紧密相连。因此,儿童任何的自发游戏和自主活动都可被视为一种学习过程,家长应该形成一种新的发展观,别以"知识学习"为由剥夺了孩子发展的权利和机会。

(三)为何要衔接

1. 幼儿园、小学的区别

孩子从学前教育阶段进入小学教育阶段,由于两种学制课程不连贯,学习环境、学习方式、教师教学方式等多方面的变化,幼小之间形成了"陡坡"。

幼儿园以游戏为基本学习方式，强调"玩中学"，是体验式学习；而小学是在老师指导下，有目的、有计划、系统地进行间接经验的学习，是反应式学习。小学的生活节奏明显加快，师生关系发生变化，家长的关注点和要求也发生显著变化，需要孩子具有良好的适应能力。

2. 儿童心理发展的阶段性与连续性

心理变化遵循发展的顺序，同时每一时期又有相对固有的特性，这就是心理发展的阶段性。学前期与学龄期是两个不同阶段，有着各自的身心发展规律和特点，但这种变化是逐渐发生的，两个阶段有着内在联系。

儿童心理发展的全过程是一个连续不断的从量变到质变的过程，其连续性表现在前后发展之间不是没有联系的，先前的较低级的发展是后来较高级发展的前提。儿童心理时刻都在发生量的变化，随着量变积累到一定程度，便发生"质变"，表现出一些带有本质性的重要差异。

儿童心理发展的连续性和阶段性是辩证统一的，在连续发展过程中的重大质变，构成了发展的阶段性，阶段特征之间的交叉又体现了发展的连续性。要让孩子在一系列的转折和变化中顺利适应，并形成积极稳定的入学倾向性，关键在于通过教学手段与方法的变革，保证两个教育阶段的连续性。

幼儿阶段以直接感知、亲身体验、实际操作的学习方式，为小学的学习奠定了大量感性经验的基础。相比知识准备，行为习惯、学习方式、社会适应的衔接更为重要。

二、长程衔接，夯实基础

学前教育既是为整个学校教育奠定基础的教育，也是影响孩子一生的教育，好的习惯和学习品质需要长期培养、环境浸润。

（一）身心准备——培养一个健康的孩子

1. 拥有健康的体魄

3—6 岁是孩子大肌肉运动能力发展的最佳时期，亲子一起运动不仅能够满足孩子的游戏心理、运动需要，而且能够增进亲情，感受亲子游戏的快乐。

[案例]跳绳还要报班？

幼儿园快毕业了，几个家长聊天时，桃子妈妈说："我们报了跳绳班，你们要不要去？"莹莹妈妈很吃惊："啊，连跳绳都要报班？我女儿学了几分钟就学会了！"桃子妈妈无奈道："我女儿不爱运动，一直没学会。可小学要测评的呀！"

有的家长在运动方面存在功利思想，并且缺少关于儿童健康教育的认知。孩子的走、跑、跳、平衡、力量等身体素养是在各种各样的游戏、运动中逐步获得的。体育的目的不仅是考量孩子的运动能力，更重要的是激发孩子的运动兴趣、养成运动习惯。比如，跳绳考验的是身体协调能力，是综合运动力的一种体现，与其给孩子报跳绳班，不如每天带孩子跑步、骑车、打球，和小伙伴玩大型玩具、追追跑跑，顺便社交。周末全家一起爬爬山、去郊游，运动、游戏两不误，既能亲密接触大自然，增进亲子关系，又能增强体魄，锻炼肢体的协调性。

2.形成乐观积极的心理

[案例]愉快的假期

萌萌一家原计划暑假去西北旅行，由于爸爸临时有重要任务出差了，无奈取消了行程。全家都有点失落，萌萌看见小伙伴出去旅游发的照片更是闷闷不乐。妈妈调整了心态，带领萌萌重新做假期计划，找来很多本地的景点介绍、视频、图书，策划了本地游，还邀请同班好朋友一起参与，制作"乐游我市"旅行手册，度过了愉快的假期。

3—6岁是塑造孩子性格的关键期。帮助孩子形成乐观心态，家长首先要做好表率，包括积极的心态和积极的行动。要与孩子保持亲密的情感交流，无条件地爱孩子，让孩子经常感受到快乐、温暖。要以成长型心态看待孩子的发展，让孩子在适当的年龄达到适当的目标，并支持、等待孩子达成，使孩子树立自信，培养责任感。要引导孩子正确对待困难和挑战，把挑战看成学习的机会，通过努力获得成功，学习直面挑战。

（二）生活准备——培养一个独立的孩子

1. 形成良好的行为习惯

良好的生活习惯不仅有助于孩子更好地适应学校生活的节奏和规律，还能为其未来的成长奠定坚实的基础。保持规律的作息，坚持早睡早起，睡眠充足，早上起床可以用小闹钟唤醒，坚决起床，不赖床，养成良好的睡眠习惯；保持愉快地进餐，做到定时进餐、定位进餐和独立进餐，细嚼慢咽，不挑食，不偏食，不暴饮暴食，不边吃边玩，养成良好的饮食习惯；保持良好的个人卫生，养成自觉洗手的习惯；保持科学用眼，控制使用手机、平板电脑等电子屏的时间，增加户外活动时间，养成保护视力的习惯。好习惯不是一朝一夕养成的，需要在日复一日的生活中反复浸润、潜移默化地培养。家长要以身作则、言传身教，更要循序渐进、持之以恒。

2. 培养自理能力

学前儿童的学习以直接经验为基础，在日常生活和游戏中积累体验，为未来学习提供感性经验。比如"整理物品"看似只是一个生活技能，却对孩子的思维产生影响。养成日常整理、分类习惯的孩子，在学习一年级数学"分类"内容时，生活中有序分类的意识自然会迁移过来。

家务劳动对孩子的成长也起到重要的作用，孩子在劳动过程中，不但锻炼了手部大、小肌肉群和运动力，也促进了思维能力和社会性的发展，获得成就感，发展独立性和决策力，深刻感知自己是家庭一员，培养家庭责任意识。

（三）社会准备——培养一个自信的孩子

1. 建立自尊自信

［案例］好事记录本

从幼儿园开始，妈妈给点点准备了一个本子，专门记录点点做得好的事。如："会自己洗小短裤了""玩具收拾得很整齐""爸爸睡觉的时候轻轻走路""能耐心拼图 100 片"……有时候哪怕是需要提醒的事，妈妈也用"好事"的方式来表达。比如，点点不好好练琴，妈妈没有批评她"今天很不认真、不自觉"，而是着眼"能天天坚持练琴"，正面鼓励孩子坚持。点点非常珍惜自己的好事本，经常翻看，知道自己有这么多优点，心里美滋滋的，每天总是快快乐乐的。

小小一个本子，其实是点点妈妈教育观的体现：着眼终身成长，正面教育塑造多维品质。生活习惯、学习品质、社会适应等各方面的入学准备，都在润物细无声的细节中被逐渐习得并巩固了。

世界上不缺少美，缺少的是发现美的眼睛。每个孩子都有自己的特点，这些特点就是他的优点。但很多家长擅长发现孩子的缺点而忽视其优点，喜欢指出不足，结果越强调孩子的缺点越多，把孩子的优点也埋没了。家长要善于发现孩子的优点，珍视他的每一点进步，给予正面引导、积极暗示。久而久之，孩子逐渐获得成就感，变得自信、好学、快乐，产生内在成长动力。

2.学习与人交往

[案例]你要分享

涵涵和蒙蒙一块玩，为了争一个玩具吵了起来。涵涵妈妈劝阻不了，便威胁道："你要分享，听话，快，妈妈数一、二、三！要不下次就不带你和蒙蒙一起玩儿了……"涵涵不服气地说："不玩就不玩，我再也不和蒙蒙玩了！"

威胁、贿赂都是家长常用却有负面作用的手段。上述案例中的涵涵生气于妈妈用威胁的方式强迫他分享。乐于分享原本是好的品质，但因为家长处理得不得当，把分享和不快乐的感受联系在一起，使孩子产生了抵触情绪。

冲突是儿童成长的契机，规避问题只会阻碍儿童的社会化发展。家长要辅导孩子学会解决问题的大致思路，适时提供解决问题的支持，尝试以"问"代替"指令"，引导孩子尝试自己解决问题。可以和孩子讨论：你觉得用什么方法更好？孩子会逐渐学会遇到冲突、问题时如何找出最佳方法。

当孩子做对之后，家长要马上给出反馈，告诉他哪里做对了。如："你愿意等待妈妈做完工作，很有耐心。""你能原谅小朋友，这就叫宽容。"家长正确运用合理的积极评价，能让孩子感到被尊重，建立自尊、自信，有利于其社会适应及社会交往。

（四）学习准备——培养一个会学的孩子

1. 保有好奇心——大自然是最好的老师

[案例]好奇的达·芬奇

大部分人对达·芬奇的第一印象是一位艺术家，其实他除了艺术家身份外，还是天文学家、物理学家、气象学家、解剖学家、建筑师、水利设计师、机械工程师等等。在人类十大发明家中，达·芬奇也名列前茅。

在达·芬奇的笔记里有一条很有意思的记录，他说："一定要搞清楚啄木鸟的舌头是什么形状。"始终对一切事物抱有好奇，或许也是他能跨多个领域取得非凡成就的重要内驱力。

儿童天生具有对世界的好奇心。家长要珍视孩子的好奇好问，多给他提供接触自然、拓展视野的机会。如果用兴趣班、培训班、作业、练习占据孩子的时间和空间，就剥夺了他探索世界的可能。

2. 激发学习兴趣——让孩子爱上阅读

亲子阅读能促进儿童的认知启蒙发展、提高语言能力、养成阅读习惯，还能培养亲密的亲子关系。如何在家里给孩子创造阅读的氛围？

第一，家里要有丰富的藏书，特别是有适合孩子阅读且符合其兴趣的图书。

第二，要有阅读的硬件准备，如：方便找书取书的书架、柔和的光线、舒服的座位等。

第三，父母要以身作则，有良好的阅读习惯。手不释卷的父母是孩子爱上阅读的最佳榜样。

三、双向衔接，平稳过渡

（一）入学准备期

家有学童升入一年级，不是孩子一个人的事。家长要意识到，这是家庭生活一个新阶段的开始。全家人都应积极迎接即将到来的新生活形态，并为之做适当的准备。

1. 学习准备——玩中学、生活中学

（1）拼音是"拦路虎"？

很多刚入学的孩子，碰到的第一个学习困难就是认读拼音。其实，真正影响孩子掌握拼音的原因，是孩子缺乏细致的观察能力和空间知觉能力，容易把外形相近的拼音混淆，造成读错、写错。所以应把与此相关的学习准备（空间知觉、观察力、图形判别、书写姿势等）作为重点，增强孩子的空间知觉力和手眼协调性，并养成细致观察的习惯。上学后，尊重年龄特点，把拼音、识字、阅读结合起来，用丰富、有趣的方式激发学习热情。

（2）识字需要专门教吗？

文字是一种符号系统，在语境中，文字的意义才能被幼儿更好地理解。有的家长坚持为孩子读书，在亲子共读的过程中，把字形、字音、字意有机融合在一起。识字是为了更好地阅读，阅读让孩子更愿意识字，两者相辅相成。多和孩子共读图书，比用生字卡片干巴巴地认读生字生动、有效得多。

生活中处处都有学习的契机，如路上、商场里的广告牌、标识等，都可用来识字，和孩子一起辨认、解读，不仅有趣，还能帮助孩子提高思维能力。把学习识字融入日常生活中，建立在大量阅读的基础上，既轻松又事半功倍，受益无穷。

2. 心理准备——我要上小学啦

（1）建立入学仪式感

通过各种形式让孩子感觉到上小学是一件值得重视、期待的事。如家长要有意识地用大名称呼孩子，让孩子知道这是自己的学名，并学会书写；给孩子拍一张标准的入学证件照；根据学习用品清单，和孩子一起通过实体店或网店进行选购。让孩子参与购买学习用具的过程，不仅是生活中学习数学的实践，也是物质生活态度和审美培养的过程。

（2）激活上学热情

家长可以借助适宜的图书，帮助孩子从有趣的画面、故事中逐渐熟悉小学生活的方方面面。以期待、愉悦的态度和孩子聊聊小学话题，比如，"小学里会有不同的老师教不同科目的课，能学到很多不同种类的知识呢""一个班

里有 40 个人，可以交更多好朋友"。要避免使用负面语言传递入学焦虑，如："上小学了，没午觉睡了！""上小学要上很多课，做很多作业，以后没得玩喽！""你不乖，让小学老师来教训你！"

（3）了解自己的小学

家长可以带孩子在即将就读的小学周围散散步，观察周围环境，看看小学生的样子。如果条件允许，可以进校内参观，熟悉校园环境，和孩子聊聊各个区域的用途，拍拍照片，画画喜欢的地方，激发孩子对学校的喜爱。如果认识同一所小学高年级的学生，可以让孩子和"学长"一起玩，聊聊学校有趣的人和事，引发孩子对小学生活的向往。

3. 环境准备——家有小学生

家长可以和孩子一起选购心仪的书桌、书柜、护眼灯等必要物品，共同布置一个舒适、安静、相对独立的学习空间。可以开辟一小面软布墙，方便孩子展示各种作品，还能作为家庭成员的留言墙、赞美墙等来使用。和孩子一起整理、分类摆放书籍、学习工具，方便寻找、取用。鼓励孩子清理掉部分不需要的玩具，添置小学生需要的材料，进一步进行身份认同。

（二）入学适应期

上学以后，如果家长能帮助孩子及时适应小学的学习生活，一开始就养成良好的学习习惯，孩子就会越学越轻松，家长也就越管越轻松。

1. 正向交流

孩子放学回家后，有的家长经常问孩子："作业做完了吗？""考了多少分？""班上最高分是多少？"这样的问题很难与孩子进行正面积极的交流。家长们应该学会以下"四问"。

第一问：今天学校发生了什么有趣的事情？第二问：今天有什么令自己满意的表现？第三问：今天有什么收获？第四问：你还需要爸爸妈妈提供什么帮助？

真心倾听孩子的想法，分享孩子的生活，坚持"问题时刻即教育契机"的理念。当孩子出现担忧、退缩时，家长应给予安慰和援助，与他一起面对问题、解决困难，能够让孩子在入学时充满自信和力量。

2. 慢慢放手

开始时，家长可以陪孩子做作业，然后，逐渐放手，尝试让孩子独立完成作业。家长必须明白两点：一是做作业是孩子应该自己承担的事；二是现在的陪是为了今后的不陪。陪孩子做作业的目的是帮助孩子养成良好学习习惯，而不是帮助孩子完成作业。千万不要孩子一边写作业，家长一边督查，指出哪个字写得不好，让孩子擦了重写。

家长可以指导孩子制订计划表，安排好每天放学后到睡觉前要做的事，养成按计划作息的习惯；养成先复习后做作业、先独立思考再集中请教、做完作业后自己检查作业、预习和整理学具的习惯。

完成作业后的时间，就是自由活动的时间，一定要让孩子尽情享受专心、快速完成作业后的快乐，不再布置别的作业，避免孩子拖拉成性。

参考文献

[1] 天跃小芽图书工作室. 幼小衔接那些事儿 [M]. 福州：福建教育出版社，2016.

[2] 卓立. 欢迎来到一年级 [M]. 北京：化学工业出版社，2017.

[3] 金焕芝，孙永杰，马素芳，等. "双向衔接"，让"幼升小"平稳过渡 [J]. 河南教育：基教版（上），2021（6）：21-24.

（执笔：金琛洁）

3—6 岁儿童家庭教育指导标准化课程体系

维度	小班	中班	大班
生理发展支持	第4课 如何对孩子开展安全教育		第16课 如何对孩子进行性别教育
心理发展支持	第1课 幼儿心理发展特点与教养策略 第5课 如何培养孩子的运动能力 第6课 如何促进孩子的语言发展 第7课 如何促进孩子的认知发展	第8课 如何培养孩子的同伴交往能力	第9课 如何培养孩子的情绪能力
养育环境支持	第3课 如何营造良好的家庭养育环境	第14课 如何培养孩子间的手足情	第19课 如何科学使用电子产品
早期学习支持	第2课 如何做好孩子的入园适应	第10课 如何培养孩子的早期阅读能力 第11课 如何培养孩子的学习品质	第17课 如何对孩子进行品德教育
	第12课 如何培养孩子的自理能力	第13课 如何培养孩子的兴趣 第15课 如何培养孩子的规则意识	第18课 如何对孩子进行艺术启蒙 第20课 如何做好幼小衔接